T0279094

TU ADN EMOCIONAL

Este libro no pretende sustituir las recomendaciones médicas ofrecidas por médicos, profesionales de la salud mental u otros proveedores de atención médica. Su intención es ofrecer información para ayudar al lector a comprender mejor los patrones existentes dentro de su propio sistema como parte de su búsqueda del bienestar óptimo junto con sus médicos, profesionales de la salud mental y proveedores de atención médica. Recomendamos a los lectores que examinen y comprendan cuidadosamente las ideas presentadas y que busquen el consejo de un profesional cualificado antes de intentar aplicarlas.

Título original: DECODING YOUR EMOTIONAL BLUEPRINT
Traducido del inglés por Francesc Prims Terradas
Diseño de portada: Editorial Sirio, S.A.
Maquetación: Toñi F. Castellón

www.editorialsirio.com
sirio@editorialsirio.com

I.S.B.N.: 978-84-19105-65-3
Depósito Legal: MA-1867-2022

Impreso en Imagraf Impresores, S. A.
c/ Nabucco, 14 D - Pol. Alameda
29006 - Málaga

Impreso en España

Puedes seguirnos en Facebook, Twitter, YouTube e Instagram.

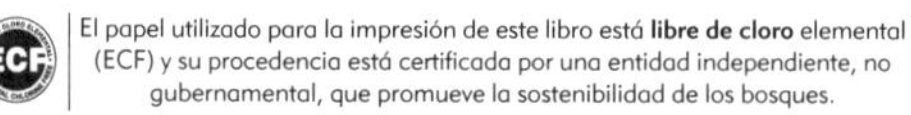

Judy Wilkins-Smith

TU ADN EMOCIONAL

Cómo liberarnos de los
patrones multigeneracionales que nos frenan
y abrirnos a una vida extraordinaria
con el trabajo de las
dinámicas sistémicas y las
constelaciones familiares

Este libro está dedicado a mis antepasados y a sus dones exactamente tal como los recibí. Gracias. Estoy dando forma al próximo capítulo a mi manera, con gratitud.

A mis increíbles padres, quienes me enseñaron lo que pueden hacer el amor, la seguridad y un corazón y una mente abiertos. Benditos seáis los dos. Os querré siempre. Gracias a mi maravilloso hermano, que me enseñó a pensar en grande, y a mi hija, que es una demostración del encanto de ser una niña adoptada y del poderoso amor y éxito que la adopción puede traer.

Teresa, Kara, Keerin, Landon: gracias por vuestro amor, vuestra sabiduría y vuestro apoyo. Os valoro y quiero mucho. Ayedin, Orlenna y Sennan, el futuro está en vuestras manos.

Mi dedicatoria se extiende también a los miembros de mi familia que, en su ausencia, me enseñan tanto sobre las dinámicas familiares.

Gracias a África por mis raíces y a Estados Unidos por mis alas.

Finalmente, esta obra está dedicada a cada una de las personas que se dan cuenta de que hay una gran aventura por vivir, se atreven a ir en busca de esa vida más plena y responden la pregunta que hago a cada uno de mis clientes: «¿Cómo de grande estás dispuesto a ser?». ¡Este libro es para ti!

ÍNDICE

Segunda parte. Sigue las pistas

Tercera parte. Cava más profundo

Nota de los editores: Por razones prácticas, se ha utilizado el género masculino en la traducción del libro. La prioridad al traducir ha sido que la lectora y el lector reciban la información de la manera más clara y directa posible. Incorporar la forma femenina habría resultado más una interferencia que una ayuda. La cuestión de los géneros es un inconveniente serio de nuestro idioma que confiamos en que, más pronto que tarde, se resuelva.

INTRODUCCIÓN

Una sola idea, incluso una sola palabra, puede mantenerte atrapado. Una idea diferente, incluso una palabra nueva, puede liberarte. Así de poderosa es nuestra mente, así de potente es el lenguaje, así de flexible es nuestro cerebro.

Todo el tiempo, mis clientes comienzan su historia con frases como: «¡Me han pasado cosas terribles!». Y yo les digo: «Está bien. ¿Y? ¿Qué podemos hacer con eso?».

O me dicen: «Hay como un peso invisible que me inmoviliza; estoy atrapado». Entonces digo: «¡Averigüemos de dónde viene y convirtámoslo en algo bueno!».

Nunca eres una víctima de tu mundo. *Siempre* puedes hacer algo.

Incluso si sientes que has estado chocando contra la misma pared una y otra vez, estoy aquí para decirte que cualquiera puede cambiar y desarrollar su potencial, y después volar más allá. Solo tienes que destapar y afrontar los patrones invisibles que has estado siguiendo lealmente y que te han sido transmitidos por tus antepasados; un sistema que no sabías que existía y que ha estado dirigiendo tu vida sin que te dieses cuenta. Un sistema que puedes *cambiar*.

Todo el mundo sabe que heredamos nuestro ADN físico, pero pocas personas saben que también heredamos lo que yo llamo *ADN emocional*: patrones de decisiones, pensamientos, sentimientos, acciones, reacciones y mentalidades que han pasado de generación en generación hasta que, ahora, están dirigiendo nuestra vida de forma silenciosa y desde el inconsciente. Experimentamos su presencia en nuestro cuerpo, la sentimos en nuestras entrañas y la manifestamos en nuestra vida. Aun así, un nuevo pensamiento, sentimiento, creencia o acto ajeno a los patrones de nuestro ADN emocional alojados en el inconsciente puede hacer que toda nuestra vida pase a irnos de una manera muy distinta. Puede cambiar todo nuestro sistema familiar y la forma en que ha estado funcionando durante generaciones.

Tu ADN emocional es lo que tú y tus antepasados habéis traído a la vida a través de las generaciones. Y surge de tu *programa emocional*. Tu programa emocional existe, sin más. No es bueno ni malo. Es como un mapa del tesoro que contiene los sucesos que afectaron a distintas áreas de la vida de tus ascendientes (las relaciones, el liderazgo, la profesión, el dinero...) y todas las decisiones, acciones e inacciones con las que reaccionaron ante esos sucesos. Ello ha tenido un impacto en tu linaje familiar; se han derivado unos significados que se han transmitido a través de las generaciones. Estos significados definen tu realidad actual y te parece que son *la* verdad. Sin embargo, tu ADN emocional solo es *tu* verdad, y puedes cambiarlo en cualquier momento.

Cuando veas y comprendas los patrones existentes en tu sistema familiar; cuando las creencias, los comportamientos y los bloqueos enterrados en tu ADN ancestral emerjan como grandes ballenas justo delante de ti; cuando escuches tu corazón y la sabiduría de tus antepasados y te liberes de los patrones que tú y ellos habéis tejido, quedarás asombrado y rebosante de alegría al ver las posibilidades que te esperan.

No estoy bromeando cuando digo que la información que contiene este libro es transformadora. Todos los días les muestro a las personas cómo explorar los contenidos, únicos, de su ADN emocional, como la insistencia en que siempre están en segundo lugar o la creencia de que siempre son «el invisible», «el no amado» o «el que no merece». Observo a estas personas mientras hacen el trabajo y lidian con un patrón emocional que ha frenado su crecimiento durante décadas; soy testigo de cómo en cuestión de una hora, más o menos, tienen una comprensión que empieza a reconfigurar su cerebro. Esta experiencia solo puede calificarse de transformadora.

Observo cómo se dan cuenta de que no son los seres pequeños e incapaces que pensaban que eran; toman conciencia de que realmente pueden tener un impacto con su voz y su presencia. Se dan cuenta de que importan y de que tienen un propósito.

A partir de ese momento, su vida cambia para siempre.

EL TRABAJO SISTÉMICO Y LAS CONSTELACIONES

En estas páginas exploraremos el poder de los sistemas, sobre todo los familiares y los organizacionales. Te mostraré cómo descifrar el lenguaje que contiene las pistas de *tu poder* y cómo estos sistemas están siempre a tu servicio. Descubrirás que todos los sistemas de los que formas parte (la familia, la empresa, los clubes, las organizaciones y el sistema social) contienen pistas sobre lo que te conviene *dejar de* hacer y lo que debes *comenzar a* hacer para crear la increíble vida que siempre has sospechado y esperado que era posible.

Al comprender los sistemas y sus pistas, códigos y patrones; al comprender los sucesos de tu vida –los significados que les has atribuido y su tremenda capacidad para moldearte–, también comenzarás a darte cuenta de que eres tanto el moldeador como el

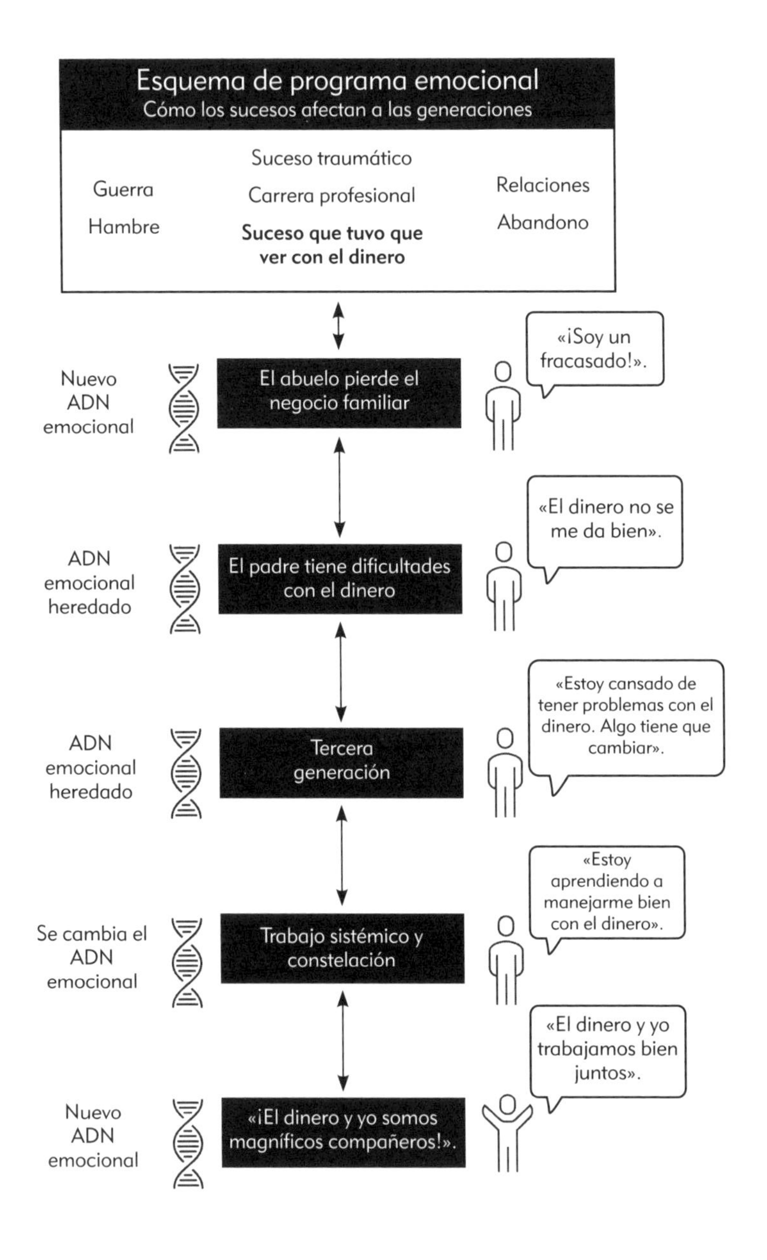

Cómo se crea y se cambia el ADN emocional. Unos sucesos ocasionan unas reacciones, que a su vez dan lugar a unos pensamientos, sentimientos y actos. Cuando se repiten lo suficiente, estos actos se convierten en la verdad, hasta que elegimos algo diferente: un nuevo pensamiento, un nuevo sentimiento y un nuevo acto, uno tras otro.

que cambia de forma. Mediante el trabajo sistémico y las constelaciones (estas son la parte revolucionaria del trabajo sistémico), te mostraré cómo hacer visible lo invisible y consciente lo inconsciente en dos etapas: en primer lugar, aprendiendo el lenguaje de tu problema, aplicándole otro lenguaje y reformulándolo a través de la lente sistémica; en segundo lugar, representando tu problema al crear algo llamado *constelación*, un proceso dinámico que te permitirá recorrer y examinar tu problema desde una perspectiva tridimensional. Es un doble golpe que romperá viejos patrones que nunca pensaste que podrías sanar, y tu corazón, tu cabeza y tus entrañas se abrirán a posibilidades que no sabías que existían.

En una ocasión trabajé con un ejecutivo que vino a verme porque le habían dicho que tenía mucho potencial pero que no estaba rindiendo plenamente en su trabajo. Estaba fomentando y apoyando el talento de otras personas, pero él mismo no brillaba. Cuando vino a verme, su carrera estaba en peligro. Cuando miramos su sistema familiar, resultó que era el hijo mayor; le habían dicho que cuidara siempre de los más pequeños y pensara en ellos antes que en sí mismo. Este patrón familiar se había filtrado en su carrera. Tan pronto como vio el patrón que había estado dirigiendo el espectáculo desde detrás del telón, se dio cuenta de que podía ocuparse de su propia carrera como directivo y dejar de preocuparse por los demás. Estaba «bien» que siguiera adelante y cuidase de sí mismo. Después, como jefe, podría ayudar a otras personas.

La transformación es una parte revolucionaria del trabajo sistémico y las constelaciones. Los ejecutivos y otros clientes con los que trabajo quedan impactados por las profundidades a las que pueden llegar y las alturas a las que pueden volar de resultas de explorar su mundo sistémico interno, que es muy rico.

Tengo la esperanza de que cuando llegues al final de este libro tú también estés volando.

UNA INVITACIÓN

En este libro aprenderás formas prácticas de explorar tu propia familia y otros sistemas y transformar profundamente tu vida. Te guiaré a través de los pasos básicos del trabajo sistémico y las constelaciones de la manera más comprensible que conozco. Exploraremos la familia y otros sistemas; los sucesos relevantes, las mentalidades y el lenguaje sistémico; la escenificación tridimensional (las constelaciones), y las trampas, libertades, lealtades inconscientes, posibilidades y potenciales.

A lo largo del camino, descubrirás cómo los sentimientos y las emociones son la energía que o bien te destruye o bien te eleva, y aprenderás a usar las emociones superiores para gozar de perspicacia y sabiduría. Comprenderás a un nivel profundo que eres el genio en tu propia botella y te encontrarás con la versión sagrada de ti mismo cuando uses el corazón para abrir tu mente y acceder a tu inteligencia instintiva. Cuando tu corazón y tu cabeza se hayan alineado, tu instinto pasará de estar centrado en la supervivencia a manifestar sabiduría. *Este* es el estado de coherencia en el que las personas, los líderes y los equipos viven la química y la magia.

Finalmente asumirás que eres un ser sensible y que sabes cómo usar tus sentidos, por más desconectado que creas que estás. También comprenderás de qué manera te envía mensajes continuamente tu cuerpo, que te indican lo que te está sucediendo a ti y lo que le está ocurriendo a toda tu familia o sistema organizacional. ¡Nos perdemos muchas pistas porque no entendemos lo que nos dice el cuerpo!

He tenido clientes que se apoyan en una sola pierna, de resultas de un mecanismo inconsciente, cuando están esperando. Cuando señalo este hecho y les pregunto cuál de sus padres está ausente en su vida, cuál de ellos no los apoya, en todos los casos se sorprenden mucho al darse cuenta de que su cuerpo les ha estado gritando, a lo largo de toda su vida, que tomen conciencia de su posición inestable, carente de apoyo.

En el cuerpo se alojan experiencias acontecidas durante miles de años, y tiene una inteligencia increíble. Solo tenemos que aprender a conectar con su inteligencia y saber lo que está diciendo. Tuve una clienta que no dejaba de quejarse de un dolor punzante en el estómago. Las pruebas no revelaron nada. Pero en nuestra sesión, su historia familiar reveló que una tatarabuela suya murió a los treinta y cinco años después de que la apuñalaran en el estómago. Más habituales son los clientes que se presentan con dolor de estómago y en el momento en que les pregunto qué es lo que no pueden digerir (en sentido figurado), descubren qué es y el tema se resuelve bastante rápido. Como ocurre con todo tipo de información, una vez que nos hacemos conscientes de ella, nos corresponde a nosotros elegir si seguiremos alojando el mismo mensaje o si lo trascenderemos.

En este libro, exploraremos la conciencia de los sistemas y comprenderemos que el hecho de reconocer lo que está ahí es un punto de inflexión en cuanto a lo que puedes hacer y lograr. Aprenderás a identificar los patrones que quieren cesar y emerger en ti. Aprenderás sobre la sabiduría de tu corazón, tu cerebro y tus entrañas, y cómo las constelaciones ayudan a generar unos cambios profundos y duraderos.

Tenemos la increíble capacidad de evolucionar y convertirnos en *lo que sea* que elijamos. A medida que leas este libro, quizá te sorprendas mucho al advertir los patrones limitantes que inconscientemente has asumido como propios. Sin embargo, también te sentirás inspirado por la sabiduría de los patrones multigeneracionales de tu sistema familiar y por los regalos que ofrecen estos patrones en forma de ADN emocional, unos regalos que esperan que los veas y los mejores o los cambies en tu propio beneficio.

La transformación no es para unos pocos elegidos. Ha estado aquí esperándote todo el tiempo. Eres un ser extraordinario, y solo tienes que saber cómo *verte* a ti mismo. Una vez que sepas cómo eres en realidad a través de la lente del trabajo sistémico y las constelaciones, verás que hay una vida increíble esperando a que le des forma y la vivas.

¡Bienvenido/a al viaje!

JUDY WILKINS-SMITH

PRIMERA PARTE

DESCUBRE TU PROGRAMA EMOCIONAL

El mapa del tesoro que hay en tu interior

CAPÍTULO 1

EL SISTEMA

Un cofre del tesoro lleno de posibilidades

Tendemos a creer que existimos en un vacío, que somos individuos solitarios. Pero lo cierto es lo contrario. Estamos profundamente conectados. Desde el momento en que somos concebidos hasta mucho después de que morimos, somos parte de un sistema familiar multigeneracional que se remonta a los albores de la humanidad. Formamos parte de un sistema social que tiene miles de años de duración y cuyo legado es evidente en nuestra vida: la mayoría de nosotros somos educados dentro de algún tipo de sistema religioso, y todos somos el producto de culturas muy diferentes.

Todos estos diversos sistemas –sus rasgos únicos, sus decisiones definitorias y el lenguaje que hemos heredado de nuestro sistema familiar (nuestros padres, abuelos y aquellos que los precedieron; nuestros hermanos y nuestros hijos) y de nuestros sistemas organizacionales (las empresas en las que trabajamos, la profesión que elegimos)– determinan cómo pensamos, aquello en lo que pensamos, lo que sentimos, lo que elegimos y la forma en que actuamos y vivimos. Determinan la dirección que toma nuestra vida; a menudo dan forma a nuestro destino, cuando somos nosotros quienes deberíamos crearlo. Estos sistemas que nos influyen, dirigiendo nuestra lealtad inconsciente desde que respiramos por primera vez hasta que exhalamos el último suspiro, son invisibles en gran medida, pero intensamente poderosos.

No tenemos ni idea de que la terrible pobreza que afrontó nuestro bisabuelo después de la Revolución rusa, la cual acabó con la fortuna de la familia, es lo que nos hace aferrarnos a cada centavo mucho después de que el saldo de nuestra cuenta bancaria haya superado el millón de dólares. Tampoco tenemos ni idea de que la ansiedad que nos abruma cada vez que estamos solos por la noche deriva del abandono que sufrió un antepasado fallecido hace mucho tiempo cuando era niño; tomamos un ansiolítico y seguimos adelante. O no nos damos cuenta de que el punto de partida de nuestras ambiciones profesionales fueron las peleas que tenían nuestros padres...

Y ¿qué decir de lo que le ocurrió a Lucía? Acudió a mí desconcertada y preocupada porque le había salido otro tumor no canceroso y de rápido crecimiento en la zona abdominal, hasta el punto de que parecía que estuviese embarazada. Era el séptimo tumor que le había aparecido en siete años, y sus médicos no tenían pistas acerca de por qué no dejaban de formarse. Los seis anteriores se los habían extirpado quirúrgicamente, y todos ellos se habían manifestado como una hinchazón que tenía el aspecto de un embarazo.

En el curso del trabajo que realizamos, salió a la luz el hecho de que su abuela había tenido siete abortos espontáneos. Tanto esta abuela como el resto de la familia habían evitado hablar de cualquiera de estos bebés perdidos, porque el asunto era demasiado doloroso. El enfoque sistémico nos permite saber que aquello o aquella persona que excluimos de nuestra propia experiencia encuentra la forma de reaparecer más adelante en el sistema a través de otra persona. La exclusión de una abuela que es ingresada en un centro puede reaparecer como un niño que se siente atrapado de alguna manera o excluido de la familia. Cuando Lucía pudo mostrar su reconocimiento a cada uno de esos siete seres y concederles a todos su lugar en el sistema familiar, el séptimo tumor se hubo encogido al cabo de un mes. No fue necesario operar, y no crecieron nuevos tumores.

Está también el caso de Andrea, de sesenta años, cuyas piernas eran tan débiles que llevaba férulas (soportes ortopédicos) desde los once años. Los médicos no podían encontrar ningún defecto físico ni psicológico, y acudió a mí como último recurso. Durante nuestra sesión, le pregunté qué apoyo podía haberle faltado. Los mensajes del cuerpo son muy literales. A veces, uno de los progenitores, o ambos, no estuvieron presentes para las personas a las que les gusta apoyarse en una pierna o las que tienen las piernas débiles. Esencialmente, a estas personas «les cortaron» las piernas.

Resultó que, a los nueve años, Andrea oyó cómo sus padres se gritaban. Bajó rápidamente las escaleras e interrumpió una discusión en la que se estaban diciendo, directamente, que se iban a divorciar. «Elige a uno de nosotros ahora mismo», le dijeron a Andrea. Optó por vivir con su padre, pero este murió al cabo de dos años.

–Por lo tanto, tuve que arrastrarme hasta la casa de mi madre, y mis piernas dejaron de funcionar –dijo–. Desde entonces, tengo que llevar férulas.

Es interesante que Andrea hablase de «arrastrarse»...

–¿Te imaginarás que caminas conmigo hasta lo alto de esa escalera y que vuelves a vivir ese momento? –le pregunté. Asintió y proseguí con otra pregunta–: ¿Qué ves, ahí de pie?

–Veo cómo mis padres se gritan.

–¿Puedes volver a bajar esas escaleras y decirles esta vez a tus padres «os elijo a los dos»?

Lo hizo. Entonces le pedí que dijese adiós a su padre y hola a su madre desde este espacio de empoderamiento. En ese momento, se dio cuenta de que siempre había tenido a los dos padres y el apoyo de ambos en su vida. Todo lo que tenía que hacer era elegir esta opción. Terminó la sesión y nunca más se volvió a poner las férulas en las piernas.

¿Cómo pudo conseguirse este resultado?

Fundamentalmente, trabajar con nuestra familia y otros sistemas, y usar las constelaciones, es una manera muy efectiva de hacer que lo que no se ha visto se vea, lo que es invisible pase a ser visible y lo que es inconsciente pase a ser consciente. Nos permite mirar los problemas, aprehenderlos, interactuar con ellos y moverlos de un lado a otro virtualmente, lo cual nos inspira el tipo de comprensiones que cambian la vida y momentos «ajá» que no podríamos haber experimentado con anterioridad.

Cuando trabajo con personas para explorar su sistema familiar, hacemos emerger los patrones ocultos y las lealtades inconscientes que hay entre los miembros de la familia y alrededor de estos desde varias generaciones atrás. Examinamos el lenguaje y los actos de la familia. Los clientes aprenden a crear una experiencia en 3D plenamente inmersiva alrededor de sus problemas y aspiraciones. Juntos exploramos sus dolores y sus miedos, su insistencia en que son siempre unos segundones, su creencia de que son siempre «el invisible», «el no querido» o «el que no merece». Recorren el patrón emocional que ha detenido su crecimiento y en poco tiempo «controlan» este patrón y reprograman su cerebro, lo cual supone un cambio para bien en su forma de pensar y actuar.

Las personas dicen cosas como estas: «¡Oh! No soy ese ser pequeño e incapaz que creía que era. ¡Soy más grande que esto! Realmente puedo marcar la diferencia con mi voz y mi presencia». O bien: «¡Nunca había visto esto! No es de extrañar que me haya sentido tan _______________ (temeroso, resentido, ansioso; rellena el espacio en blanco)».

Incluso si sientes que has estado topando con la misma pared de la misma manera una y otra vez (por ejemplo, has estado perdiendo dinero, has estado dejando relaciones, has estado ayudando a otros a triunfar a costa de tu propio éxito o bienestar, o no te has estado sintiendo lo bastante bueno como para triunfar), estoy aquí para decirte que cualquiera puede usar el trabajo sistémico y las constelaciones para cambiar y realizar su potencial y sus sueños. He visto a personas restablecer relaciones rotas, forjar relaciones duraderas, superar sus pensamientos y comportamientos limitantes en cuanto al dinero, conseguir la estabilidad y aportar riqueza a su familia. Veo a personas que comprenden el origen de alguna enfermedad crónica multigeneracional y la sueltan en favor de un cuerpo y una mente más saludables. La transformación no es para unos pocos elegidos. Está disponible para todos nosotros. Y cuando de pronto veas y comprendas patrones que se dan en tu sistema familiar o en otros sistemas que te influyen, cuando escuches tu corazón y la sabiduría de tus ancestros y emerjas de debajo de los patrones intrincados que habéis tejido tú y ellos, te sorprenderá y alegrará mucho ver las posibilidades que te están esperando.

¿QUÉ ES UN SISTEMA?

Transitamos por sistemas complejos con facilidad cada día, adaptándonos para encajar en las reglas del otro. Si eres hijo de padres divorciados, no tardas en enterarte de que en el sistema de tus progenitores hay reglas diferentes. En casa de tu padre, puedes mirar la televisión todo el tiempo que quieras. En casa de tu madre, todo se hace según las normas, y no puedes ver la televisión hasta haber hecho los deberes. Cuando vas a la escuela, no llevas allí al perro de la familia. Cuando vas conduciendo al trabajo, respetas las normas de circulación. No vas a un bar a rezar y no vas a una iglesia y empiezas a maldecir. Es así de simple.

Los sistemas nos rodean. Vivimos en un sistema planetario situado en una zona de nuestra galaxia relativamente despoblada. En nuestro planeta hemos creado sistemas de carreteras, telefónicos, informáticos, policiales, empresariales, sociales (clubes, por ejemplo) y económicos (el capitalismo, por ejemplo). Cualquier cantidad de personas que se juntan dentro de un marco común que contiene reglas y regulaciones destinadas a que sus miembros las sigan con el fin de asegurar la pertenencia y la supervivencia del grupo conforman un sistema.

Nuestra principal fuente de patrones es nuestro sistema familiar, compuesto por nuestros padres, hermanos y otros parientes. Es el sistema que más nos influye y el origen de una buena cantidad de nuestros éxitos y fracasos. Gran parte del trabajo sistémico está centrado en el origen, el contenido y el impacto de los patrones creados en la familia. Los sistemas nos enseñan cómo podemos y cómo no podemos comportarnos y cómo triunfar o fracasar en ellos, y definen nuestros parámetros de pertenencia respetuosa en cuanto a las relaciones, el dinero, las emociones, el liderazgo, la espiritualidad, el éxito y el propósito imprimiendo patrones de comportamiento en nosotros. Por ejemplo, una familia puede tener unas reglas estrictas para los chicos y chicas que están en la edad de tener citas y seguir ciertos rituales, como cenar siempre juntos los domingos o no comer con teléfonos móviles sobre la mesa. Los clubes se rigen por unas reglas para admitir socios y las corporaciones tienen unas normas con respecto a la ética de trabajo, los objetivos, el funcionamiento interno, etc., que unen a sus miembros en torno a una determinada misión. Decimos que los pensamientos, sentimientos y patrones del sistema de una organización constituyen la cultura de esta.

Un sistema es una entidad viva, en un sentido muy real. Su instinto es sobrevivir. Su ideal más elevado es mantenerse equilibrado, prosperar y evolucionar, y hará lo que sea necesario para conseguirlo; buscará que haya más miembros en la familia cuando exista un desequilibrio, y los utilizará para restablecer la homeostasis (a menudo, incluyendo lo que se ha perdido o excluido).

Comprender los temas y patrones de conducta pertenecientes a un sistema nos permite saber en qué estado se encuentra actualmente y qué es lo que está intentando evolucionar a través de nosotros. Pongamos como ejemplo las reglas en cuanto a las citas que tiene establecidas una familia algo anticuada. En ella, las chicas tienen mucha menos libertad que los chicos. Tienen que volver a casa temprano y no pueden beber en las citas. (El fin último de estas reglas es fomentar la seguridad y la supervivencia). Pero la chica más joven tiene comportamientos rebeldes: se opone a las restricciones y no vuelve hasta tarde; ignora totalmente las reglas del sistema. Los padres, desesperados, le dicen que es una «chica mala». Ella ve que las restricciones han tenido un impacto negativo en sus hermanas, a quienes les cuesta establecer relaciones, por miedo a que les hagan daño o las violen, como le ocurrió a la madre cuando era joven. Pero la verdad más profunda es que el sistema está intentando superar el patrón de la indefensión y de lograr que las mujeres que pertenecen a este sistema se sientan capaces de manejarse por sí mismas con los hombres y de establecer relaciones felices y en las que no impere el miedo. En realidad, la «chica mala» está ahí para cambiar el paradigma y acabar con el miedo.

Por supuesto, lo habitual es que nadie sepa ver esta verdad más profunda y más amplia, la «chica mala» sobre todo. Estas dos palabras enjuiciadoras pueden acabar por definir toda su vida; pueden hacer que tenga un comportamiento rebelde y problemático de forma permanente o que experimente un sentimiento de no pertenencia. Sin embargo, si tiene suerte y quiere superar la etiqueta (si aprende a ver y comprender los patrones limitantes que hay en su sistema y también los regalos que contienen estos patrones), verá que su «maldad» es en realidad un impulso encaminado a restablecer la alegría y la libertad en las relaciones y a que valore su valentía e independencia.

En resumidas cuentas, los sistemas y sus reglas construyen culturas que pueden ser saludables o no saludables. Un sistema saludable fomenta la comunicación abierta, la honestidad y cierto grado de introspección y rendición de cuentas al grupo. Un sistema no saludable hace lo contrario. Según cómo evolucionan o cómo están diseñados, los sistemas pueden ser cárceles para nosotros o darnos alas. Cuando comprendemos los sistemas conscientemente, podemos utilizarlos para nuestro mayor bien; podemos cosechar el «oro» informativo que contienen y que nos aportan bienestar y transformación.

ASPECTOS BÁSICOS DEL TRABAJO SISTÉMICO

Fue el psicoterapeuta Bert Hellinger, el «padre» del trabajo sistémico y las constelaciones, quien reconoció que cada familia es un sistema en sí misma. Con veinte años, Hellinger ingresó en la orden religiosa de los jesuitas. A principios de la década de 1950, la orden lo mandó a Sudáfrica para llevar la cristiandad y el pensamiento «civilizado» al pueblo zulú. Sin embargo, durante su estancia con los zulúes no tardó en darse cuenta de que eran estos quienes le estaban transmitiendo enseñanzas.

Cuando aprendió su lengua y participó en sus rituales y rutinas diarias, observó que tanto a escala individual como a escala tribal no tenían muchas neurosis, y no podía explicarse por qué. Se fue dando cuenta de que la fuerza de sus conexiones con sus ancestros, a quienes consultaban a menudo para averiguar qué ocurrió en el pasado, influía en lo que sucedía en el presente. Se percató de que el respeto que sentían por el sistema familiar y el deseo que tenían de comprender los temas que podían haber quedado sin resolver en las generaciones pasadas los habían conducido a adoptar un enfoque saludable frente a los problemas que hubiese en una familia dada y en el conjunto de la tribu. Esencialmente, sabían que los temas sin resolver del pasado impedían un futuro dinámico.

Tras vivir con los zulúes, dejó el sacerdocio y se fue de Sudáfrica, para terminar siendo un psicoanalista certificado. A lo largo de las décadas siguientes desarrolló las constelaciones familiares y las constelaciones sistémicas. Exploró todo tipo de sistemas y viajó e impartió conferencias y formación por todo el mundo. Cuando falleció había fundado la Escuela Hellinger y había escrito más de noventa libros en los que exponía sus ideas, sobre todo las relativas a los sistemas familiares y lo que ocurría en ellos. El libro que tienes en tus manos da un paso más; va más allá de la manera en que nos afectan nuestros sistemas y explora cómo y por qué son relevantes sus efectos para nuestro futuro.

Uno de los postulados fundamentales de todo trabajo sistémico es que la base de la evolución es la observación, el reconocimiento y dar su lugar a cada miembro del sistema. No se juzga a las personas ni los sucesos. Lo que está ahí está ahí. Lo que ocurrió, ocurrió. Tal vez no fue agradable o saludable. Tal vez fue terrible. Pero todo suceso tiene un propósito y da información. Todo tiene su lugar, y cuando podemos reconocer lo que ha sucedido tal como sucedió, sin desear que hubiese sido de otra manera, podemos aprender de ello, elegir algo diferente y evolucionar.

No es fácil adoptar esta falta de juicio, pero es necesario hacerlo. Para desengancharnos de los patrones del sistema familiar tenemos que acercarnos a los temas con la mayor apertura posible y explorar el sistema y todo lo que contiene (los abusos, las agresiones sexuales, el abandono, la alegría, la pena, el amor, la falta de amor...) con curiosidad, para que podamos encontrar la información que pueda ayudarnos a sanar. Si juzgamos y rechazamos los sucesos que ocurren o a las personas que hay dentro de un sistema, estamos rechazando una posible fuente de sabiduría; es decir, nos estamos impidiendo saber qué sueños perseguir o por qué tenemos una limitación que no podemos explicar.

Por ejemplo, tuve una clienta cuya madre la abandonó cuando tenía ocho años. Este hecho le rompió el corazón; tenía un miedo terrible al abandono y estaba completamente bloqueada, desde el punto de vista emocional, en este tema. No confiaba en las relaciones y a la vez estaba desesperada por tener una; no dejaba de buscar a alguien con quien estar. Al mismo tiempo, buscaba los defectos de estas personas y la aterrorizaba la idea de que también la dejaran. Sin embargo, cuando observamos lo independiente que era y lo bien que se le daba resolver las cosas, pudo ver que la ausencia de su madre la había vuelto capaz de cuidar de sí misma y había suscitado en ella el intenso deseo de estar disponible para sus propios hijos a toda costa. Los regalos suelen estar encubiertos y ocultos dentro del dolor y el desorden del sistema familiar y su dinámica, pero siempre están ahí. Lo que ocurre es que no se nos ha enseñado a verlos.

Dicho esto, todos somos humanos, y muchas personas no pueden dejar de juzgar de forma inmediata. Tal vez tu padre es realmente una persona tóxica, y el solo hecho de pensar en él te sulfura. No obstante, si aprendes a ver y entender lo que habita en esta experiencia, algo puede cambiar para ti. Si haces un trabajo profundo y tu corazón, tu cabeza y tus entrañas comprenden cuál era la situación de la familia y ven qué experiencias llevaron a tu padre a ser alguien tan tóxico, tal vez seas capaz de aceptar el nuevo contexto generado por esta dimensión informativa más profunda. Esto puede suscitar una nueva verdad en ti que te permita cambiar, que es de lo que se trata. De otro modo, tú también podrías seguir ese mismo patrón sin darte cuenta y convertirte en alguien tóxico.

Esto no tiene que ver con tu madre, tu padre o cualquier otra persona. Tiene que ver *contigo*. Cuando tus pensamientos y tu comprensión cambian, puedes dejar atrás la vieja historia y empezar a crear un nuevo ADN emocional. Al hacer esto, también estás dando un significado diferente y potenciando unos efectos distintos en parte de tu programa emocional. A partir de ese momento, tu relación con tu sistema familiar y los miembros de este (y contigo mismo) no seguirá siendo la misma.

LA CONCIENCIA DEL SISTEMA

En el trabajo sistémico, llamamos *conciencia del sistema* a las diversas reglas y regulaciones propias de un sistema dado. Cuando observamos los efectos de la conciencia personal, vemos que son similares a las reglas no escritas que hay en las empresas. Si las acatas, prosperas; si las transgredes, sientes que corres un riesgo. Ejemplos de reglas de este tipo son que las luces de la habitación tienen que estar apagadas a las diez de la noche, que no se pueden tener citas por la noche si hay que ir a la escuela al día siguiente, que no se puede picotear entre comidas, etc. La paradoja es que muy a menudo para que un sistema evolucione al menos uno de sus miembros tiene que arriesgarse a la denominada «mala conciencia» y romper las reglas;

de otro modo, el hecho de atenerse siempre a las normas y hacer más de lo mismo hace que tanto la persona como el sistema se queden estancados. Por eso, una empresa que odia los riesgos tiene que aprender a correr riesgos calculados y un miembro valiente de una familia tiene que elegir, conscientemente, romper el silencio y desafiar la marginación que han imperado durante generaciones.

Por ejemplo, tal vez tu madre insistía en que siempre escribieses notas de agradecimiento por los regalos recibidos en tu aniversario y por Navidad antes de ponerte a jugar con tus nuevos juguetes. Veinte años después, estás agotado, despierto hasta altas horas atendiendo las obligaciones sociales que crees que debes atender. No piensas en absoluto en tu propio placer, sino que te enfocas en la pertenencia siendo el buen chico que obedece las reglas del sistema. Adoptar la «mala conciencia» y aplazar un día las notas y otras respuestas es un movimiento en un sentido saludable y liberador dentro del patrón del sistema familiar.

Lo difícil es aprender a reconocer y respetar lo que está ahí mientras averiguamos cómo actuar de otra manera por nuestro propio bien y por el bien del sistema del que formamos parte. En el ejemplo anterior, tal vez el hecho de escribir cartas te llevó a ser talentoso en la comunicación escrita, y a partir de ahí hiciste carrera como periodista. En este campo, los plazos de entrega son muy importantes. Puedes agradecérselo a tu madre. Esta es una consecuencia saludable de una determinada regla sistémica. Pero si la vieja regla hace que te agotes porque te sientes obligado a mantener unas deferencias sociales innecesarias y pasadas de moda, está actuando en tu contra. No tiene lugar una evolución consciente. La regla domina y tú no miras más allá. Cuando las normas dominan a costa del crecimiento, acabamos cayendo en algo llamado *trance sistémico*.

Los sistemas familiares ofrecen al alma una oportunidad de evolucionar, pero con la misma facilidad pueden hacer que se duerma e hiberne. Cuando sucumbimos a la familiaridad del sistema y nos decimos «así son las cosas», estamos sumidos en un trance sistémico. «Las mujeres cocinan y hacen las tareas domésticas. Así son las cosas. Los hombres trabajan hasta no poder más para traer comida a la mesa y protegen a la familia. Así son las cosas». (Sí, en pleno siglo XXI, veo constantemente a hombres y mujeres de todas las edades atrapados en este antiguo trance relativo a los roles de género).

El *statu quo* es familiar y nos proporciona alivio. Sumidos en el trance, no tenemos que pensar; seguimos las reglas del sistema sin darnos cuenta. Pero el *statu quo* también nos mantiene atrapados o hace que no dejemos de chocar contra paredes que no entendemos y que nos parece que no podemos superar (hasta que sabemos qué es lo que tenemos que buscar). Pongamos por caso que en tu familia todo el mundo bebe alcohol. Los primeros cuarenta años de tu vida, vives en el trance sistémico del alcohol... hasta que un día decides que ha llegado la hora de que lleves un estilo de vida mejor, y dejas de beber. Pero te cuesta no beber con la familia cuando la visitas los fines de semana. Te molesta no haberte comprometido plenamente con tu salud; al mismo tiempo, te resulta mucho más fácil encajar si bebes cuando tus familiares lo hacen. En resumidas cuentas: la necesidad de pertenecer al sistema familiar es mayor que el deseo de gozar de salud y progresar.

La comodidad del trance y la necesidad de pertenecer suelen estar en el origen del fracaso de los emprendimientos o del propósito de cambiar. Incluso cuando un cliente dice con toda sinceridad que quiere cambiar algo, a menudo este deseo no es suficiente para romper las cadenas de la necesidad de pertenecer a toda costa. Cuando ocurre esto, la persona tiene que reforzar sus argumentos favorables a sus sueños y a los deseos de su corazón, para que sean más fuertes que las reglas sistémicas que la limitan.

Si no reconocemos los patrones sistémicos, podemos conformar lealtades inconscientes a miembros o reglas del sistema, de tal manera que permanecemos apegados a ello a costa de nuestra propia fortuna o nuestra salud. Uno de mis ejemplos favoritos es el caso de un militar que vino a verme. Me dijo que tenía un gran problema. Le pregunté cuál era, y respondió:

–Quieren ascenderme a coronel.

–Bueno, estoy perdida –dije–. ¿Por qué es esto un problema?

–Usted no lo entiende. Mi padre era comandante. Mi abuelo fue comandante. Mi bisabuelo fue comandante. Y quieren que yo sea *coronel*. –Le pregunté por qué era tan terrible esto, y palideció. Dijo–: Todos ellos eran unos hombres excelentes. ¿Cómo podría osar ser más que ellos?

Cuando exploramos su sistema familiar, explicó que su bisabuelo había dejado muy claro el tema: «¡Ser comandante es más que suficiente para esta familia!». Mi cliente había conformado una lealtad tan estricta a quienes lo precedieron que la idea de obtener algo mejor que sus antepasados le hacía sentir pánico. No sabía si merecía ser «mejor», y le aterrorizaba el precio que tal vez debería pagar si daba ese paso.

Le pregunté qué le parecería dar las gracias a su varonía (línea descendiente masculina) por un legado tan fuerte que ahora tenía la oportunidad de llevarlo incluso más allá y ocupar un buen puesto en el ejército como coronel. Le pareció bien y pudo aceptar la idea del ascenso. Lo relevante de esta historia es que la lealtad a una frase había hecho que todos los hombres de la familia se conformasen con menos de lo que podrían haber conseguido ¡durante cuatro generaciones!

Así de grande es el poder del trance, de la lealtad al sistema y de la necesidad de pertenecer.

FRASES SISTÉMICAS

En todas las familias hay dichos como el que acabamos de ver. Las frases sistémicas son aquello que nos decimos una y otra vez creyendo que es cierto; son mensajes que el sistema familiar puede haber estado diciendo a sus miembros a lo largo de generaciones. Tal vez alguno de los ejemplos siguientes te resulte familiar:

- La formación es mejor que el dinero.
- La confianza da asco.
- Puedes tener amor o dinero, pero no ambos.
- Los hombres honestos trabajan duro.
- Un éxito excesivo te puede llevar a perderlo todo.
- A un perro viejo no se le pueden enseñar cosas nuevas.
- La sangre tira mucho.

En todo sistema hay frases sistémicas sobre el éxito, el fracaso, el amor, las relaciones, el dinero, el liderazgo, las profesiones, la salud, la edad..., es decir, sobre todo lo que hay bajo el sol. Como miembros de un sistema familiar, a causa de la exposición constante a estos dichos acabamos por creer que son *la* verdad, cuando no son más que una manera de ver la vida. No son más que la verdad del sistema familiar, la cual pasa a ser también nuestra verdad. Pero podemos cambiar estas frases siempre que queramos.

Las frases sistémicas dirigen nuestra vida de una manera bastante literal, y hablaremos mucho de ellas a lo largo del libro. Una vez que hemos identificado estas frases y hemos explorado su origen y sus efectos, podemos usarlas para liberarnos de los patrones multigeneracionales que hemos confundido con nuestra realidad actual.

PRINCIPIOS RECTORES DEL TRABAJO SISTÉMICO Y LAS CONSTELACIONES

El trabajo sistémico desarrollado por Bert Hellinger contiene tres principios[1] que siempre están actuando y que es importante que conozcas si quieres utilizar este trabajo para ti o actuar como facilitador para otras personas. Cualquier tema con el que os enfrentéis tú o tus clientes tendrá que ver con uno de estos tres principios. Una vez que hayas identificado qué principio está actuando, tendrás una idea general del área que hay que abordar y la solución que hay que aplicar. Conociendo estos tres principios, enseguida empezarás a saber cómo manejarte por el ámbito sistémico a un nivel simple, para empezar a cosechar beneficios en la vida diaria.

1.er principio: pertenencia. Todo el mundo tiene derecho a pertenecer. Cada suceso, cada miembro y cada decisión pertenece, porque cada uno contribuye a dar forma al sistema que te configura. Esto incluye a tu lascivo tío Harry, a tu hermana alcohólica y a tu hermano, que es la oveja negra de la familia. Las personas buenas, malas, ni buenas ni malas, alegres, deprimidas y borrachas, todas cuentan, porque cada una aporta información al sistema que es necesaria para quienes están en él y para que el sistema mismo evolucione y prospere. Pero a veces hay miembros de la familia que son excluidos, porque incluirlos es demasiado difícil desde el punto de vista emocional, como vimos en el caso de la abuela de Lucía, que tuvo siete abortos espontáneos. Sin embargo, como también vimos, el solo hecho de que estos seres que no llegaron a nacer fuesen ignorados no significaba que no existiesen y que no ejerciesen una influencia.

El juicio y el miedo suelen estar presentes cuando tratamos de excluir a alguien del sistema. Hay clientes que mencionan situaciones como esta: «No hablamos mucho de la abuela. Jugaba y estuvo a punto de perderlo todo». Después les extraña que su hijo sea adicto al juego o que lo aborrezca completamente.

Todos queremos pertenecer, ser aceptados e incluidos. Cuando somos excluidos, experimentamos todo tipo de pensamientos y emociones negativos. Pero cuando tratamos de encajar, a veces no somos fieles a nosotros mismos. En este escenario, nos conviene examinar qué aspectos de la pertenencia son problemáticos para nosotros y cómo resolverlos. Te conviene explorar el origen del sentimiento de «no pertenecer» y ver si es una cosa tuya o si afecta a todo el sistema familiar.

Si te cuesta sentir que perteneces o si perteneces de una manera que te limita, ¿cómo puedes generar un sentimiento de pertenencia que te aporte fuerza y alegría? Tal vez perteneces a la familia callándote como todos los demás para encajar, pero hay una parte de ti que tiene el anhelo de manifestarse como el extrovertido feliz que eres por naturaleza. No obstante, temes que este comportamiento haría que te excluyesen. Si puedes encontrar la forma de pertenecer de una manera que muestre reconocimiento hacia el talante silencioso de la familia a la vez que te permita brillar, expandirás el sistema y pertenecerás siendo un verdadero pionero que hace crecer el sistema.

2.º principio: lugar y orden. Este principio hace referencia al lugar que ocupas exactamente en tu sistema familiar u organizacional; por ejemplo, eres el hijo mayor o el vicepresidente ejecutivo superior. En el sistema familiar, este lugar es siempre el mismo. En una organización, puede cambiar. Tal vez tuviste que cuidar de tus hermanos cuando eras niño, quizá incluso de tus padres. En este caso, diste a aquellos de quienes debías recibir, y esto te desubicó. En consecuencia, tal vez ahora seas la persona que siempre se ocupa de las cosas, y tienes que dar demasiado de ti todo el tiempo. A la vez, esto puede hacer que sientas que nunca recibes lo que necesitas. Cuando aprendas a ocupar tu lugar y a reconocer, pero no asumir, los temas de otras personas, el orden se restablecerá. Volver a ocupar el propio lugar suscita una sensación de ligereza, libertad y posibilidad.

Si, al contrario, cediste tu lugar a un hermano u otro familiar que tenía más necesidades, tal vez ahora te sientas demasiado pequeño, invisible, incapaz de tener la vida, la tranquilidad, el amor y el éxito que mereces. Este fenómeno se da entre algunos líderes que insisten en permanecer invisibles. Promocionan a otras personas, lo cual es maravilloso, pero no ocupan su propio lugar.

Si a un individuo se le niega el derecho a pertenecer por cualquier motivo, este hecho da lugar a un desorden en el sistema y alguien perteneciente a una generación posterior puede empezar a manifestar un estilo de vida, unos hábitos, unos pensamientos, unos sentimientos o unos patrones similares a los que manifestó la persona que fue excluida *como si fuesen propios*. Los sistemas son dinámicos, incluyentes y siempre buscan restablecer la pertenencia, la armonía y el equilibrio cuando están ausentes. Volviendo al ejemplo de Lucía, sus siete tumores estaban mostrando claramente qué era lo que se había excluido; se aseguraban de que esos elementos fuesen incluidos y «recordados».

Todos los sistemas contienen roles y posicionamientos. En los sistemas familiares, los bisabuelos están primero (o los tatarabuelos o antepasados anteriores); después están los abuelos y los padres. Los que vinieron primero tienen un peso vital mayor, por el solo hecho de que estuvieron vivos antes. Eso es todo. El posicionamiento no hace que nadie sea mejor o peor. Todos tenemos nuestro lugar en el sistema. Cuando sabemos cuál es este lugar y lo ocupamos, recibimos lo que necesitamos y podemos transmitir lo que debemos transmitir. La vida, el amor y el éxito pueden fluir. Cuando estamos fuera de nuestro lugar, experimentamos falta de pertenencia, y la vida no fluye como debería hacerlo. Podemos sentirnos limitados, agobiados o engañados. En las organizaciones hay muchas maneras diferentes de establecer el posicionamiento. Puede hacerse según el conjunto de habilidades, la edad, la antigüedad, el volumen de clientes o el sueldo, por ejemplo.

3.er principio: equilibrio entre el dar y el recibir. ¿Estás dando demasiado amor, dinero, tiempo, atención o __________ (rellena el espacio en blanco) y no estás recibiendo a cambio? Esta dinámica acaba con muchas relaciones en cualquier sistema. La otra cara de este principio es tomar en exceso. Los sistemas y las personas prosperan cuando hay equilibrio y decaen cuando este está ausente.

En una organización con la que trabajé, todos estaban trabajando bien juntos hasta que el jefe se tomó unos días de vacaciones. Casi enseguida, todo el mundo empezó a ausentarse algunos días por enfermedad. ¿Qué estaban diciendo los miembros del sistema? Pues esto: «El equilibrio entre el dar y el recibir que hay en el sistema no es el adecuado. Se nos pide demasiado sin darnos suficiente a cambio. Por lo tanto, vamos a ausentarnos unos días por enfermedad».

CUANDO NO SE SABE MUCHO SOBRE LA FAMILIA DE ORIGEN

Muchas veces, personas que no han tenido contacto con su familia de origen se sorprenden mucho de los paralelos que hay entre sus vidas cuando por fin se establece el contacto. No se ven las hebras individuales del ADN físico, ni siquiera hay conciencia de ellas, pero sus patrones se expresan claramente. Con el ADN emocional ocurre lo mismo. Albergamos todo lo que necesitamos para ir adelante; solo tenemos que saber verlo.

En uno de mis eventos, Lisa se levantó y declaró que eso no era para ella. Había sido adoptada y no tenía contacto con su familia de origen; las lágrimas que había en sus ojos mostraban lo dolorosa que era para ella esta situación. La invité a trabajar conmigo. En una pared de la sala había un espejo, y le pedí que echara un vistazo y me dijera en qué se diferenciaba físicamente de su familia adoptiva. Después le pregunté en qué se diferenciaba su personalidad de la de su familia adoptiva y cuáles eran sus frustraciones y deseos profundos, y poco a poco Lisa se fue dando cuenta de que tenía todo lo que necesitaba, lo cual incluía una conexión con sus padres biológicos más fuerte de lo que había creído posible. Experimentando una nueva forma de pensar y sentir, empezó a conectar de distintas maneras. Le sugerí que anotase todas sus frustraciones, sus deseos profundos y los sucesos significativos que habían acontecido en su vida, y buscase los patrones que la mantenían atrapada. Los patrones se manifestaron, procedentes de alguna parte, y trataron de evolucionar a través de sus sueños y deseos, sin que ella tuviese que conocer detalles sobre su familia de origen. Mediante sus frustraciones, sueños y deseos, Lisa pudo experimentar una conexión y la sensación de que estaba cumpliendo su destino.

El trabajo sistémico y las constelaciones también son para las personas adoptadas, huérfanas, separadas de su familia de origen o que no saben mucho sobre esta. No necesitas tener un árbol familiar colgando de la pared para saber quién eres. Tus patrones de pensamiento, sentimiento, acción e inacción son las claves que te permiten saber cosas de tu herencia. Tus puntos de vista fuertes, las cuestiones con las que te muestras dogmático sin que puedas explicarlo, tus fobias y tus hábitos emocionales innatos son claves que te permiten saber qué hay en tu sistema y cuál puede ser el origen de estos rasgos.

En los sistemas, no son solo múltiples generaciones las que nos dan claves. Nuestras palabras, sentimientos y maneras de pensar, más la forma en que hemos interpretado los sucesos de nuestra propia vida, nos permiten hacernos una idea clara de los puntos en los que nos encontramos varados y el lugar hacia el que nos sentimos empujados. ¿Qué situaciones se repiten en tu vida? ¿Con qué temas te encuentras siempre bloqueado? ¿Qué historias te cuentas a ti mismo sobre tus capacidades y tu potencial? Los patrones antiguos que ya no te sirven y los nuevos patrones que quieren salir a la superficie están ahí, aunque no tengas clara la historia de tu familia.

Tal vez no sepas nunca quién fue el antepasado que desató los patrones del miedo y la duda o la determinación y la integridad, pero encontrarás maneras de reconocerlos y a continuación acoger lo que es útil y deponer los viejos patrones que no sirven para nada y convertirlos en recursos de sabiduría. La semilla de la grandeza está en ti, y cuando la plantas y empiezas a cambiar, no solo te elevas y te transformas, sino que además allanas el camino para los que vienen después de ti a la vez que conectas con los ascendientes invisibles que estuvieron aquí antes.

Si fuiste adoptado, recuerda que tienes el campo y el fluir energético por partida doble: primero, por parte de tus padres biológicos, y después, por parte de los padres que te eligieron. No tienes menos, sino más. Ya sabes qué cualidades te transmitieron tus padres adoptivos. ¿Cuáles te transmitieron tus padres biológicos? ¿Tuvieron que ser valientes para tenerte y entregarte? ¿Te transmitieron altruismo? ¿Qué otras cualidades heredaste de ellos que no hayas tomado en consideración? ¿Tu fortaleza? ¿Tu sonrisa? ¿Tu sentido del humor? ¿Tu don para la música?

Heredamos los patrones sistémicos tanto si somos conscientes de ellos como si no. Solo tienes que ver programas como *¿Dónde está mi familia?** para darte cuenta de cómo se repiten los patrones. Aunque no conociésemos a nuestra familia de origen en nuestra infancia, nos resulta sorprendente descubrir que hemos repetido buena parte de su historia sin tan siquiera haber conocido a estas personas.

Escalón sistémico n.º 1: descubrir el propio sistema familiar

Descubrir el propio sistema familiar es como explorar un mapa del tesoro. Todas las claves que necesitas para salir de los lugares en los que te encuentras atrapado y para cumplir el destino que intenta emerger a través de ti están contenidas en las claves alojadas en tu sistema familiar. Te resultará útil llevar un diario de este viaje. Cuando las piezas de tu documento se junten, se manifestarán el camino, las posibilidades y el tesoro. Los dones que te pertenecen a ti exclusivamente se revelarán y esperarán a que conviertas lo que parece un lío en un viaje increíble. La ira que habita en tu familia se tornará en

* N. del T.: Programa de televisión en el que los conductores ayudan a hombres y mujeres que han sido adoptados a encontrar a sus familias biológicas. En cada episodio se narra la exhaustiva investigación que lleva a la localización de los parientes consanguíneos.

paz a través de ti. Si perteneces a un grupo que sufre discriminación, generaciones de este grupo encontrarán un paladín en el niño trabajador y luchador que se esfuerza por llegar a la cima.

Un primer paso fantástico hacia la comprensión de tu sistema familiar y de ti mismo es que te reserves un tiempo para estar plenamente presente y centrarte en tu familia bajo la luz de los tres principios que son la pertenencia, el orden y el equilibrio entre el dar y el recibir. ¿Tienes familiares que claramente muestren tener un problema con cualquiera de estos principios?

Por ejemplo: ¿se porta mal tu hermana a causa de que siente que no pertenece? ¿Tuvo tu padre que asumir el papel de su padre siendo aún muy joven para cuidar de la familia? En caso de ser así, ¿tú también te sientes abrumado por las responsabilidades? ¿Intentas abarcar demasiado sistemáticamente debido a una lealtad inconsciente hacia tu padre, que se vio obligado a ocupar un lugar que no le correspondía en el sistema familiar y, por tanto, tenía un problema con el segundo principio, el del orden? ¿O eres una persona que se conforma con demasiado poco? ¿Ofrece mucho apoyo y cuidado emocional tu madre y recibe poco a cambio por parte de su cónyuge o del resto de la familia? ¿Te encuentras con que emulas este patrón? ¿Tal vez no se te compensa bien por toda la responsabilidad que asumes y todo el trabajo que realizas en la empresa? ¿Tal vez te encuentras en relaciones en las que el dar y el recibir no están equilibrados? Busca patrones que tengan que ver con los tres principios y observa cómo te influyen. Si no tienes familia o información sobre tu familia, busca estos patrones en lo que te ocurre, en tus relaciones o en tu familia elegida.

Escalón sistémico n.º 2: identificar las frases sistémicas

Haz una lista de todos los tópicos que se decían en tu familia de origen, es decir, esas frases sistémicas que oíste y adoptaste como propias. Tal vez estás diciendo eso mismo a tus hijos. Cuando hayas escrito esta lista, observa cómo has vivido tu vida. Piensa en las elecciones efectuadas y no efectuadas. ¿Hasta qué punto han conformado tu vida las frases que tienes en tu cabeza y el significado que les has dado? ¿De qué maneras te han limitado o ayudado?

Estas frases son las que dirigen el espectáculo sin que nos demos cuenta, y las exploraremos con mayor profundidad más adelante. De momento, contempla lo que se dice en tu familia en relación con temas significativos para ella, como las profesiones, las relaciones, el miedo, el propósito, la culpa, el éxito, el fracaso, la enfermedad, el dinero, etc.

CAPÍTULO 2

TU TESORO OCULTO, REPRESENTADO EN TRES DIMENSIONES

El ADN emocional y las constelaciones

«Mi familia está maldita». Varios de mis clientes han dicho esta frase en alguna ocasión. Parece una declaración extrema hasta que descubrimos que, según las investigaciones efectuadas al respecto, los patrones de pensamiento, sentimiento y acción, e incluso determinados sucesos, en áreas como la salud, las relaciones y el liderazgo, pueden ser transmitidos de generación en generación. Veo cómo esto se manifiesta en familias que lidian con problemas como la falta de formación, las relaciones disfuncionales, las adicciones, el fracaso profesional o la incapacidad para progresar económicamente. No se trata de una maldición, sino de una herencia.

Llamo *ADN emocional* a esta herencia, y su base es la interpretación que hacemos de los sucesos a partir del programa emocional de nuestro sistema familiar.

El ADN emocional se expresa de manera muy contundente en nuestros pensamientos, nuestras palabras, nuestro tono y la forma que tenemos de interpretar lo externo. El lenguaje que hablamos genera nuestra verdad, nuestra dirección, nuestro propósito, la imagen que tenemos de nosotros mismos y la imagen que tenemos de los demás; también nuestro futuro, ya sea exitoso, mediocre o deprimente. El ADN emocional de nuestro sistema familiar también se manifiesta con mucha contundencia en nuestro cuerpo, aunque no seamos conscientes de ello. Los sentimientos que surgen procedentes del sistema constituyen una potente brújula interna que nos guía. Sabemos si estamos alineados o no con nuestros sistemas familiares u organizacionales porque podemos sentirlo. Sabemos si albergamos culpa en relación con el sistema porque lo sentimos. Sabemos si pertenecemos o si se nos excluye porque lo sentimos.

Cuando nos sentimos respetados y reconocidos dentro de un sistema, estamos más inclinados a abrirnos, compartir, transmitir sabiduría e implicarnos con el sistema, porque sentimos que tenemos algo valioso que ofrecer. Nuestra energía y nuestra pasión se manifiestan sin restricciones y nos implicamos. Cuando sentimos que no pertenecemos o que no somos lo bastante inteligentes o divertidos, nos sentimos frágiles y en peligro y nos retraemos.

Puede ser que un determinado sentimiento o patrón de percepción, la culpa por ejemplo, con origen en un solo suceso o una serie de acontecimientos del pasado, recorra la totalidad del sistema. Cuando miramos atrás, a las generaciones sucesivas, a menudo podemos ver de qué manera o en qué punto pudo haberse creado un determinado patrón y pudo haberse impreso en el ADN del sistema emocional; un patrón que actualmente se manifiesta en nuestros pensamientos, sentimientos y actos, limitando la expresión de nuestra vida tanto en el ámbito personal como en el profesional.

Dan, un hombre de negocios triunfador, vino a verme porque se sentía impulsado a trabajar hasta el agotamiento.

–Mi padre y mi abuelo tenían tres empleos para mantenernos y para que yo tuviera una oportunidad en la vida –dijo–. Me va muy bien como empresario, pero siento que no estoy trabajando lo bastante duro. Tengo la sensación de que debería conseguir otro empleo. Pero en mi situación actual ya estoy agotado al final de la jornada.

Cuando exploramos su estado actual y su trayectoria, reconoció que ya se estaba ganando la vida extraordinariamente bien y que un trabajo extra no tendría mucha repercusión en su nivel de ingresos. La idea de tener otro empleo solo surgía de los hábitos arraigados en su sistema y de las fuertes emociones de miedo y determinación que había experimentado su padre en relación con el mantenimiento de la familia. Su cuerpo le estaba diciendo: «¡No, por favor! ¡Para y vive de otra manera!».

Le dije:

–Si sigues trabajando tan duro incluso en medio del éxito, les estás enseñando a tus hijos que jugar no es una opción. Les estás enseñando que el trabajo duro es un fin en sí mismo que no tiene recompensa.

Cuando aprendió a situar el trabajo duro de su abuelo y su padre en su debido contexto, se dio cuenta de que habían allanado el camino para que él pudiese tener una familia en la que el éxito y el dinero se habían materializado plenamente, por lo que podían dar la bienvenida a la relajación y el juego como nuevos miembros. Le pregunté qué le parecería invertir algo del dinero que había ganado en unas vacaciones especiales a las que invitase a su padre y su abuelo. Así lo hizo; además, los agasajó en una cena familiar, acabó de pagar la casa de su padre y le compró muebles nuevos al abuelo. El patrón de la determinación dirigida y el trabajo intenso ya no era necesario, y cuando vio lo importante que era transformarlo, pudo surgir el patrón del juego y la generosidad.

Pocas personas tienen problemas para imaginar que los patrones emocionales se pueden transmitir en una familia. Pero a veces el patrón que se repite en un sistema familiar es un suceso más las perturbaciones emocionales que lo acompañan. Algunos de estos sucesos pueden ser tan raros que cuesta creerlos.

Por ejemplo, tuve un cliente que estaba convencido de que iba a perder una pierna, lo cual lo aterrorizaba. Podría parecer que esta era una posibilidad muy remota, una fobia irracional salida de la nada. Pero al indagar en la historia de su familia supe que todos los hombres pertenecientes a ese sistema familiar a lo largo de siete generaciones habían perdido la pierna derecha, por una u otra causa. Utilizando varios sentidos y representando varias generaciones en una constelación (el proceso tridimensional que se explica más adelante en este capítulo), fue capaz de obtener una visión más amplia de la dinámica de su sistema familiar, lo cual lo condujo a experimentar comprensiones y cambios que le permitieron dejar de pensar que era inevitable que perdiese una pierna. Al reconfigurar su cerebro y el resto de su cuerpo, acabó con «la maldición»; en la actualidad sigue caminando con dos piernas.

UN MANDATO EVOLUTIVO

En el capítulo anterior mencioné que todos los sistemas (los familiares y los de otro tipo) buscan la manera de sobrevivir en primer lugar; *después* se ocupan de prosperar. El programa emocional sencillamente está ahí; lo que adquiere vida es nuestro ADN emocional junto con sus orígenes e impactos ocultos, más nuestro deseo profundo de encontrar nuestro propio destino y cumplirlo. Una vez que hemos descifrado las claves de nuestras limitaciones y sabemos los puntos en los que estamos varados, gozamos de libertad para crear conscientemente un nuevo patrón que conduzca a unos nuevos resultados. Para generar un nuevo ADN emocional, antes hay que comprender el programa existente. El ADN emocional quiere madurar en la misma medida que nuestro ADN físico quiere obedecer el mandato de la vida de evolucionar. Los sistemas tienen su propia inteligencia incorporada y siempre están tratando de mejorar las condiciones a través de sus miembros y de asegurar así la supervivencia y el bienestar de las generaciones futuras.

Recuerdo el caso de una mujer joven que vino a verme porque ansiaba ser feliz con desesperación. Cuando le pregunté qué era para ella «ser feliz», me dijo que para ella era no tener miedo, todo el rato, de perder a alguien.

–¿A quién has perdido? –le pregunté.

–A nadie –dijo–. Pero solo es cuestión de tiempo.

Explorando supe que su bisabuela había perdido varios hijos, igual que su madre. A esta clienta incluso le daba demasiado miedo tener citas, pues sabía, a nivel subconsciente, cuál sería la consecuencia inevitable. Le pregunté qué pudo haber causado las pérdidas, y me dijo que había un tema de salud en su familia que predisponía a las mujeres a los abortos espontáneos. Nunca había hablado de esto con un médico, pero después de nuestra sesión accedió a buscar consejo profesional.

Más adelante me dijo, emocionada, que se había enterado de que existía un tratamiento eficaz que no había estado disponible para las generaciones anteriores. Su miedo a la pérdida se atenuó y comenzó a socializar en mayor medida. Su deseo de algo más la había conducido a buscar una solución que no había existido para las otras mujeres de su linaje. Con la solución vino el final del miedo y la posibilidad de conectar con la vida. El patrón del miedo pudo descansar y ser sustituido por un patrón de esperanza y nacimiento. Cabe indicar que este proceso suele requerir tiempo. La lealtad inconsciente a los ancestros es tan fuerte que hay que reconocerla e integrarla antes de poder seguir adelante. Tiene su lugar, y limitarse a pasar por alto el lugar de lo que no se quiere puede hacer que se vuelva al antiguo patrón.

Los sistemas evolucionan. Lo que parece un despropósito en esta generación pudo haber sido la solución de algo en otra generación, un patrón que ha persistido más allá de su utilidad. Podemos seguir siendo unas víctimas y pasarnos la vida diciendo que nuestra madre es la culpable de todo. Podemos tomar el camino fácil de la culpa y elegir no ver qué es aquello que vive a través de nosotros. O podemos responder a los pensamientos impulsores y sentimientos internos de nuestro ADN emocional; escuchar nuestras voces internas; comprender qué era aquello con lo que estaban lidiando las generaciones anteriores; mirar lo que está tratando de emerger a través de los deseos, los objetivos y el propósito de nuestro corazón, e ir adelante más rápido y más ligeros.

No están atrapados en los sistemas los individuos y las organizaciones solamente. Esta dinámica afecta también a culturas enteras. Si exploramos los eventos de la historia, podemos ver los patrones de pensamiento, sentimiento y acción que se generaron y los puntos de inflexión que cambiaron la dirección en la que iban civilizaciones enteras. Por ejemplo, la agricultura industrializada occidental, que dependía del desarrollo y uso de sustancias químicas y pesticidas, estaba teniendo un impacto devastador sobre el entorno global. Esta era una tendencia de la que casi nadie era consciente hasta que en 1962 se publicó el libro *Primavera silenciosa*, de Rachel

Carson, en el que se documentaban los efectos medioambientales adversos causados por el uso indiscriminado de pesticidas. Ese libro por sí solo hizo que el mundo tomase conciencia de las cuestiones ambientales y de lo importante que es mantener un ecosistema global saludable. De hecho, las palabras *ambientalismo* y *ecosistema* no existían antes de la aparición del libro de Carson.

Los sistemas políticos, religiosos y comunitarios tienen su propio ADN emocional y están sujetos a principios y frases sistémicos, y a la misma forma de pensar limitadora que las personas. Y también quieren crecer. Los líderes comunitarios de un pueblo de la provincia de Quebec, en Canadá, me contrataron para que dirigiese una constelación. El ayuntamiento quería entender por qué la economía local seguía estancada a pesar de que había un profundo interés en desarrollar la región. En la primera sesión, varios miembros del equipo de gobierno dijeron: «Debemos recordar que somos pequeños».

–¿De dónde viene este pensamiento? –pregunté.

–Aquí tenemos un dicho: «Lo nuestro son los panecitos» –dijo uno de los concejales–. No hacemos grandes cosas.

Había otros factores concomitantes, pero esta frase limitadora de alcance general lo decía todo sobre el ADN emocional de la región. ¿Cómo podría desarrollarse y evolucionar económicamente esa comunidad si su mantra era una frase sistémica como esa?

Escalón sistémico n.º 3: un examen rápido del ADN emocional

¿Qué ADN emocional has heredado? ¿Eres tú el origen de un patrón de ADN emocional? Hazte unas cuantas preguntas:

- ¿Comparte tu familia el mismo lenguaje en torno a un determinado tema (por ejemplo, las relaciones, el dinero, el trabajo)?
- ¿Hay un patrón emocional compartido por los miembros de la familia (por ejemplo, todos los hombres se sienten infravalorados)?
- ¿Hay sucesos, pensamientos y experiencias similares en la vida de tus familiares (por ejemplo, todas las mujeres abandonan el hogar)?
- ¿Hubo un suceso en particular que desencadenó la forma en que son las cosas en la actualidad (por ejemplo, la bisabuela dejó a su «estúpido» marido después de que este perdió la fortuna familiar y ahora todas las mujeres se casan con hombres que no se manejan bien con el dinero, los llaman estúpidos y acaban por dejarlos)?
- ¿Tienes la necesidad interna de hacer las cosas de manera distinta de como se suelen hacer en la familia?
- ¿Cuánto tiempo hace que sientes esto? ¿Desde siempre? ¿O hubo algo que despertó en ti el deseo de un cambio?
- ¿Qué estaba ocurriendo en tu vida en esos momentos?
- ¿Qué sentido le diste a ese pensamiento, sentimiento, patrón o situación?
- ¿Qué te llevó ese pensamiento, sentimiento, patrón o situación a pensar de ti mismo y de los demás?

LAS CONSTELACIONES

Una constelación es un proceso tridimensional que cuenta con un facilitador, que permite ver todas las vertientes de un asunto y las relaciones espaciales que hay entre los componentes, junto con los diversos orígenes e impactos del asunto. Podemos ver, oír, tocar y explorar literalmente partes del sistema en tiempo real. Al utilizar múltiples sentidos y obtener nuevas comprensiones, podemos detener los ciclos limitantes y acceder a nuevas posibilidades.

Las constelaciones se suelen realizar en entornos grupales. Por turnos, los clientes hablan de su problema y lo exploran con el constelador (el facilitador). El constelador hace preguntas para entender el alcance y el recorrido del problema. Después determina qué partes del asunto tienen que representarse en la constelación; tal vez haya que incluir a miembros del sistema, emociones como el miedo o la ira e incluso un determinado suceso. El cliente elige representantes, entre los otros participantes, para que hagan las veces de los diversos componentes del asunto. A continuación, ubica a los representantes físicamente en la sala, en una determinada relación espacial, que refleje cómo concibe las relaciones y conexiones (o desconexiones) que hay entre los distintos elementos.

Parece simple. Pero en el caso de la mayoría de los clientes, es la primera vez que contemplan un asunto o relación en el plano tridimensional de manera consciente. A continuación viene la parte divertida. Los sistemas tienen unas energías e informaciones únicas que pueden ver y sentir enseguida tanto el cliente como los representantes. Antes de dar inicio a la constelación, se pide a estos últimos que hagan una inspiración profunda y exhalen, de tal manera que con la espiración suelten sus pensamientos, ideas y juicios personales, con el fin de que puedan estar al servicio del sistema del cliente, abiertos y disponibles para recibir cualquier información que acuda a ellos procedente del sistema. Pueden pedir hablar o moverse, pero solo si se sienten impulsados a hacerlo desde una necesidad interna profunda, *no* desde un espacio mental, intelectual. Se invita al cliente a observar muy atentamente las sensaciones, pensamientos y emociones que experimente en el transcurso de la constelación. No se trata de un juego de roles ni un psicodrama. El cliente y los representantes del sistema conectan profundamente con el campo de información del sistema conocido como *campo de conocimiento* (del cual hablaré con mayor detalle en el próximo apartado de este capítulo).

Voy a ejemplificar cómo se desarrolla una constelación con el caso de Rita.

–Mi madre nunca me ha dedicado atención –dijo Rita–. Lo he intentado todo para que se fije en mí, pero no ha ocurrido.

–¿Cómo te afecta la ausencia emocional de tu madre? –le pregunté.

–No puedo establecer relaciones íntimas. Me siento muy insegura y no estoy lo bastante bien conmigo misma para tener este tipo de relaciones.

(Date cuenta de que Rita acababa de decir que ella también estaba ausente emocionalmente en las relaciones; y sabía que, de alguna manera, esto tenía que ver con su madre).

–Si tu madre te prestase atención, ¿cómo te afectaría?

–En este caso, sabría que soy lo bastante buena como para merecer la atención de otras personas.

Llegados a este punto le pedí a Rita que eligiera a tres participantes para que representasen físicamente a tres personas: ella misma, su madre y su padre. Le pregunté si en su familia había habido abortos provocados, abortos espontáneos, muertes prenatales o niños entregados en adopción. (Las exclusiones de cualquier parte del sistema pueden ocasionar confusión en el sistema). Dijo que no se habían dado este tipo de casos en su familia, y le pedí que dispusiera a los tres representantes en la sala, de tal manera que hubiese una relación espacial entre ellos.

La forma en que los clientes ubican a los representantes en el espacio me muestra aspectos como qué personas están conectadas o desconectadas, qué grado de cercanía o distancia hay entre los individuos representados, cuáles están cerrados o abiertos. Hago preguntas sobre todo lo que advierto. La primera fase de la constelación suele aportar mucha información a los clientes. De pronto empiezan a *ver, oír y experimentar* las tensiones y conexiones presentes en las relaciones y los obstáculos o posibilidades existentes entre los elementos del sistema que no habían sido capaces de concebir mentalmente. A menudo se muestran ante sus ojos patrones que no habían advertido antes. En el caso de Rita, la representante de su madre se quedó ahí de pie mirando hacia abajo; no apartó la mirada de un punto del suelo, delante de ella.

Este tipo de comportamiento puede indicar que falta un miembro en el cuadro; por ejemplo, un feto o un niño que murió. Le volví a preguntar a Rita si su madre había perdido un hijo; su rostro reflejó desconcierto, y después suspiró:

—¡Lo había olvidado! Se quedó embarazada justo después de que nací y perdió el bebé. No tuvo más hijos después de eso.

Pusimos a un representante del niño ausente en el suelo, delante de «la madre». En un instante, Rita tomó conciencia de la razón por la que su madre no le hacía caso: el bebé perdido acaparaba toda su atención.

—¿Entiendes ahora por qué no es capaz de prestarte atención? —pregunté.

—¡No es culpa mía para nada! —exclamó Rita, llorando—. ¡Oh, Dios mío! ¡No es por mi culpa!

De niños, a menudo imaginamos que tenemos la culpa de determinadas situaciones e inventamos historias para convencernos de que no somos lo bastante buenos en algún sentido. Y pasamos a vivir la vida rigiéndonos por estas historias, cuando la verdad suele ser que la situación tenía poco o nada que ver con nosotros.

Por primera vez en su vida, Rita pudo comprender a un nivel profundo, visceral, que la totalidad de su problema tenía que ver con la situación de su madre. Esta comprensión fue suficiente para que abandonase la sensación de infravaloración que estaba arruinando su vida, y fue capaz de estar más segura de sí misma en el terreno de las relaciones a partir de ese momento.

EL CAMPO DE CONOCIMIENTO

¿Cómo supo la representante de la madre de Rita que «tenía que» estar de pie mirando al suelo en la constelación? Si se le hubiese preguntado, seguramente se habría encogido de hombros y habría dicho, más o menos: «No lo sé. Sentí el impulso de hacer eso».

Los facilitadores de constelaciones describen el campo de conocimiento como el campo de energía que alberga toda la información contenida en las vidas y sucesos del sistema familiar. Es como un archivo que incluye cada acontecimiento, pensamiento, sentimiento, acción e inacción; todo lo que ha ocurrido en el sistema desde los tiempos más remotos que podamos imaginar, conformando claves y la sabiduría de los antiguos. Podemos llamarlo «magia» porque no lo comprendemos plenamente, pero en la realidad lógica todos podemos acceder a los patrones antiguos. Solo ocurre que habitualmente no nos tomamos tiempo para representar tridimensionalmente nuestras relaciones y nuestro mundo interior para poder verlo. Por lo tanto, creemos que el campo de conocimiento no existe, cuando de hecho está vivo, «goza de buena salud» y dirige nuestra vida.

Los participantes que representan partes de una constelación suelen decir que su percepción cambió y que tuvieron la clara sensación de haber accedido a algo diferente de ellos mismos. Miles de sesiones de constelaciones revelan que los comentarios que hacen los representantes sobre las personas o las situaciones que están representando suelen ser sorprendentemente precisos; proporcionan una información valiosa al cliente, le aclaran cuestiones y le hacen ver conexiones que había pasado por alto.

Al tomar conciencia de partes del sistema que no había advertido o experimentado conscientemente antes, los sentidos del cliente pasan a estar más centrados de repente. Los clientes y los representantes suelen experimentar los mismos pensamientos y sentimientos asociados con las personas representadas y la cuestión que se está explorando. Tal vez el cliente diga «¡caramba!, me duele el estómago como cuando...» o «el corazón me va muy rápido, como cuando...». Esto se debe a que una constelación no es solo una representación plana o inerte de un tema o un sistema, sino que es una representación *dinámica*, y todos los patrones (y, por tanto, todas las energías) de la familia y el asunto problemático están presentes.

Mientras los representantes se mueven y hablan de lo que sienten, los clientes van adquiriendo nuevas comprensiones sobre lo que está ocurriendo en realidad. A menudo los representantes experimentan un cambio que induce un cambio en el cliente, y esto va sucediendo hasta que se llega a un punto en que los movimientos y las conversaciones cesan; entonces se puede poner fin al proceso y se cosechan las comprensiones obtenidas.

¿Increíble? Tal vez. Me referiré a la ciencia que valida las dinámicas del campo de conocimiento en el próximo capítulo. Por ahora, voy a exponer la historia de un hombre de negocios muy rico y escéptico que acudió a un taller de constelaciones y terminó representando al padre de una clienta, un veterano de Vietnam.

Como representante, se sintió inexplicablemente avergonzado y retraído. A la clienta la conmovió profundamente la semejanza energética entre el representante y el padre con el que había crecido. «Cuando mi padre regresó de Vietnam, había muchas protestas contra la guerra en nuestro pueblo –dijo–. Como veterano, lo señalaron y lo acosaron tanto que tuvimos que mudarnos. Estaba tan avergonzado y confundido que acabó aislándose de nosotros y de la vida en general».

Al hombre de negocios le desconcertó lo muy afectado que estuvo emocionalmente como representante. Cuando la clienta habló de su padre y sus sentimientos de vergüenza, quedó muy impactado. Cuando finalizamos la constelación, el hombre rompió a llorar. Contó que su padre había eludido la llamada a filas para Vietnam y luego se sintió avergonzado por eso. No había pensado mucho en ello hasta que participó en la constelación. Ahora tenía información sobre dos puntos de vista: el del manifestante contra la guerra avergonzado y el del veterano avergonzado que había servido a su país. Le dio las gracias a la clienta por el servicio de su padre y soltó la carga de la culpabilidad de su propio padre. Pero siguió profundamente afectado por lo que había descubierto. En menos de un año creó una beca para nietos de veteranos de Vietnam.

LA HISTORIA ANCESTRAL

Es imposible comunicar con palabras el poder y el impacto que tiene una constelación. Los clientes suelen decir que lo sienten todo con mayor profundidad. Algunos aseguran que han podido sentir cómo su cuerpo cambiaba y que también lo hacía su estado mental, al reprogramarse su cerebro. Tras su experiencia, los clientes suelen decirme que ya no piensan igual, que se sienten distintos o que ya no soportan la misma carga que antes.

Recuerdo una constelación en la que el tema de la clienta era el mismo que el de Rita: la madre de Amanda no parecía hacerle caso y parecía que nunca tenía tiempo para ella. Pero esta constelación se desarrolló de una manera diferente.

En lugar de quedarse mirando al suelo, la representante de la madre de Amanda se quedó mirando fijamente más allá del entorno de la constelación. Cuando le pregunté qué había ocurrido con su madre, Amanda respondió que la abuela nunca tenía tiempo para su propia hija y que su madre y su abuela nunca habían estado unidas. Entonces estuve segura de que ahí se estaba manifestando un patrón.

Pusimos a representantes de los abuelos en la constelación. La «madre» de Amanda se giró para mirar a su «madre» e ignoró a todos los demás. A su vez, la «abuela» se dio la vuelta y se quedó mirando más allá del círculo, como había hecho la «madre» de Amanda.

–¿Qué pasó con tu bisabuela? –pregunté.

Dijo que su bisabuela estuvo bien hasta que mataron a su marido; entonces tuvo que trabajar para traer comida a la mesa. No tenía tiempo para estar con ninguno de sus ocho hijos, que de pronto tuvieron que apoyarse entre sí. Ahí estaba el tema: esta información reveló un cuadro multidimensional en el que todas las mujeres de la línea materna no podían estar presentes para sus hijos. Estaban demasiado ocupadas buscando a su propia madre y con otros asuntos.

–¿Tienes hijos? –le pregunté.

–Sí, dos hijas –respondió con lágrimas en los ojos–. Y hay mucha tensión entre nosotras. Esta es una de las razones por las que he venido.

Imagina que eres la primera mujer en cuatro generaciones en darse cuenta de que una madre debería ser capaz de estar presente para su hija. Imagina que eres consciente de que estás cambiando un patrón multigeneracional heredado que ha permanecido vigente durante cien años. Imagina el empoderamiento que tienes que experimentar al darte cuenta de que no estás abocada a la fatalidad, sino que tu destino es crear una historia diferente.

Pusimos a representantes de los bisabuelos en la constelación y le pedí a Amanda que le dijera a su «bisabuela» que la tenía en consideración y que comprendía lo que había ocurrido.

–Bisabuela, ¡gracias por mantenernos vivos! –dijo–. Para ti, que no tuviste tiempo para todos tus hijos, mira cómo lo hago de otra manera. Mira cómo hago caso a tus tataranietas e interactúo con ellas, y cómo restablezco la conexión, la dulzura y la diversión para las que no tuviste tiempo.

Solo con este acto, la comprensión y el respeto sustituyeron a la angustia y la distancia maternal. Al hablarle a su «bisabuela», Amanda reconoció lo que había y permitió que la sanación afectase también a su abuela y su madre, a la vez que se decía a sí misma una verdad nueva y profunda: que ella estaría ahí para sus hijas, les haría caso, las apoyaría y jugaría con ellas, lo cual haría que la esperanza, la pasión y el sentido de propósito se transmitiesen a través de su descendencia.

MÁS ALLÁ DE LA COMPRENSIÓN ESTÁ LA TRANSFORMACIÓN

A menudo, el proceso de la constelación finaliza con la resolución del problema. Reconocer lo que hay, lo cual incluye lo que ha habido, permite que se produzca un movimiento, lo cual conduce a la resolución del problema y a una reconfiguración de la red neuronal del cerebro, lo cual hace que cambien la psicología y las emociones. En el momento en que podemos reconocer «lo que hay» exactamente tal como es, sin desear que sea de otra manera, estamos en el punto cero. En ese momento podemos completar el patrón que está tratando de finalizar y empezar a avanzar, pues el pasado ya no nos tiene agarrados sin que nos demos cuenta.

Pero el trabajo sistémico y las constelaciones pueden llevarnos mucho más allá de la resolución cuando añadimos una simple pregunta: «¿Qué más es posible en relación con esto?».

A lo largo de los años, en los que he trabajado con miles de clientes, he constatado que tras la resolución viene la posibilidad de la transformación y que algunos clientes están preparados para ir en esa dirección. He tenido la gran suerte de darme cuenta de que el patrón que quiere resolverse y descansar contiene las semillas del nuevo patrón que desea nacer a través de nosotros. Al dejar de sentirnos atrapados, empezamos a comprender, a un nivel muy profundo, que podemos ser más grandes que lo que hubo antes de nosotros, que en última instancia no hay nada que pueda atraparnos o limitarnos, y que cada uno de nosotros podemos hacer y deberíamos hacer algo extraordinariamente diferente con nuestra vida. Si usamos el trabajo sistémico y las constelaciones para ver qué está tratando de emerger a través de nosotros y para seguir explorando nuestro lenguaje personal y nuestros actos, podemos seguir creciendo; podemos tomar los regalos del pasado y usarlos para abonar y crear los sueños del futuro.

Escalón sistémico n.º 4: una constelación simple

Para hacerte una idea de lo que es una constelación, puedes hacer un ejercicio simple en casa usando fichas (piezas de cartulina), pedazos de papel o pósits.

Resulta útil abordar este proceso con curiosidad y espíritu lúdico. Si experimentas resistencias, recuérdate que estás aquí para construir tu futuro, no para seguir reproduciendo una historia antigua. Además, sé consciente de que el pensamiento escéptico («¡Esto no me funcionará a mí!») es un metapatrón, es decir, un patrón de pensamiento global que bloquea a la mayor parte de la humanidad y nos impide realizar descubrimientos y crecer. ¡Permanece presente con el proceso y ábrete a nuevas ideas y comprensiones!

- Escribe «Mamá» en una de las fichas (o la palabra que utilices habitualmente para referirte a ella).

- Escribe «Papá» en otra ficha (o la palabra que utilices habitualmente para referirte a él).
- Escribe el nombre de tus hermanos (si los tienes), cada uno en una ficha diferente.
- Dedica una ficha a cada una de las otras personas que sean importantes en tu vida, como compañeros de trabajo, profesores, abuelos, tíos u otros familiares elegidos.
- Escribe tu nombre en otra ficha.

Dispón las fichas en el suelo en una zona abierta, con una distribución que te parezca correcta. Cuando lo hayas hecho, observa lo siguiente:

- ¿Estás en el medio? ¿Estás en la parte exterior?
- ¿Quién está cerca de ti y quién está alejado?
- ¿Quién está más cerca de quién?
- ¿Cómo te sientes al ver a tu «familia» fuera y delante de ti?
- Ponte de pie en el lugar que ocupa tu ficha y echa un vistazo alrededor. ¿Qué ves? ¿Cómo te sientes? ¿Acude alguna emoción? ¿Algún problema? ¿Alguna comprensión?
- Tómate el tiempo necesario para escuchar tus pensamientos y sentir tus sentimientos. La receta secreta de la sanación y la transformación es aprender a dialogar e interactuar con nuestro mundo interior con la misma eficacia con que lo hacemos con nuestro mundo exterior, de tal manera que lo invisible pase a ser visible.

CAPÍTULO 3

LA CIENCIA QUE HAY DETRÁS DEL TRABAJO SISTÉMICO Y LAS CONSTELACIONES

Puede parecer que el trabajo sistémico y las constelaciones tienen una eficacia sorprendente, incluso inquietantemente extraña, pero hay muchas explicaciones científicas creíbles de los campos de la neurociencia, la epigenética, la física cuántica y la psiconeuroinmunología (el estudio de la relación entre el sistema nervioso central y el sistema inmunitario) para lo que ocurre. Algunas de las cuestiones científicas que se presentan en este capítulo son teorías avanzadas que aún no han sido demostradas. Algunas no son más que hipótesis todavía. La mayoría son tremendamente punteras..., pero bueno, también lo son el trabajo sistémico y las constelaciones.

Como dijo el famoso autor estadounidense de libros de ciencia ficción Arthur C. Clarke, «cualquier tecnología que es lo suficientemente avanzada es indistinguible de la magia».[1]

Echemos un vistazo ahora a la dinámica de las constelaciones desde el punto de vista científico y veamos cómo funciona.

Pregunta: ¿cómo puede el hecho de hacer una constelación cambiar mi percepción de la realidad y capacitarme para operar como una persona completamente nueva?
Respuesta corta: esto puede explicarlo la neurociencia.

El psiquiatra estadounidense Milton Erickson dijo: «Si quieres la felicidad, tienes que trabajar para conseguirla».[2] Tenía razón. En la vida, la felicidad no es algo automático o garantizado. Pero sea lo que sea lo que nos haya traído el pasado, la posibilidad de crear el mundo que queremos, y esto incluye la felicidad, empieza con nosotros.

Hasta hace poco, los médicos y los investigadores creían que el cerebro humano quedaba configurado cuando nos encontrábamos en la veintena; creían que era difícil, si no imposible, que los pensamientos y creencias cambiasen a partir de esa edad, y que era inevitable que nos volviésemos más inflexibles a medida que envejecíamos. Aun así, en una época tan lejana como el principio del siglo XX, el «padre de la neurociencia», Santiago Ramón y Cajal, denominó «plasticidad neuronal» a los cambios no patológicos que se producían en la estructura neuronal del cerebro adulto.[3] En 1949, el psicólogo canadiense Donald Hebb estudió cómo se adaptan las neuronas cerebrales durante el aprendizaje. Habló de cómo se desarrollan nuevos patrones neuronales en el cerebro a través de la asociación y dijo la famosa frase «las neuronas quedan conectadas si se disparan juntas».[4]

Cuando llegó la década de 1960, el término *neuroplasticidad* estaba en boga, pero la vieja creencia de que los cerebros adultos no cambian prevaleció en la corriente general hasta el final del siglo. Por fortuna, investigadores como el psiquiatra estadounidense Norman Doidge, autor del libro *El cerebro se cambia a sí mismo*, por fin nos han ayudado a cambiar de idea. «El cerebro puede cambiarse a sí mismo –escribe Doidge–. Es un órgano plástico y vivo que puede cambiar su estructura y su función, incluso en la vejez».[5]

El hecho de que el cerebro se vea como algo vivo y cambiante que responde a las nuevas experiencias a lo largo de toda la vida es sin duda una visión esperanzadora. Actualmente, los estudios muestran que se pueden formar o reprogramar nuevas rutas neuronales a lo largo de un período de unos veintiún días, y el nuevo comportamiento se convierte en automático en sesenta días, en promedio.[6]

Aun así, la mayoría de la gente vive en piloto automático la mayor parte de su vida; cambia muy poco. Esto se debe en gran medida a que nuestras rutas neuronales operan bajo la ley del mínimo esfuerzo o el camino de la menor resistencia, lo cual nos permite conservar energía mental y responder con rapidez a las experiencias de la vida.

Pongamos por caso que te mordió un perro cuando tenías cinco años. Los pensamientos que tienen una emoción fuerte vinculada a ellos, como el miedo, dan lugar a rutas neuronales con mucha rapidez. En el contexto de los sucesos traumáticos o muy significativos, nos vemos inundados por una gran cantidad de datos que hacen que nuestro cerebro pase a operar en modo supervivencia o hiperperceptivo, lo cual activa redes neuronales a toda velocidad. Si una situación es lo bastante intensa o se repite la suficiente cantidad de veces sin resolverse, empezamos a establecer unas rutas neuronales que son amplificadas por las emociones asociadas.

Esto significa que después de la experiencia traumática de la mordedura del perro no tardas en desarrollar un miedo generalizado a los perros. Te asustas cada vez que hay un perro en el lugar, y las sustancias bioquímicas desencadenadas por el miedo refuerzan el programa mental de que «los perros son peligrosos» una y otra vez. El cerebro no tarda en crear la ruta neuronal que es esta respuesta, la cual queda profundamente establecida y se manifiesta como un hábito. Cada vez que ves un perro, esta respuesta aparece enseguida, sin que le cueste nada manifestarse.

Lo mismo es aplicable a todos los otros aspectos de la vida. No tardamos en desarrollar hábitos mentales y pensamos siempre lo mismo de ciertas personas, situaciones, ideas y creencias. Cuando llegamos a la veintena, ya no necesitamos pensar. Nos limitamos a transitar por las viejas rutas neuronales establecidas en el cerebro; es decir, pensamos siempre lo mismo sobre cuestiones de política, religión, nuestros padres, dinero, el vecino de al lado, la persona de la que nos hemos divorciado, etc. Si no completamos estos patrones o les ponemos fin de una manera que reconfigure nuestro cerebro, los pensamientos sobre esas ideas, personas y sucesos no dejan de aparecer y consolidan el mismo patrón neurológico, con sus respuestas físicas y emocionales asociadas.

Los patrones mentales convertidos en hábitos y los miedos y respuestas multigeneracionales que se repiten una y otra vez pueden desembocar en un trastorno de estrés postraumático, el recuerdo de escenas impactantes vividas, pesadillas, enfermedades y otros problemas. El cerebro puede estar tan susceptible que incluso el factor más nimio que le evoque esa ruta puede desencadenar la respuesta; por ejemplo, podemos sentir miedo ante la imagen de un perro. Pues bien, estos patrones pueden transmitirse a las generaciones sucesivas como patrones de pensamientos, emociones y actos a través de la llamada *epigenética*, de la que hablaremos muy pronto. Además, se crean frases sistémicas, del tipo «(en esta familia) no somos gente de perros», «en mi familia, todo el mundo padece depresión», «todos tenemos sobrepeso», «todos somos coléricos», «todos somos pobres», «no pedimos dinero prestado» o «preferimos morir antes que traicionar nuestros valores».

Por fortuna, la neuroplasticidad garantiza que podamos cambiar nuestras rutas neuronales, y en el transcurso de una constelación, estas pueden cambiar con mucha rapidez. Afirma Yildez Sethi, psicoterapeuta y fundadora de Rapid Core Healing ('sanación rápida de lo esencial') y Emotional Mind Integration ('integración emocional de la mente'):

> Las constelaciones familiares pueden implicar activamente la capacidad del cerebro de reprogramarse (de crear nuevas rutas neuronales) a través de nuevas experiencias sensoriales. Por lo tanto, proporcionan el espacio para que surja una nueva historia de victoria sobre las probabilidades, de supervivencia o, mejor aún, de prosperidad, por oposición a seguir siendo víctimas de las circunstancias.[7]

En el contexto de una constelación, identificamos el problema y sus componentes y abordamos el trabajo con un estado mental curioso, abierto, indagador y presente que tiende a generar espacio para la posibilidad, una toma de conciencia más profunda y más comprensiones. Pero el aspecto más impactante de una constelación es su naturaleza tridimensional. El hecho de experimentar físicamente la representación espacial de la constelación familiar (o la constelación empresarial u organizacional) que ha configurado el cliente da lugar a un cambio de percepción, ya que ahora ve, oye y «palpa» los patrones de la constelación por primera vez.

A efectos ilustrativos, voy a exponer la historia de una clienta con la que trabajé en el curso de una constelación.

Sandra no podía encontrar su lugar en el trabajo ni en casa y siempre se había sentido excluida. Era la «diferente» de la familia y a menudo no iba a los encuentros familiares porque sentía que no la querían ahí. Y empezaba a manifestar este mismo comportamiento en el trabajo; se autoexcluía de los equipos y después se preguntaba por qué no la convocaban a las reuniones de empresa. Por supuesto, era ella misma quien se excluía en los encuentros que se celebraban en los dos ámbitos, el familiar y el laboral, pero no podía verlo.

Cuando se le negó un ascenso y le dijeron que su distanciamiento incomodaba a sus compañeros, Sandra supo que había llegado el momento de examinar qué le pasaba. Le pedí que eligiera a los representantes (las personas que debían hacer las veces de su madre, su padre, sus hermanos y ella misma) y que los ubicara en una determinada relación espacial, según lo que estimara correcto.

Cuando eligió y colocó a los representantes, advertí que todos miraban alrededor, como si estuvieran buscando a alguien. Le pregunté a Sandra si faltaba alguien y, en caso afirmativo, quién podía ser esa persona. No lo sabía, e hice la prueba de poner una representante en el lugar hacia el que estaban mirando todos los otros representantes. Todos ellos se centraron en la recién llegada y la representante de Sandra se desplazó para ponerse a su lado.

La nueva representante «desconocida» permaneció de pie sin moverse un rato y después salió del círculo y se dirigió al punto en el que había unas botellas de agua. Agarró unas cuantas y regresó a su lugar. Durante unos minutos, no levantó la mirada ni estableció contacto visual con ninguno de los otros representantes. Lo que hizo fue abrir las botellas de agua y beber sin parar. Con cada botella, su cabeza caía más abajo. Tras beber cuatro botellas de agua, comenzó a alejarse del grupo.

Sandra la miró fijamente y rompió a llorar. «¡Sé quién es! –dijo, con las lágrimas rodando por sus mejillas–. La madre de mi madre no volvió a ser la misma después de que mataron a su marido. Mi madre me dijo que habría querido morirse con él. Empezó a evitar a los miembros de la familia y las reuniones familiares y comenzó a beber mucho. Una noche desapareció después de emborracharse. La encontraron en una cuneta al cabo de unos días. Nadie hablaba mucho de ella ni del abuelo; era demasiado doloroso».

Le pedí a Sandra que le dijera esto a la representante de su abuela: «Te veo y veo que me autoexcluyo igual que hiciste tú». Después le pregunté si podría hacer un lugar para su abuela en su corazón; tal vez también podría poner una foto de ella en su casa. Sandra asintió mientras se enjugaba las lágrimas de sus mejillas y gritó: «¡No quiero desaparecer como ella!».

En ese momento, la representante de la abuela dejó la última botella de agua que estaba agarrando y se quedó mirando a un punto exterior al círculo. (A menudo, los representantes que se salen del círculo desean abandonar el «círculo de la vida»). Cuando puse a un representante de su marido en el lugar que estaba mirando, se desplazó adonde estaba él, fuera del círculo de la vida, y se quedó ahí. En un momento de revelación y cierre, Sandra se acercó a su «abuela» y le dijo: «Te veo, y veo lo doloroso que fue esto para ti. Por ti, que no pudiste permanecer con la familia y pertenecer, yo sí puedo hacerlo. Siempre tendré un lugar para ti. Gracias por mostrarme el precio que pagaste por ello. Tu corazón se cerró y eso te mató. Observa cómo abro el mío y vivo una vida plena».

Más tarde, Sandra describió ese momento al grupo: «Sentí como si me hubiese quitado un gran peso de encima. De pronto, sentí que podía pertenecer de maneras en que no había pertenecido en mucho tiempo». Al cabo de un año, en el trabajo ascendió directamente más arriba del puesto al que había aspirado originalmente y le dieron un gran equipo con el que trabajar, a causa de su capacidad de unir a la gente y fomentar la pertenencia. Un año después del ascenso, conoció al amor de su vida. En el recibidor de su casa puede verse una foto de su abuela y su abuelo.

Examinemos la reconfiguración neurológica que se produjo: cuando Sandra, en su constelación familiar, vio que todos los representantes miraban hacia fuera de la constelación, evidentemente buscando a alguien que faltaba, experimentó *físicamente* la realidad de que había alguien ausente. No había podido alcanzar esta percepción pensando en su familia, porque la red neuronal de su cerebro estaba fijada en el viejo patrón que excluía a su abuela y su abuelo.

Cuando vio cómo su «abuela» bebía y abandonaba la constelación, recibió un impacto visceral. Su patrón heredado estaba ahí, claramente visible por primera vez. Era como si le hubiesen echado un cubo de agua fría por encima por sorpresa, y la emoción que acompañó a este cambio de percepción instantáneo desencadenó una cascada de sustancias bioquímicas en su cerebro y el resto de su cuerpo que aseguraron que su nueva visión quedase profundamente configurada en su cerebro y su conciencia *en un instante*. Esta nueva comprensión fue tan potente que le resultó imposible ignorarla u olvidarla. En ese momento, la percepción que tenía de todo su pasado y su futuro empezó a cambiar.

Es precisamente el poder visceral y experiencial del trabajo con las constelaciones lo que hace que la reprogramación neurológica y el cambio sean posibles. La experiencia es percibida por múltiples sentidos. Vemos, oímos y «palpamos» algo que no habíamos percibido con anterioridad, nuestro cerebro comienza a establecer nuevas conexiones neuronales, las intensas sensaciones y emociones consolidan el cambio y una percepción y una realidad completamente nuevas empiezan a imponerse.

Escalón sistémico n.º 5: el reto de veintiún días

¡Acepta el reto de veintiún días y crea tu propio experimento científico! ¡Establece una ruta neuronal de forma consciente y percibe la diferencia! Elige un comportamiento o patrón de pensamiento que te gustaría cambiar y comprométete totalmente a cambiarlo. Nada de «sis», «peros», «cuandos» y excusas. ¡Tienes la clara intención de afrontar este reto!

Ahora, escribe un nuevo pensamiento. Percibe un nuevo sentimiento. Afirma el nuevo pensamiento en voz alta, hasta que notes que se asienta y lo aceptas plenamente. Si puedes vincular este nuevo pensamiento y los sentimientos asociados a un objetivo, tanto mejor. Recuerda que las emociones elevadas son el combustible que te sostiene.

Pregunta: ¿cómo es posible que exprese los rasgos, hábitos y pensamientos de mis antepasados?

Respuesta corta: debido a la epigenética.

En el ámbito del trabajo sistémico se dice que si no hacemos nuestro trabajo, dejamos en manos de nuestros hijos recoger y repetir los aspectos incompletos que no hemos abordado. En el capítulo anterior dije que no heredamos el ADN físico solamente, sino también patrones de pensamiento, sentimiento, acción y reacción. La epigenética (el estudio de cómo los sucesos, las elecciones, los comportamientos y las condiciones ambientales provocan cambios que afectan a la manera de trabajar de nuestros genes, lo cual influye en a las generaciones que siguen al miembro que recibió el impacto al principio) puede ofrecer una explicación plausible a este fenómeno.

Nuestro código genético crea proteínas en un proceso llamado *expresión génica*. Los cambios genéticos hacen que se produzcan unas proteínas distintas y, por lo tanto, que se expresen unos genes diferentes. Los cambios epigenéticos desencadenados por factores ambientales no hacen que se produzcan otras proteínas ni que cambie el código genético, pero sí dan lugar a unas «señales» que «encienden» o «apagan» determinados genes. A diferencia de los cambios genéticos, los cambios epigenéticos son reversibles y no alteran la secuencia del ADN, pero sí afectan a la manera en que el cuerpo *lee* y expresa las secuencias de ADN.

Cada vez hay más estudios que indican que factores externos como la alimentación y el ejercicio, los traumas, el estrés emocional y otros efectos físicos y psicológicos pueden dar lugar a cambios epigenéticos que se pueden transmitir a las generaciones siguientes. Por ejemplo, ratas expuestas a estrés prenatal, separación de la madre, cuidados abusivos y estrés social muestran cambios epigenéticos en su ADN. También hay pruebas de que los comportamientos abusivos se transmiten tanto a la progenie como a los hijos de esta.[8]

Los estudios centrados en los hijos de supervivientes del Holocausto han revelado que el trauma que experimentaron sus ancestros pudo haber dejado una marca química en sus genes que fue transmitida, dando como resultado una mayor ansiedad, una menor autoestima, una mayor inhibición de la agresividad y más dificultades para las relaciones de las que se encontraron en los grupos de control.[9]

Uno de los estudios epigenéticos mejor documentados tuvo como sujetos a mujeres embarazadas durante la hambruna holandesa que se extendió entre noviembre de 1944 y mayo de 1945.[10] Hacia el final de la Segunda Guerra Mundial, los alemanes castigaron con un bloqueo el oeste de los Países Bajos por trabajar con los aliados. La población en general comió ratas, hierba y bulbos de tulipanes para sobrevivir.

Las mujeres embarazadas que padecieron malnutrición en las primeras etapas del embarazo mostraron unas tasas mayores de obesidad, problemas mentales y otros problemas de salud más adelante. Es significativo el hecho de que algunos de estos efectos seguían estando presentes en los *nietos*. Los marcadores ambientales epigenéticos se transmitieron y el fenotipo (las características observables de un individuo resultantes de la interacción de su genotipo con el entorno) se heredó.

Los marcadores epigenéticos se manifiestan como patrones de pensamiento, sentimiento, lenguaje, acción y reacción. Los veo en los patrones ancestrales que los clientes manifiestan una y otra vez en muchas áreas, como las relaciones, el éxito, el propósito, los miedos, los sueños, la economía, el liderazgo y la salud. Oigo estos marcadores en el lenguaje único, a menudo idiosincrático, con el que se expresan (unas reglas no escritas pero claramente comprendidas que dirigen los sistemas familiares de los que forman parte).

Aquí tiene un papel tanto lo innato como lo adquirido. Tenemos los genes que hemos heredado de nuestros padres, pero *la manera* en que se expresan depende de lo que hay a nuestro alrededor, de cómo somos criados y educados y, lo más importante, de cómo interpretamos lo que nos rodea y nos afecta. Con el tiempo, los detalles de los sucesos se desvanecen, pero sus síntomas cada vez se manifiestan con más fuerza, hasta que lo que debe ser advertido en el sistema es visto y resuelto.

Los efectos epigenéticos se pueden cambiar. Cuando los clientes reconfiguran sus patrones de pensamiento, sentimiento y acción de forma intencionada, su cerebro y su realidad dejan de ser como eran, literalmente, y también cambian su vieja historia y su futuro, que hasta ese momento había sido predecible. Cuando por fin reconocemos los viejos patrones familiares, la puerta hacia lo extraordinario se abre y somos capaces de generar, experimentar y plasmar un salto evolutivo.

Pregunta: ¿cómo lo hacen los representantes para recoger información del cliente y del campo de conocimiento?

Respuesta corta: debido a la resonancia mórfica, la mecánica cuántica, la intención y el universo holográfico.

La resonancia mórfica

Rupert Sheldrake, autor que trabajó como biólogo del desarrollo en la Universidad de Cambridge (Reino Unido), desarrolló una teoría llamada *resonancia mórfica*, un proceso en el que sistemas autoorganizados heredan una memoria de sistemas similares anteriores. Sheldrake cree que los campos sociales, incluidos los campos humanos, tienen una especie de memoria social (tal vez lo que el psicoanalista suizo Carl Jung denominó el *inconsciente colectivo*). Los ecos de los actos, palabras, pensamientos y sentimientos conforman unas leyes o hábitos, según Sheldrake. Dice que las familias tienen campos en los que hay patrones y hábitos, lo cual está bien documentado en el trabajo sistémico y las constelaciones.

Los campos tienen que ver con la información. Por ejemplo, en el ámbito de la psicología, la teoría del campo reconoce y examina los patrones creados entre un individuo y el campo total de su entorno. En la física clásica, los campos electromagnéticos se crean con el movimiento de las cargas eléctricas. El cuerpo humano, cuya naturaleza es eléctrica, produce un campo electromagnético. Nuestro cuerpo recibe constantemente radiaciones electromagnéticas procedentes del campo del planeta y del campo de otras personas y animales. Nuestros ojos interceptan radiaciones electromagnéticas que se encuentran en el espectro de luz visible emitidas por los objetos y las interpretan. Hay estudios que muestran que los seres humanos pueden detectar el campo electromagnético de la Tierra (de forma más bien inconsciente) y lo transforman en el cerebro.[11] Existen círculos científicos y tecnológicos en los que se considera la posibilidad de que el campo electromagnético de cada persona sea único; esto abriría la puerta a la posibilidad de que se pudiesen crear dispositivos que «leyesen» la firma electromagnética de la persona, como cuando se toma una huella dactilar o se hace un escaneo de retina.

Todo aquel que haya tenido la experiencia de percibir la presencia de otra persona y saber al instante quién era antes de verla u oírla pudo haber leído su firma electromagnética.

Sheldrake especula con que a través de la resonancia mórfica la ocurrencia de sucesos en un lugar genera sucesos similares en otras partes, tal vez a generaciones de distancia.[12] Así, el campo de conocimiento podría ser un «almacén» de sucesos y de todas las decisiones y acciones relacionadas con esos sucesos, susceptible de ser explorado, todo ello, en el momento presente. La resonancia mórfica también apoya la posibilidad de que cuando nace un niño tenga a su disposición todo un campo de conocimiento experimentado por sus ancestros, no porque la información se haya transmitido epigenéticamente, sino porque la genética del niño resonaría con la genética de sus predecesores, la cual contendría la vieja información almacenada.

La mecánica cuántica, la intención y el entrelazamiento

Antes de 1905, la física newtoniana podía explicar el universo físico. Se decía que los átomos eran como diminutos planetas sólidos que daban vueltas en el espacio y se creía que las diminutas partículas físicas que conformaban los átomos, constituyendo así el fundamento de la materia, eran objetos concretos. Pero vino Einstein y nos enseñó que la materia es energía en realidad ($E = mc^2$). De pronto, la visión anterior ya no servía. Los microscopios electrónicos demostraron que los átomos están hechos de «partículas» que tienen carga eléctrica pero no masa. Al parecer, todas las «cosas» que hay en el mundo (y el mundo en sí) están hechas de energía carente de forma.

Einstein también explicó el efecto fotoeléctrico; formuló la teoría de que la luz no se propaga mediante ondas sino mediante paquetes separados de «cuantos de energía», que más tarde se denominarían *fotones*. Después se descubrió que la luz manifiesta las propiedades de las ondas y las partículas *simultáneamente*, y el experimento de la doble rendija introdujo un elemento sorprendente en el mundo de la física cuántica: *la conciencia*.

Los experimentos mostraron que el acto de medir y observar determinaba si un fotón se mostraba como un paquete de energía (como una partícula) o como una onda. En 1920, el físico Niels Bohr dio una explicación para este fenómeno desconcertante en la interpretación de Copenhague: propuso que *el acto de observar el experimento cambia el resultado.** Al parecer, la conciencia afecta al campo cuántico, lo cual significa que los pensamientos del cliente pueden influir sutilmente en los representantes y en el campo de conocimiento en el curso de la constelación.

Los estudios también muestran que la intención mental interactúa con el campo cuántico energético que subyace a toda la realidad, aunque este punto sigue siendo muy controvertido y no

* N. de la A.: La interpretación de Copenhague fue el primer intento general, por parte del físico danés Niels Bohr y el físico teórico alemán Werner Heisenberg, de comprender el mundo de los átomos representado por la mecánica cuántica. Entre 1926 y 1927, Heisenberg fue el asistente de Bohr en Copenhague, donde formularon este principio fundamental, el principio de incertidumbre, el cual llegó a ser conocido coloquialmente, en los círculos científicos, como la *interpretación de Copenhague*.

está demostrado de forma concluyente. A principios de la década de 1960, unos experimentos llevados a cabo por el psicólogo canadiense Bernard Grad mostraron que semillas regadas con agua que había sido sostenida por un sanador germinaban y crecían más deprisa que las semillas del grupo de control.[13] Intrigada por estos estudios, desde junio de 2007 la periodista de investigación y autora Lynne McTaggart ha dirigido seis *experimentos de la intención* centrados en la germinación para determinar si la intención podía tener un efecto cuantificable sobre los sistemas vivos. En los seis experimentos, las semillas a las que se estuvo enviando la intención se convirtieron en plántulas más altas que las semillas de control.[14]

Por todo esto, es fundamental que el facilitador de las constelaciones no tenga unas expectativas e intenciones que influyan en el cliente ni en lo que acontece en la constelación. La existencia del campo cuántico y el impacto que podría tener la intención son una de las principales razones por las que el facilitador debe permanecer neutral.

Otro aspecto misterioso de la mecánica cuántica que puede ayudar a explicar las constelaciones es el entrelazamiento. Se ha demostrado experimentalmente que cuando dos electrones entran en contacto sus estados de espín quedan vinculados. Desde el momento en que chocan, si el estado de espín de uno de ellos cambia, el estado de espín del otro electrón cambia *instantáneamente* para que coincida con el del primero, aunque los dos electrones estén a una distancia de un millón de años luz. Es como darse un beso y a partir de ahí estar casados y permanecer juntos para siempre.

El experimento de la doble rendija tumbó de un solo golpe la creencia más confiable que se había albergado en el terreno científico durante miles de años: la idea de que el científico es alguien totalmente objetivo y separado del mundo que está estudiando.

El entrelazamiento demostró que todo lo que hay en el universo está fundamentalmente conectado a nivel energético. Si todos los elementos básicos del universo están interconectados en una red infinita, y si la conciencia humana puede afectar a esta red, el mundo que pensamos que conocemos tan bien no es lo que parece, en absoluto.

El universo holográfico

La teoría de que el universo es en realidad un holograma gigante ha estado presente en el ámbito científico desde principios de la década de 1990. En 2017, unos investigadores publicaron en la revista *Physical Review Letters* unos hallazgos que proporcionaban indicios sustanciales de que estamos viviendo en un universo bidimensional que da la impresión de ser tridimensional.[15] Lo más interesante de esto es lo peculiar que es un holograma.

¿Recuerdas la proyección holográfica de la princesa Leia que suplica «¡Ayúdame, Obi-Wan Kenobi! Eres mi única esperanza», en la película *La guerra de las galaxias*, de 1977? Si tomásemos un solo pixel de un fotograma de esa imagen holográfica (un pixel del vestido de la princesa, por ejemplo) y lo examinásemos, esperaríamos ver un pixel de una prenda de vestir, ¿verdad? Sin embargo, según la teoría holográfica, lo que veremos será la imagen holográfica completa de la princesa Leia. A causa de las características que tiene un holograma, toda la imagen holográfica se encuentra en cada fragmento de la imagen. Lo múltiple está contenido en lo Uno, según un concepto místico que se encuentra en muchas enseñanzas esotéricas de las grandes religiones relativas a la naturaleza del universo. Esto significa que toda la información sistémica contenida en el campo morfogenético de la constelación está disponible para todas las personas que hay en la sala.

Resumen científico

Ahora tenemos, tal vez, toda la información de base que necesitamos para responder estas cuestiones: cómo funciona una constelación; por qué Sandra aloja información ancestral; por qué la representante de la abuela de Sandra sabía que debía agarrar esas botellas, beber de ellas y dejar la constelación, y por qué la comprensión que esto desencadenó cambió la realidad de Sandra para siempre:

1. La neurociencia proporciona una explicación a por qué Sandra pudo experimentar un cambio de percepción instantáneo en el curso de la constelación, que interrumpió los viejos patrones de pensamiento y cambió su realidad personal para siempre.
2. La epigenética más la teoría del campo morfogenético proporcionan una explicación de por qué Sandra trae patrones ancestrales de pensamiento y comportamiento a sus experiencias actuales y a la constelación.
3. $E = mc^2$ más el entrelazamiento más el universo holográfico responden a la pregunta de cómo se crea la constelación (el campo de conocimiento). Esta está compuesta de campos entrelazados de energía cuántica e información (incluida la información del sistema familiar de Sandra).
4. $E = mc^2$ más el entrelazamiento más el universo holográfico más la intención conducen a que Sandra descubra la información sanadora a través del impacto de su intención en el campo cuántico; todos los elementos de la constelación se interconectan y se prepara el terreno para que aparezcan las respuestas.
5. Los campos morfogenéticos más $E = mc^2$ más la intención más el entrelazamiento explican por qué la representante de

la abuela de Sandra «sabía» que debía beber agua y dejar la constelación.

A lo largo de los años he dirigido miles de constelaciones y he sido testigo de miles de puntos de inflexión y de innumerables momentos de comprensión conmovedores. He visto cómo la vida de personas cambiaba radicalmente en cuestión de segundos. He presenciado este tipo de transformación una y otra vez. Te he dado algunas de las mejores explicaciones científicas disponibles actualmente sobre lo que ocurre; si estas explicaciones son precisas o no, solo el tiempo e investigaciones posteriores lo dirán.

Escalón sistémico n.º 6: experimentar la ciencia y el campo

Lo mejor que puedes hacer para integrar toda la información presentada en este capítulo es experimentar acerca de lo que has leído. Y la mejor manera de hacerlo es por medio de una constelación.

En el escalón sistémico número 4 te invitaba a que entrases en tu sistema familiar y lo vieses. Ahora vas a hacer lo mismo con alguno de tus otros sistemas o problemas (tal vez querrás explorar una relación comercial o echar un vistazo a alguna cuestión o tarea concreta del ámbito laboral en la cual estés bloqueado o dubitativo).

Identifica todos los componentes relevantes del sistema que quieras ver, con los que quieras interactuar y que quieras explorar. Coloca las piezas de la manera que te parezca adecuada, sin pensarlo demasiado. Como en la ocasión anterior, dispón las piezas en el suelo o sobre una mesa. Mira, toca y recoloca las piezas, advirtiendo las relaciones que hay entre cada componente. *Siente* quién está conectado con el sistema y quién no, y las relaciones que hay entre los componentes (entre las personas).

Al hacer esto estás «leyendo» el campo, percibiendo la información cuántica invisible que hay en su interior. Es de esto de lo que hablan los grandes líderes cuando dicen que siguen su instinto o su corazón. Perciben lo que está ocurriendo a su alrededor de una manera que trasciende lo que se puede advertir físicamente; tienen el corazón abierto y su mente se siente inspirada a crear a un nivel completamente nuevo.

CAPÍTULO 4

MAGIA PRÁCTICA (O TRANSFORMACIÓN)

Tendemos a calificar de «mágico» a algo que ocurre en un instante y que después nos deja rascándonos la cabeza, preguntándonos cómo pudo ocurrir. La naturaleza inexplicable de la magia atrapa nuestra atención y nos evoca una sensación de maravilla. Sucede algo increíblemente hermoso: algo nuevo aparece frente a nosotros, provocando una comprensión que nos hace sonreír y crecer. Tomamos un lápiz amarillo, pintamos sobre el cielo azul que acabamos de colorear, y en lugar de obtener un desastre aparece un cielo verde. ¡Increíble!

Así es en realidad la vida cuando estamos verdaderamente abiertos a ella. En un instante, las cosas pueden cambiar y puede presentarse un cielo completamente nuevo. Pero tendemos a quedar atrapados en patrones de pensamientos, sentimientos y creencias que parecen imposibilitar la transformación. Pensamos que el cielo solo puede ser azul. Pensamos que no debemos pintar fuera de las líneas o mezclar colores. Tenemos miedo de hacer las cosas mal o de una manera diferente. Aunque en nuestra cajita de lápices de colores están tanto el lápiz azul como el amarillo, nos perdemos la magia de crear el verde.

A pesar de todo, anhelamos más: más colores con los que jugar, más oportunidades, más capacidades, más libertad. Anhelamos ser más grandes, y el sector del entretenimiento lo sabe muy bien; por eso no para de ofrecernos mundos llenos de magia y aventuras: *La guerra de las galaxias*, *Embrujada* (o *Hechizada*), *Merlín*, *Harry Potter*, *Once* [Una vez], *The Magicians* [Los magos]... La lista es inacabable. Sabemos que hay algo increíble en nosotros, pero no parecemos capaces de encontrarlo, a diferencia de nuestros héroes de ficción. Esperamos un momento mágico en una montaña, un rayo caído del cielo, un encuentro con extraterrestres en mitad de un campo de maíz. No dejamos de mirar *fuera* en lugar de mirar *dentro*.

Olvidamos que la magia empieza y acaba en el propio corazón. No esperamos encontrar magia en nosotros mismos ni en los sucesos de la vida diaria, y mucho menos en la historia multigeneracional que tanto se esfuerza por hablarnos. ¿Qué magia podría haber en todo esto? Y cuando experimentamos algo asombroso, nos apresuramos a decir que eso ha pasado por casualidad o que ha sido cuestión de suerte.

Anhelamos la magia, pero se nos ha enseñado a temerla. En algún lugar, hace mucho tiempo, la palabra *magia* pasó a asociarse con la «obra del diablo» en el peor de los casos, con la pura tontería y el pensamiento ilusorio en el mejor de los casos. Los temores supersticiosos apartaron firmemente nuestra atención de muchas cosas maravillosas y sorprendentes que acontecían tanto en la naturaleza como en nosotros. Hay quienes siguen tildando de «ridículas» muchas de las increíbles teorías científicas que hemos explorado en el anterior capítulo, no porque no haya evidencias científicas claras que las respalden, sino porque el miedo y el escepticismo inducen a pensar que lo que proponen no es posible, que las cosas no pueden ser tan raras, que las explicaciones no pueden ser tan fáciles.

Por otra parte, no debemos olvidar el hecho de que durante cientos de años muchas religiones de alcance global nos han enseñado a pensar que somos pecadores indignos. Esto nos ha llevado a creer que no solo no podemos llegar a tener una vida increíble y llena de alegría, sino que además no lo merecemos e incluso es algo temible. La frase sistémica «no soy nada y no merezco» prevalece a escala global; dirige el mundo en gran medida y no es útil para nadie.

Ser grande no es ser alguien jactancioso y agresivo. Las personas más grandes que conozco son mujeres y hombres maravillosos que muestran a los demás qué es posible. Animan a quienes tienen alrededor a perseguir la grandeza, porque saben que pueden alcanzarla. Saben que ir más allá de los límites predeterminados y del miedo aporta una dicha indescriptible, y quieren que los demás tengan también esta experiencia. Saben que la transformación no es una idea ilusoria o una hipótesis fantasiosa de la nueva era, sino que es una especie de magia práctica. Saben que la versión más grande de sí mismas está en su interior, esperando a ser realizada.

George se encontraba en la situación de tener que descubrir esta parte más grande de sí mismo. Era un hombre desilusionado y cínico que, como decía él mismo, tenía la presencia y la curiosidad de un ratón extremadamente pequeño. No había experimentado la alegría desde cuando alcanzaba a recordar. Sabía que tenía el deber de prosperar y ser un buen ciudadano, pero la felicidad no estaba en sus planes. A lo largo de los años, había estado en muchos eventos encaminados a la transformación que le hicieron sentir bien durante una hora aproximadamente; pero no tardaba en recaer en la vieja sensación de insatisfacción.

Alguien le habló del trabajo sistémico y las constelaciones, por lo que acudió a un evento, curioso pero reticente. Soportó la teoría y la información que doy al principio, cuestionando todo lo que oyó. A la hora del almuerzo, estaba convencido de que se había metido en otro callejón sin salida.

Cuando hicimos la primera constelación, Lily habló de la relación dolorosamente distante que tenía con su hermano con tanta emoción que George sintió vergüenza ajena. Pero se sintió algo intrigado por el tipo de preguntas formuladas. Cuando preparamos la constelación, Lily le pidió a George que representase a su hermano, lo cual le sorprendió mucho. No le iban las emociones ni la sensiblería y casi se excusó, pero ya era demasiado tarde. Entró en la constelación de mala gana y Lily lo colocó mirando hacia fuera, hacia una ventana.

–¿Por qué está de espaldas tu hermano? –le pregunté.

–Antes estábamos unidos, pero hace tiempo que se distanció de la familia –respondió–. No es el mismo desde que lo destinaron al extranjero.

Al oír esto, George sintió que la garganta se le estrechaba y sus manos empezaron a temblar. Por una vez en su vida, en lugar de analizar las cosas hasta el extremo, se permitió sumergirse en las emociones que lo estaban invadiendo, las cuales eran nuevas para él. Le pregunté qué estaba sintiendo.

–Siento una sensación de miedo y pavor cada vez más grande en el pecho y el estómago –dijo. Y señaló con el dedo algún punto delante de él.

Colocamos un nuevo representante en el lugar indicado, y George fue señalando otros espacios vacíos. Pusimos un representante en cada uno de ellos. Entonces George sintió el impulso de abandonar el círculo y acercarse a estos representantes. Cuando le pregunté si podía regresar, negó con la cabeza y se acercó más a los nuevos representantes.

–Este es mi lugar –dijo.

Lily rompió a llorar.

Cuando hay implicada una guerra, hay muchos temas sin resolver: conversaciones que no se han tenido, compañeros soldados a los que hubo que dejar atrás, amigos muertos en combate... La guerra conforma un sistema en sí misma, y cuando los soldados regresan a casa, a un conjunto de reglas que están en conflicto con las reglas del compromiso y la guerra, puede ser que se encuentren atrapados entre dos sistemas. Lo que se espera de uno en una guerra no está permitido en la vida civil. El horror de la guerra es algo que se evita mirar y a lo que no se otorga reconocimiento. A menos que la experiencia que han tenido los soldados que regresan sea abordada, a menos que se permita que esta experiencia tenga su lugar, a menos que su anhelo de estar en paz con los compañeros perdidos sea satisfecho, pueden sentirse perdidos. No es que no reparen en sus hijos y los otros familiares; es que aún tienen la atención puesta en el lugar del que vienen.

A Lily, lo que vio le bastó. Al ver representado lo que le ocurría a su hermano, de pronto dejó de sentirse tan perdida. Ahora podría hacer algo. Podría hablar con su hermano de una manera completamente diferente. De pie en medio de la constelación, dijo que los pensamientos que albergaba habían cambiado en un instante. Hasta ese momento había pensado: «No hay nada que pueda hacer. Soy una mala hermana». Y ahora pensaba: «¡No es culpa mía! No es que él nos haya dejado. Es que aún no ha encontrado la forma de regresar». Dijo que sentía como si se hubiese quitado un enorme peso de encima y que de pronto la había invadido la calma.

George, en cambio, tuvo una experiencia completamente diferente. Más tarde dijo: «La presa se rompió y no hubo forma de contener el agua». Sollozó durante mucho rato, sintiendo que no estaba llorando por sí mismo solamente, sino también por muchas otras personas. Resulta que su padre era un veterano de guerra que se había marchado siendo un hombre feliz y había vuelto sin ningún ápice de felicidad. Había presenciado mucha acción, y cuando regresó a casa, pasó a dormir solo, y era habitual que gritase por las noches cuando tenía pesadillas. «Dejamos de celebrar la Navidad y los cumpleaños –contó–. Mi padre dijo que demasiadas personas de ambos bandos habían perdido la vida y que no había nada de lo que alegrarse. Me dijo que yo tenía el deber de ser un buen ciudadano, trabajar duro y cuidar de los demás. Pero la felicidad no entraba en la ecuación».

En la constelación que hicimos ese día, George se dio cuenta de que había estado tan ansioso por obtener la atención de su padre, incluso en un grado mínimo, que había obedecido a rajatabla sus órdenes en cuanto a «no sentir alegría». Ahora su padre estaba en un asilo con alzhéimer y George había perdido su razón de vivir. Le iba bien en el terreno económico, pero no sabía qué hacer con su riqueza aparte de seguir adelante tediosamente, sin alegría, cuidando de los demás.

Mientras hablábamos me pregunté qué pasaría si pusiésemos a un representante para George, otro para su padre y otro para la alegría en el círculo, solo para probar. Nadie dijo nada y George dudó, pero accedió. Invité a los representantes a desplazarse si sentían la necesidad de hacerlo. El «padre» de George salió del círculo y se giró de espaldas. La «alegría» lo siguió, pero se detuvo en el límite del círculo. Al cabo de un rato, la «alegría» se dio la vuelta y miró al representante de George. Invité a George a ponerse en el lugar de su representante.

George permaneció ahí de pie mirando a su «padre» tanto tiempo como pudo. Al final dijo, con un nudo en la garganta: «No puedo seguir con esto. Veo lo que le ocurrió a mi padre y a mí me está pasando lo mismo. –Se secó las lágrimas y esperó hasta poder hablar–. Creo que realmente me gustaría que la alegría volviese a estar presente en mi vida. Me gustaría hacer sonreír a las personas, estar presente para ellas y sentir alegría en el corazón. Sé que mi padre no tuvo esta opción, pero yo sí la tengo».

¡Bendita transformación! George le dio la vuelta al guion de su vida allí mismo. Pudo ver que su padre no le habría deseado esa vida desprovista de alegría y le dio la bienvenida a lo nuevo sin excluir o negar lo que había sucedido. Habiendo experimentado otra posibilidad a través de la constelación, su corazón se abrió. Comprendió que el deber desprovisto de gozo había sido una forma de querer a su padre y conectar con él, pero ahora quería mostrarle su respeto de otra manera. Podía elegir una realidad diferente y permitir que esta floreciese. Aceptó lo nuevo sin resistirse, y su vida cambió.

Más adelante me contó que había creado unas becas para niños que habían perdido a su padre en la guerra; les explicaba la historia de su propio padre y les daba la oportunidad de experimentar el don de la comprensión y la alegría también. «Me encanta ver cómo sonríen cuando asumen que pueden ser felices», me dijo.

SOMOS BRUJOS Y MAGOS

No cabe duda de que somos brujos y magos. Lanzamos «hechizos» cada día con las palabras que decimos, las creencias que abrazamos, los pensamientos que albergamos, los sentimientos que experimentamos y las interpretaciones que hacemos de lo que nos ocurre en la vida. *Hechizos* no es más que otra palabra con la que designamos los patrones, las mentalidades y las verdades que creamos. Y aquellos sobre los que lanzamos nuestros hechizos somos nosotros mismos y las personas de nuestro entorno.

A mi clienta Alix le ocurría que todo el rato se sentía desconectada, asustada e insegura de sí misma. Me dijo muchas veces que no sabía si llegaría a estar bien. Un día le pregunté cuándo había empezado a decir esas palabras. Pensó en ello un momento y sus ojos se abrieron como platos: «El día en que me dijeron que mi padre tenía una enfermedad terminal, me volví hacia mi superior directo y le dije: "No voy a estar bien"».

Lo dijo, lo sintió y lo convirtió en su verdad. Lanzó un hechizo sistémico y se lo tragó. Todo esto ocurrió en una fracción de segundo. A partir de ese momento, cada vez que estaba triste o que algo iba mal reforzaba su declaración, y el poder del pensamiento de no estar bien fue tomando cada vez más fuerza. La vida ya no le parecía interesante ni emocionante. No estaba bien.

Echamos un vistazo a todo aquello que había logrado pero no había disfrutado a causa de esa frase. Después le pregunté si «no estar bien» era realmente la verdad que le correspondía en ese momento. Para su sorpresa, se dio cuenta de que esa frase ya no se correspondía con su realidad. Dio un largo paseo y le habló en voz alta a su difunto padre, para hacerle saber que no tenía problemas y darle las gracias por estar ahí para criarla. Le dijo: «Me empoderaste para conseguir mucho, y cuando moriste, una parte de mí quiso morir también. Es hora de que sepas que estoy bien».

Alix rompió el hechizo del patrón de pensamiento que había creado y que había alimentado tanto. Con su paz recién descubierta y la nueva declaración «me va bien y estoy bien», sintió que una pesada carga abandonaba su corazón y era sustituida de inmediato por una sensación de alegría y libertad que no había tenido desde que su padre murió.

Los hechizos pueden bloquearnos tanto que podemos ser incapaces de movernos o pueden impulsarnos tan arriba en la estratosfera (hacernos sentir tanta dicha) que la cabeza nos dé vueltas. Como hechiceros, debemos ser conscientes de nuestro poder y evaluar constantemente nuestros pensamientos y actos: «¿Estoy creando el cielo o el infierno con este pensamiento?». Esta es una buena pregunta que deberías hacerte siempre.

Escalón sistémico n.º 7: descubrir la brújula de tu cuerpo

Como verás a lo largo de este libro, tu cuerpo es una brújula precisa que te señala tu verdad personal. A lo largo de tu vida te ha estado mandando todo tipo de mensajes sobre ti mismo y tus sistemas por medio de tus pensamientos, creencias, actos, reacciones, sentimientos, problemas de salud y síntomas.

Aquí tienes una manera rápida de experimentar la brújula de tu cuerpo y la diferencia entre los patrones anticuados (los «hechizos» limitadores) y los patrones que tratan de emerger a través de ti (los «hechizos» de las nuevas posibilidades). Toma dos hojas de papel. En una, escribe algo que pienses que *deberías* hacer. En la otra escribe algo que *anheles* hacer.

Coloca una de las hojas en un extremo de la habitación y la otra en el extremo opuesto. Sitúate de pie entre las dos hojas y percibe lo que sientes. ¿Hacia cuál tienes el impulso de ir? ¿Qué te dicen las voces que hay en tu cabeza sobre ambas? Acércate un poco a cada una de las dos hojas y, mientras lo haces, percibe lo que sientes y en qué parte del cuerpo lo sientes. ¿Se trata de emociones que te resultan familiares? ¿Qué te dices a ti mismo sobre ellas? ¿Cuándo sentiste eso por primera vez? Presta atención a lo que oigas. ¿Qué dicen estas voces? ¿Cómo te hacen sentir?

Cuando te sientas alegre y feliz o lleno de gratitud, sabrás que estás encaminado en la buena dirección. Pregúntate cómo podría cambiar tu vida si optases plenamente por eso.

CREAR A TRAVÉS DE LA ALEGRÍA, LA GRATITUD Y LA EMOCIÓN

La magia de tu transformación está oculta a plena vista de una manera muy inteligente. Empieza en tu familia y otros sistemas y se expresa a través de aquello que te produce dolor, lo que te agrada y lo que te desagrada. Todo lo que tienes que hacer es darte cuenta de que el dolor y las aversiones son viejos patrones que ya no son útiles. Te están pidiendo que los depongas, te liberes del «hechizo» y empieces a utilizarlos como fuentes de sabiduría. Después, mira aquello que te gusta y deseas. Esta maleta llena de sueños tuyos está repleta de potencial; solo está esperando que la elijas y empieces a correr con ella. El oro ha estado siempre escondido en tus sueños, en tus deseos y en todo aquello que anhelas. Los sistemas necesitan que *quieras* e imagines el futuro; así es como se desarrollan y prosperan.

Tú eres el fabricante de sueños.

Cuando quiero lograr o experimentar algo que me aporte alegría y plenitud, siento una gran emoción y sensación de aventura. En este estado emocional elevado, me permito imaginar vívidamente que tengo lo que quiero. *Siento* y percibo cómo es ser esa persona que tiene y hace lo que me emociona. Y me relajo. *No contemplo los aspectos prácticos ni los obstáculos.* Me permito tener una aventura en mi imaginación, ponerme directamente en el nuevo espacio y considerar varios tamaños para mi creación (de forma análoga a como me pruebo la ropa nueva antes de comprarla).

Si realmente me gusta lo que he creado, empiezo a ver cuál es el paso más pequeño que puedo dar hacia esa experiencia. A menudo es una frase, una idea o un sentimiento de alegría y anticipación. Con una miniaventura interna cocinándose, me siento más feliz y agradecida. Y cuanto más agradecida me siento, cuanto más alimento este sentimiento de gratitud, más cerca está de convertirse en realidad mi deseo. En pocas palabras: ahora tengo dirección, propósito y estoy cada vez más motivada en sentido positivo.

La denominada *ensoñación diurna*, conocida también como *meditación creativa*, es la clave para descubrir lo que queremos experimentar y manifestar. No estamos perdiendo el tiempo; estamos invirtiendo conscientemente en nosotros mismos y en nuestro sueño, y lo estamos haciendo con una actitud de disfrute relajado. Es esencial tener una actitud lúdica, porque así la mente no se pone en guardia y empieza a buscar todas las razones lógicas por las que podríamos no tener lo que queremos; se mitiga la resistencia.

Cuando tengo claro lo que estoy soñando con el fin de manifestarlo, me vuelvo muy consciente de cualquier pensamiento, sentimiento o resistencia que pueda limitarme, y enseguida empiezo a cambiar estos elementos o a prestarles atención. Los nombro. Los escribo y los coloco en el suelo para poder interactuar con ellos, sentirlos y ver lo que tienen que decir, y resuelvo cualquier carencia para poder cambiar. Hago los ejercicios que expongo en este libro. Miro cuál pudo ser el origen del factor limitante y me recuerdo que puedo cambiar eso *en ese mismo momento*. De hecho, nací para hacerlo. Soy una maga que utiliza la creatividad para crecer y transformarse. Cuanto más me gusta lo que estoy creando, más me estoy mostrando a mí misma lo que puedo conseguir y más cerca estoy de cumplir mi sueño.

Escalón sistémico n.º 8: una meditación lúdica y creativa

Bien, ¡es hora de divertirse un poco! Apaga el teléfono, encuentra un lugar en el que relajarte sin que vayan a interrumpirte y dedica un tiempo a jugar con un sueño. Este sueño tiene que ser algo que te emocione al máximo; algo que siempre hayas querido hacer, tener o ser. *No te autolimites.* Sabrás que has encontrado el tema adecuado cuando sientas que tu cuerpo se llena de emoción. Experimentarás un sentimiento de gozo y plenitud. ¡Tal vez se te hará la boca agua! Sumérgete. Sé descarado. No te reprimas. Pero, sobre todo, ten la sensación de que eres esa versión de ti mismo. Deléitate con los sentimientos que te recorren. Permite que estén totalmente ahí. Síguelos y mira adónde conducen, qué imágenes conforman para ti. Si algo llama tu atención y dice «¡sí!», recuerda esa imagen y esa emoción. Crea una imagen clara de ti mismo y establece claramente cómo te sientes en este sueño. Estás creando una nueva realidad ajena al viejo patrón sistémico y que es parte de la nueva versión de ti, más allá de lo que no se debe hacer y lo que no se puede hacer. Así es como configuras nuevas realidades y creas un nuevo ADN emocional. Haz esto durante veintiún días y observa cómo se desarrollan los acontecimientos.

SEGUNDA PARTE

SIGUE LAS PISTAS

CAPÍTULO 5

DESCUBRE LAS GEMAS OCULTAS

Los síntomas son minas de oro

Utilizamos y creamos patrones para abrirnos camino en la vida. Tal vez tu madre dice a menudo que «a nadie le gustan los bocazas»; en una ocasión hablas a destiempo, te hacen callar con tono severo y decides que tu madre tiene razón. A partir de ese momento, aceptas consciente o inconscientemente que es peligroso hablar claro y que «las personas agradables se callan». Como adulto, puede ser que tengas unos conocimientos maravillosos que valdría la pena compartir, pero como has adoptado el patrón de ser educado y guardar silencio para permanecer a salvo, no te comunicas.

Este patrón podría funcionarte durante un tiempo. Tal vez incluso se te conoce como «aquel tipo callado, profundo y reflexivo»; quizá incluso te enorgullezcas de ello y de que nadie te entienda. Puede que experimentes resentimiento o desdén hacia la superficialidad de la gente y estés cada vez más frustrado por el hecho de guardar tu sabiduría para ti.

Ten en cuenta que este hábito pudo iniciarse generaciones atrás con un antepasado parlanchín a quien se hizo callar, y a quien posiblemente se excluyó, a causa de su manera de ver las cosas. ¿Quién sabe? Esa persona transmitió palabras de advertencia sobre hablar claro, y tú aún estás reaccionando a un viejo patrón que ha sido compartido a través de las generaciones hasta llegar a tu madre y finalmente a ti. Siempre digo a mis clientes que con el tiempo los detalles de los sucesos se desvanecen, mientras que los síntomas son cada vez más evidentes, hasta que son vistos, resueltos e integrados.

Es comprensible que, durante la ocupación nazi, uno optase por permanecer callado y pasar desapercibido, con el fin de evitar ser capturado y deportado a un campo de concentración. Dos generaciones más tarde, el patrón de una modestia exagerada ya no es necesario. Es un obstáculo, y la lealtad a este patrón le impide a la persona vivir una vida plena y maravillosa. Como dijo el renombrado *coach* sistémico Anton de Kroon: «Este problema ¿qué solucionó al principio?».

A lo largo de los siguientes capítulos exploraremos las dos categorías de patrones que conviven en tu vida: por una parte, el patrón que quiere descansar, y por otra, el patrón que quiere emerger. Los dos patrones se sirven el uno al otro, y lo más probable es que uno de ellos esté activo en tu vida diaria. El patrón que quiere descansar te da información y te impulsa a través de varios síntomas, y el que quiere emerger te ayuda a cambiar de dirección y empezar a crear lo nuevo.

ADVIERTE LOS SÍNTOMAS

Las cuestiones limitantes suelen ser un indicador potente y útil de que es necesario algo nuevo. En ti hay un patrón que está intentando descansar. Ha pasado de ser un patrón activo de protección a ser el patrón de una limitación aprendida. Has permanecido callado toda tu vida y ahora hay algo en ti que quiere irrumpir y hacerse presente. La irritación y la ira que sientes hacia las personas que hablan claro no son incorrectas. No eres alguien malo o defectuoso por sentir esto. Solo ocurre que la vida te está llamando a que emprendas una nueva aventura, a que seas de otra manera. El viejo patrón tiene un lugar en ti y no puede ser excluido. Él tampoco es malo y tampoco es defectuoso. Te ha llevado hasta este punto. Pero ahora te está pidiendo que resuelvas aquello que lo causó y crezcas.

Por lo general, un patrón que intenta descansar se expresa a través de síntomas, los cuales chocan con lo que la persona desea de corazón y señalan un desequilibrio o exclusión en el sistema que quiere resolverse. En el ejemplo anterior, la persona callada empieza a experimentar irritación, frustración e ira por la falta de comunicación que se ha autoimpuesto. Estos síntomas buscan una resolución y seguirán presentándose hasta que se produzca un cambio.

Un examen superficial de tu vida revelará unos síntomas (ciertos pensamientos, emociones y otros hábitos desagradables y recurrentes) que están tratando de llamar tu atención. Una constelación puede ayudarte a ver, sentir, manifestar y resolver este patrón innecesario para que te abras y predispongas a crear uno nuevo.

Laura era la única superviviente de siete hijos; todos sus hermanos habían muerto jóvenes. Trabajaba duro para ser razonablemente feliz, pero solía estar cansada y estresada. Me dijo que se sentía «como un cadáver andante». El síntoma inicial era una ansiedad crónica de la que no podía librarse. Además, sus padres decían que era una hipocondríaca porque siempre estaba preocupada por su salud; visitaba al doctor a menudo para averiguar qué problema había.

Dispusimos a los representantes: para su madre, su padre, ella misma y sus hermanos fallecidos, con el fin de poder ver, sentir y explorar el patrón de su ansiedad. La representante de Laura se sentó cerca de sus «hermanos» y enseguida dijo sentir ansiedad y las otras emociones negativas que invadían a Laura.

Su mayor miedo era predecible: temía morir, como sus hermanos. Sentía que estaba en peligro. Como muchos otros clientes que he tenido a quienes se les habían muerto los hermanos u otros familiares, estaba condicionada por un enunciado sistémico de este tipo: «Queridos hermanos, si vosotros no pudisteis vivir una vida plena, ¿cómo me atrevo a hacerlo yo?». Además de generar una profunda ansiedad, este tipo de enunciado también puede hacer que el hermano vivo albergue la culpa del superviviente. Experimenta una lealtad soterrada hacia los hermanos que no siguen vivos que le impide vivir una vida plena. A algunos de estos hermanos supervivientes les cuesta acabar las cosas (este es otro síntoma), así como sus hermanos no pudieron completar un ciclo vital. Puede ser que inicien proyectos sin ningún tipo de problema, pero les asusta terminarlos, pues esto podría significar «el final». También puede ocurrir lo contrario: que el hermano vivo se comprometa intensamente con todo, como si estuviera viviendo la vida por todos los hermanos ausentes.

Abordé con Laura la cuestión de qué era lo que la hacía ir al médico. Me dijo que tenía la clara sensación de que había un problema, si bien no sabía cuál era. Necesitaba una respuesta, para poder relajarse y saber que iba a estar bien.

–¿Cuál fue la primera vez que fuiste consciente de este malestar? –le pregunté.

Le cambió la cara y se puso a llorar.

–Cuando tenía nueve años, el cuello empezó a dolerme terriblemente –dijo–. Como el dolor no se iba, mis padres me llevaron al médico. Tocó la zona y dijo que no percibía nada, pero que sería conveniente que me hiciesen una tomografía computarizada para acabar de descartar que hubiese un problema. Mis padres me llevaron a casa y nunca me hicieron esa prueba.

Cuando exploramos ese episodio, Laura recordó que se preguntó si le estaba pasando algo terrible que sus padres le ocultaban; algo de resultas de lo cual moriría, como sus hermanos. No quiso preocupar aún más a sus padres, por lo que no les comunicó este miedo. Como no hizo la pregunta que tenía que hacer ni recibió una respuesta que pudiese calmar su ansiedad, llegó a la conclusión errónea de que no estaba bien. El patrón que incluía la ansiedad y la necesidad de acudir una y otra vez al doctor en busca de respuestas siguió estando ahí y se convirtió en un patrón dominante.

Cuando pusimos a un representante del doctor en la constelación, la representante de Laura se acercó a él enseguida y se quedó de pie a su lado. Laura rompió a llorar:

–¡Ahora lo veo! No dejo de visitar médicos en un intento de obtener una respuesta, por parte de ese primer médico, sobre el problema que tenía en el cuello, para estar segura de que no me pondré mala.

Para su sistema nervioso, esa pregunta no respondida no había sido resuelta, y ello dio lugar a décadas de ansiedad. El hecho de darse cuenta de que una pregunta no respondida le había impedido a su sistema nervioso tranquilizarse fue una revelación para ella, y también para mí. Sus horribles síntomas eran oro. La importunaron lo suficiente como para motivarla a superar la lealtad soterrada a sus hermanos (ella también debería morir) y a sus padres, y a buscar una respuesta. Cuando lo hizo, las respuestas estaban ahí, en su sistema.

Asombrada por la manera en que había estado viviendo un problema familiar sistémico, Laura pasó rápidamente de estar ansiosa y agotada a afrontar la vida con un entusiasmo prudente. Hace poco me dijo (con una gran sonrisa) que alguien cercano a ella le había dicho que es una Pollyanna* positiva y estable.

Escalón sistémico n.º 9: patrones que quieren descansar

Los patrones que quieren descansar pero no pueden hacerlo apuntan a algún elemento del sistema que hay que completar o resolver: una pregunta que requiere una respuesta, una conversación que hay que terminar, una exclusión a la que hay que poner remedio, una decisión que hay que contemplar para que el sistema pueda estar en equilibrio y el patrón pueda resolverse.

Anota un patrón que te limite mucho. Aquí tienes algunos ejemplos: «Creo que nunca podré conservar una relación»; «Siempre voy mal de dinero»; «Haga lo que haga, nunca soy lo bastante bueno para mis padres»; «Me cuesta que me paguen lo que merezco». Formúlalo en voz alta. Escucha tus palabras. Percibe tus sentimientos y observa tus actos, *especialmente* si son dogmáticos o peculiares. Escribe las palabras exactas que utilices. ¿Puedes asociar estos síntomas a un suceso en particular? No tiene por qué tratarse de un acaecimiento espectacular para dar lugar a problemas y síntomas.

Una vez que hayas identificado el patrón pendiente de resolver y repetitivo, o limitante y excluyente, podrás ver por fin lo que hay que ver y ponerle fin. Acuérdate de darle las gracias por estar ahí para guiarte y por haberte llevado hasta este punto.

* N. del T.: Pollyanna es el nombre de la protagonista de la novela homónima de Eleanor H. Porter, publicada en 1913. Es una niña que siempre ve el lado positivo de cualquier situación. El gran éxito de la novela implicó que la palabra *Pollyanna* se generalizase, en la lengua inglesa, para indicar una persona constante o extremadamente optimista.

OBSÉRVATE CON DELICADEZA

Cuando estoy trabajando con alguien, escucho y observo relajadamente lo que ocurre. Bert Hellinger, el fundador del trabajo sistémico, llamó a esto «escuchar desde un centro vacío». Lo más fundamental es que observo y escucho con curiosidad pura, sin segundas intenciones. Miro los movimientos y expresiones corporales y escucho las palabras (el tono en que se dicen, si se repiten, la emoción que contienen y el aroma que desprenden), porque todo ello me dice qué está viviendo en el sistema de la persona y de qué manera. Y espero a que algo me suscite el interés suficiente como para sentirme motivada a explorarlo. Tal vez se trata del indicio de un patrón. Cuando un cliente se desahoga o no está contento, ello me intriga, porque sé que está a pocos pasos de ver un patrón que debe reconocerse y resolverse para que pueda finalizar. Sigo esa pista y empiezo a hacer preguntas y a explorar en el ámbito tridimensional, para ver adónde conducen los síntomas o problemas y cuál es el patrón que quiere cesar.

Tal vez te sientas desesperanzado y atrapado. Tal vez te estés diciendo a ti mismo: «No puedo hacer lo que quiero con mi vida. Hago lo que tengo que hacer para ir tirando. Creo que haré una siesta, para dejar de pensar en ello». ¿Cuándo empezó esta actitud? ¿Qué te pasaba en esos momentos? ¿Qué otras personas de tu familia pudieron haber sentido eso mismo? ¿Hubo alguna otra que se sintió atrapada o desesperanzada? ¿No pudo hacer lo que quería con su vida? ¿A qué hay que poner fin?

Escúchate y mírate relajadamente. Ten una actitud curiosa y no ansiosa cuando estés buscando un patrón. Tu incomodidad, frustración o tristeza (lo que sea) está apuntando a un patrón que quiere que lo veas para poder cesar. Todo ello son pistas. No apartes nada; acércate a ello y compréndelo. Eres, literalmente, el creador de tu cielo y tu infierno, y albergas también los cielos e infiernos que han vivido otras personas a lo largo de los siglos. Todos estos patrones han pisado fuerte alegremente a través de generaciones buscando el equilibrio en y para el sistema, esperando a que alguien los descifre y dé el salto. Se han abierto camino en tu vida con la esperanza de que los veas y te des cuenta de que eres el agente del cambio.

FORMULA LA PREGUNTA

Los síntomas del patrón que está tratando de descansar o cesar suelen estar vinculados a un suceso anterior ocurrido en tu vida o en la vida de tus ancestros. Este patrón está probablemente lleno de instrucciones sobre lo que debes hacer y lo que no debes hacer, advertencias y lealtades soterradas. Después de todo, se ha mantenido activo y vivo gracias a estos componentes. Pero hay una pregunta que va al núcleo de la cuestión y permite discernir si el patrón sigue siendo relevante: «¿Me sigue siendo útil esto ahora?». Responder esta pregunta no obrará un milagro, pero abrirá la puerta hacia lo nuevo. Si el patrón no te es útil, la siguiente pregunta sistémica es: «¿Qué me *sería* útil ahora?». A esta pregunta deben seguirle estas otras: «¿Qué tiene que ocurrir para que esto pare o cambie? ¿Qué hay que completar o cambiar?».

A menudo, lo que hay que resolver es una forma de pensar que fue el resultado de la evaluación o interpretación de un suceso incorrecta, limitadora o propia de una determinada época, como en el caso de Laura con su abuela. Francamente, me sorprende y fascina la necesidad inherente que tiene el ser humano de obedecer y no formular preguntas, a costa de su felicidad y su evolución. No podría decir con cuántos clientes he trabajado que me han dicho que sus padres, su cónyuge o su jefe era de una determinada manera y era «mejor no preguntar» acerca de sus palabras o sus actos. En lugar de ello, llegaron a conclusiones erróneas e interpretaron que las palabras y acciones de la otra persona indicaban que había algo que no estaba bien en ellos mismos. Pero con una o dos preguntas simples estos clientes se dan cuenta de que estaban muy equivocados y de que han sufrido durante años sin una buena razón.

He oído a esposas decirles a sus maridos: «Si me quisieras, sabrías lo que necesito». ¿Qué clase de locura es obligar a la pareja a que haga la suposición correcta? Otra de mis declaraciones favoritas es esta: «¡Ya sabes qué es lo que has hecho mal!». Pues la otra persona puede no saberlo, y al ver esa mirada acusadora, tal vez no tenga ningunas ganas de averiguarlo.

Normalmente, las suposiciones no son saludables, pero las hacemos todo el tiempo. Trabajé con Keith, un cliente que tenía varios problemas digestivos importantes a causa del estrés derivado de no manifestar sus sentimientos. Cuando le pregunté por qué no hablaba con las personas oportunas de lo que le inquietaba, me miró como si hubiese perdido el juicio y me dijo:

–No hablamos de los temas difíciles en nuestra familia. No es de buena educación.

De niño, sus padres lo premiaron con su atención cuando se reprimía y se abstenía de pedir lo que quería. Su padre había crecido con el deseo de complacer a *su* padre, que era un hombre estoico e insistía en que sus hijos lo fueran también; los exhortaba a que no tuvieran necesidades. Consideraba que cualquier emoción o petición reflejaba una «necesidad», por lo que reprimirlas era una magnífica manera de lograr que todos se atendrán a las normas. Las conversaciones profundas no estaban permitidas. Todos suponían que sabían qué estaban pensando los demás. Esto era un enredo y nadie era feliz. A Keith, su cuerpo se lo hacía pagar.

Cansado de sus dolores, estaba preparado para deponer todas las excusas y ver qué es lo que debía finalizar o cambiar.

—¿Qué es lo peor que podría pasar si hablases? —le pregunté.

Se quedó anonadado. Se dio cuenta de que sus padres no iban a repudiarlo y de que probablemente superarían su propia desaprobación. A Keith le habían enseñado que explorar sus frustraciones era una autoindulgencia inapropiada; ahora estaba aprendiendo que estas frustraciones tenían un propósito y eran importantes. Se dio cuenta de que la amabilidad y la educación eran compatibles con manifestarse y tener lo que deseaba. Pudo ver de qué le había servido el viejo patrón y le concedió un lugar en su corazón y su conciencia, a la vez que reconoció que necesitaba y quería hacer las cosas de manera diferente y ocupar su lugar como agente de cambio en su sistema familiar.

También se dio cuenta de que algunos aspectos del viejo patrón le habían sido útiles y valía la pena conservarlos. Su silencio lo había convertido en una persona que sabía escuchar. Por otro lado, soltó su incapacidad aprendida de manifestarse (un rasgo que veía que había adoptado su hijo pequeño) y empezó a pedir lo que quería realmente. Descubrió que había querido *muchas* cosas en la vida, y esta forma nueva de pensar activó un conjunto diferente de rutas neuronales en su cerebro. Comenzó a moldear sus pensamientos, sentimientos y actos para que se correspondiesen con lo que quería tener y con el tipo de persona que quería ser. Como dejó de reprimir sus miedos, alegrías, ideas y deseos, y dejó de temer el rechazo, los problemas que aquejaban a su sistema digestivo se mitigaron en cuestión de meses. En el trabajo, sus colaboradores pasaron a sentirse más a gusto con su liderazgo, de resultas de que ahora era capaz de articular sus necesidades y deseos de forma clara. En casa, sus hijos primero quedaron perplejos, pero después se sintieron «liberados», en palabras de Keith. Hicieron tantas preguntas que

Keith lo encontró mareante y tuvo que poner límites a la gran cantidad de deseos que aparecieron. En cualquier caso, está claro que se había abierto una puerta y se había roto un viejo patrón sistémico.

EL USO INTELIGENTE DEL TRABAJO SISTÉMICO

El trabajo sistémico y las constelaciones son como cualquier otra vía de transformación: se pueden usar para fomentar la culpa y la vergüenza o para fluir y crecer. Cuanto más aprendas a hablar este «idioma» con fluidez y a utilizarlo contigo mismo, más sabio te volverás. Tu fin es evolucionar. Sé inteligente con los patrones que identifiques y detente para poder actuar también con inteligencia en relación con los patrones que generes.

El primer paso es que comprendas que tus síntomas son oro y que los respetes como parte de un patrón que quiere cesar y también como parte de tu sistema. Pero detectar patrones puede ser un poco más difícil de lo que podría parecer. No siempre está claro cuál es el problema que hay detrás de determinados síntomas. Hay que seguir un proceso para identificar el verdadero problema y qué es lo que nos mantiene varados. A veces, lo que parece ser el problema evidente que hay detrás de un síntoma no lo es en absoluto. En ocasiones, el proceso de descubrimiento es análogo a pelar una cebolla: cada vez accedemos a un nivel más profundo en nuestra psique; cuando encontramos una respuesta, nos encaminamos hacia la siguiente, y después la siguiente. En el próximo capítulo exploraremos este proceso; nos sumergiremos en los niveles evidentes y no evidentes del proceso de identificación de los problemas centrales.

CAPÍTULO 6

CAVAR PARA EXTRAER ORO, PRIMERA PARTE

Identificar el problema

La mayoría de nosotros no vemos que todo lo que hay en nuestra vida nos está hablando directamente todo el tiempo, dándonos pistas acerca de lo que está mal y cómo arreglarlo o lo que está bien y cómo incrementarlo. Tal vez sentimos una vaga incomodidad cada mañana cuando abrimos los ojos. Tal vez nos sentimos deprimidos cuando acabamos de trabajar por la noche. Tal vez experimentamos ansiedad o sufrimos ataques de pánico en toda regla. Tal vez tenemos una relación que no nos hace sentir bien con nosotros mismos. Por más pequeños o grandes que sean los síntomas, la mayoría de nosotros creemos que nuestros sentimientos y los problemas que indican no se podrán resolver nunca. «Así es la vida», decimos. Después, cuando vemos en la televisión o en el periódico que alguien se ha abierto camino y se ha convertido en una estrella, desearíamos ser esa persona. ¿Qué hizo para ser tan feliz y tener tanto éxito?

Por desgracia, no se nos ha enseñado a mirar nuestra propia vida en busca de pistas. En lugar de ello, se nos han dado una serie de instrucciones sociales y normas religiosas para que las sigamos, las cuales, se supone, nos aportarán felicidad. Cuando no lo hacen, pensamos que somos defectuosos en algún sentido. No se nos enseña que estamos en el punto en el que nos encontramos a causa de una combinación de patrones ancestrales y sucesos vitales personales que no hemos aprendido a identificar y procesar correctamente para poder resolverlos, cambiar las cosas según sea necesario y llevar nuestra vida a otro nivel. Por lo tanto, seguimos reproduciendo los mismos patrones de pensamiento y sentimiento que nos llevan a efectuar siempre las mismas elecciones y a ejecutar siempre las mismas acciones, las cuales no dejan de recrear los mismos problemas y sucesos a lo largo del camino.

¿Te resulta familiar esta dinámica?

Si te sientes atrapado y eres consciente de ello, si los síntomas siguen aumentando y no puedes identificar la causa y no sabes cómo lidiar con ellos, si no eres capaz de encontrar la manera de abandonar un patrón repetitivo o si te encuentras en medio de una situación complicada que no entiendes, ¡enhorabuena! La vida te está empujando a cambiar. Esto significa que quieres algo diferente y estás abierto al cambio. Lo que debes hacer es identificar exactamente qué es lo que te mantiene varado y por qué es algo tan persistente y dominante en este momento. Este es un paso importante hacia tu transformación.

LA PUNTA DEL ICEBERG

En el capítulo anterior veíamos que tus síntomas son oro. Lo son, realmente. Llaman tu atención y te hacen tomar conciencia del hecho de que hay algo que no está bien. Ahora viene lo difícil: descubrir cuál es el verdadero problema.

A veces, lo que parece ser el problema se transforma en algo en un nivel más profundo, revelando así que el síntoma inicial no es más que la evidencia superficial de un desequilibrio sistémico más profundo. En pocas palabras: tu problema tiene capas. Lo que se ve, el tema *manifiesto*, no es más que la punta del iceberg, la parte superficial que te incomoda y encubre los temas subyacentes, que son la verdadera causa de lo que está ocurriendo en lo profundo de ti y de tu sistema. Si sigues mirando, descubrirás el tema *subyacente* o fundamental que te mantiene bloqueado. Cuando hayas roto la cáscara de la semilla y hayas visto esta, podrás comprender lo que ocurre realmente, y todas las otras capas empezarán a cambiar en respuesta a ello. En capítulos posteriores te mostraré cómo usar tu problema fundamental para encontrar tu destino único, la plenitud y el éxito. Pero ocupémonos ahora de cómo encontrar este tema subyacente.

Te voy a contar una historia magnífica que te ayudará a ver clara la diferencia entre los temas problemáticos manifiestos y los subyacentes. Carol vino a verme deseosa de que abordásemos algo que le había ocurrido en el trabajo que le había provocado ansiedad y depresión. Su jefe había fallecido recientemente y le había legado una lámpara; así constaba en el testamento. A pesar de ello, un socio principal le había exigido a Carol que se la entregara. Este socio estaba convirtiendo el asunto en una guerra; le dijo que los socios de la empresa la necesitaban más y que entregarla era «lo correcto». Carol cerraba su despacho por las noches para que no le pudieran robar la lámpara y estaba dispuesta a dejar el trabajo por este tema.

Cuando se da una respuesta desproporcionada a una situación, como lo es dejar un empleo a causa de una lámpara, tenemos algo interesante. Tiene que estar ocurriendo algo más. El tema manifiesto era la lámpara y había que descubrir el tema subyacente.

Mientras hablábamos, aparecieron lágrimas en los ojos de Carol y apretó los puños. También advertí que tenía los hombros tensos y que contenía la respiración entre las frases. Sus piernas estaban fuertemente entrelazadas y los pies apuntaban hacia dentro; es una postura que adoptan los niños a veces. Este tipo de respuesta corporal no indicaba una emoción relacionada con algo que estuviese ocurriendo en el momento, sino que apuntaba a una respuesta incorporada frente a un desencadenante sistémico. Por lo tanto, le pregunté:

–¿Te ha ocurrido alguna vez algo similar?

–Siempre debo dar a los demás lo que es mío –dijo enojada–. No puedo seguir así.

¡Ajá! Ya estábamos sobre la pista.

–¿Puedes contarme más? –le pedí.

–Tengo el hábito de dar mis cosas a los demás todo el tiempo.

–¿Y por qué lo haces?

–Porque es lo correcto –suspiró–. Sé que no debería ser tan egoísta, pero ¿no puedo atender mis propias necesidades una sola vez?

¿Puedes oír todos los «debo», «debería» y juicios en sus palabras? Los «debería» tienden a estar más en sintonía con la lealtad a las reglas de un sistema que con el propio deseo de crecer. ¡Este conjunto de reglas puede hacer que estemos más bloqueados de lo que lo está un candado oxidado al que además le falta la llave! Le pregunté por qué tenía que dar sus cosas todo el tiempo y por qué hacer esto era lo correcto. ¿A quién estaba siendo leal? ¿Quién era la persona cuya aprobación era tan importante?

–No tengo nada propio que me encante –soltó–. Siempre tengo que dar mis cosas a los demás. ¡*Por una sola vez* me gustaría conservar algo que me gusta!

Nos estábamos acercando a algo. Observa las palabras que apuntan a una historia, un patrón y un deseo. Los últimos enunciados eran un poco desafiantes; mostraban que se daba cuenta de que la forma en que eran las cosas (aunque debía averiguar qué significaba esto exactamente) no le servía.

–Bueno, solo es una lámpara –continuó, relajando los hombros–. Supongo que deben de necesitarla más que yo.

–Entonces, ¿crees que deberías entregarles la lámpara? –pregunté.

Asintió. Después sacudió la cabeza.

–No –dijo–. Esta vez no quiero hacerlo. Sé que debería, pero no quiero hacerlo, y este es el problema. No sé cómo ser una buena persona *y* conservar las cosas que me encantan. Veo que otros saben gestionar esto y me pregunto si son malas personas, mientras que yo soy buena.

Advierte las vacilaciones y juicios, el tira y afloja entre lo que *ella* quiere y lo que parece querer algo que forma parte del sistema. He visto en muchas ocasiones este tira y afloja entre la conciencia personal y la conciencia del sistema. Por supuesto, la conciencia del sistema suele ganar, porque es mucho mayor y contiene unas reglas que estamos acostumbrados a obedecer para seguir perteneciendo. De ahí que muchos de nosotros estemos estancados. ¿Con qué frecuencia decides que quieres hacer algo pero acabas procediendo según el consenso grupal? En estos casos, la conciencia sistémica gana.

–¿Es muy valiosa la lámpara, en cualquier caso? –pregunté.

Se encogió de hombros.

–No creo que sea muy cara. Pero para mí tiene un gran valor sentimental. –Sus ojos se llenaron de lágrimas–. No puedo decirte cuántas horas nos quedamos trabajando hasta altas horas de la noche Frank y yo con su luz brillando sobre la mesa de su despacho.

Me explicó que Frank había sido un verdadero mentor para ella. Aunque su relación era estrictamente platónica y profesional, él la había invitado a cenas caras algunas veces y había habido uno o dos viajes de negocios que le habían mostrado un mundo completamente diferente del ámbito limitado en el que se movía.

–Realmente me gustaba y lo respetaba. Era un buen hombre, de verdad. Pero había algo que me incomodaba.

–¿Qué era?

–Bueno, tenía mucho dinero y muchas posesiones.

–¿Por qué te incomodaba esto?

–No podía entender cómo lo hacía para ser tan buena persona y, a la vez, tener tanto. –Hizo una pausa para recordar el pasado–. Una vez me dijo que pensaba que yo tenía mucho potencial, pero que también parecía que llevaba mucha carga.

Fíjate en la frase relativa a ser alguien bueno a la vez que dueño de posesiones materiales. Carol estaba manifestando una de las muchas ideas equivocadas que tienen las personas sobre el dinero, lo cual les impide relacionarse con él de una manera saludable. En definitiva, estaba claro que el problema no era la lámpara. Todo lo que decía sobre ser bueno en relación con tener posesiones valiosas y el hecho de que mencionase que había «un mundo diferente ahí fuera» y que su jefe parecía un buen hombre a pesar de tener mucho dejaba patente que habíamos dejado de lado la lámpara y nos encontrábamos entre dos patrones, dirigiéndonos hacia el tema problemático subyacente.

Para ver qué podía ocurrir, dispuse una constelación en la que estaban representados su madre, su padre, ella misma y la lámpara. El representante del padre se alejó, nada interesado en la lámpara. La representante de su madre se acercó a la lámpara y la observó con interés; a continuación puso las manos detrás de la espalda y miró alrededor, como si estuviese buscando a alguien. La representante de Carol miró la lámpara y empezó a caminar hacia ella, pero se detuvo y miró a su madre.

–Carol –dije–, ¿recuerdas la primera vez que tuviste que dar algo que te gustaba mucho?

–¡Sí! Tenía cinco años y mi madre me dijo que debía darle mi muñeca favorita a otra niña que no tenía juguetes. Vivía en un albergue con su madre y dos hermanas. Lloré mucho por esa muñeca, y mi madre me regañó; me dijo que dar era más virtuoso que recibir y que había muchas personas en el mundo que necesitaban más que yo las cosas. Me dijo que dar la muñeca era lo correcto.

Ese fue el momento en el que Carol decidió que lo que era suyo no era suyo en realidad. *A los cinco años* tomó la decisión de que las cosas dejarían de gustarle; incluso ya no querría tenerlas. Más adelante llegó al punto de negarse a tener una mascota, pues podría quererla y en cualquier momento se la arrebatarían.

Cuando le pregunté por sus padres, dijo que la familia de su madre había sido muy pobre. Cuando su madre era una niña, una rama de la familia les daba regalos de Navidad a ella y sus hermanos que entregaban a su madre para que los envolviese para la otra parte de la familia. Los regalos pasaban por sus manos pero nunca se quedaban ninguno, ni siquiera los que les gustaban de veras.

En ese momento, Carol comprendió:

–¡Claro! Siempre tuvimos que dar nuestras cosas, incluso las que nos gustaban mucho, porque era lo correcto.

Este era el tema subyacente, el programa sistémico vigente durante su crianza, que ahora ya no le servía. La tenía sumida en la ansiedad. No podía aferrarse a nada, ni siquiera al dinero, porque otros lo necesitaban más. ¡No era de extrañar que el asunto de la lámpara la sacara de quicio!, hasta el punto de que algo aparentemente tan insignificante podría llevarla a dejar el trabajo.

Cuando Carol empezó a examinar el tema familiar, pudo ver que el patrón de dar cosas había empezado como una manera de salvar las apariencias por parte de su abuela: al tener regalos de

Navidad para otros, evitaba dar la impresión de ser una fracasada delante de la familia. Esto derivó en un código ético para sus hijos. La madre de Carol había mantenido la tradición encontrando a personas en situación de necesidad e inculcando a sus vástagos la idea de que lo correcto era que regalasen sus pertenencias a los necesitados. Carol había reproducido fielmente el patrón para complacer a su madre y a su abuela. ¡Era una santa!, pero estaba muy triste.

Se dio cuenta de que el caso de la lámpara era análogo al de la muñeca y de que el hecho de fingir que no quería nada era una estrategia a la que había recurrido para proteger su corazón. Comprendió que quería tener una buena vida y algunas pertenencias valiosas que pudiese apreciar y disfrutar sin sentir que era una mala persona a causa de ello.

Cuando le pregunté qué era lo que más la asustaría si decidiese optar por el nuevo patrón, dijo enseguida que no quería abandonar la idea de ser una buena chica a ojos de su madre y su abuela.

—¿Y qué pasará si sigues con este patrón? —le pregunté.

Se rio:

—¡Que tendré una hija que odiará las muñecas!

Carol había llegado a un punto crucial. Esta vez, su deseo de conservar algo que le encantaba era más fuerte que su necesidad de darlo todo. El enojo que sentía le estaba indicando que había algo que debía cesar. El patrón antiguo no era más que otra madre que le decía que renunciase a algo que le gustaba mucho. ¡Hurra por el viejo patrón que la había llevado tan lejos!

Esto me lleva a señalar algo muy importante. Muchas veces, las personas que parecen ser culpables de algo en nuestra vida no son más que las que nos hacen tomar conciencia del hecho de que hay un tema no identificado que tenemos que destapar y hacer evolucionar. Identifica a quienes te fastidian de algún modo y pregúntate: «¿Por qué están aquí? ¿Qué están desencadenando?». Hay muchas posibilidades de que tengan un papel a la hora de esclarecer un tema tuyo que deba experimentar un cambio y una resolución.

Una vez que Carol hubo identificado su tema subyacente, pudo ver con claridad qué era lo que ya no le servía. El proceso de revelación y la verdad le dolieron un poco, pero constituyeron un punto de inflexión. Al ver el programa sistémico, pudo efectuar otra elección y empezar a seguir los deseos de su corazón. Su primer paso en el nuevo camino fue una declaración muy simple: «¡No me desprenderé de la lámpara! Me encanta y me pertenece».

PRESTAR ATENCIÓN

La mayoría de las veces estamos varados porque el patrón sistémico tira más de nosotros que el deseo de movernos. Por lo tanto, cuando aparezcan los síntomas y los temas a los que apuntan, ¡bendícelos! La versión más elevada de ti está tocando la campana para llamar tu atención e indicarte que ha llegado la hora de experimentar una transformación.

Cuando ha llegado el momento de abandonar la inercia y entrar en el terreno de las posibilidades, solemos experimentar irritación, tristeza, ira y otras emociones fuertes. Respétalas y préstales atención. Cuando te sientas enojado, disgustado y molesto, *no rehúyas estas emociones; vívelas*. Estás preparando tu cambio en el nivel inconsciente. Tal vez sientas que has tocado fondo, pero esto solo significa que tú y tu cuerpo sabéis que es el momento de optar por algo distinto. Es importante que escuches esta llamada, independientemente de cómo se presente. Si permaneces con ella, te llevará más allá de las razones que tengas para mantenerte inmovilizado, directamente a la persona que quieres ser y al lugar (metafórico) en el que quieres estar.

Escalón sistémico n.º 10: encontrar tu tema oculto o subyacente

Cuando te sientas bloqueado o infeliz, pregúntate qué es lo que no te gusta nada o lo que no quieres de ninguna de las maneras y escucha. Pregúntate: «¿Qué es lo que ya no me sirve en estos momentos?». ¿Algo relacionado con el dinero, con las relaciones, con el ámbito laboral, con tus hábitos? Este es tu tema o problema manifiesto. Escríbelo. Recuerda que el hecho de tener un problema no hace que estés equivocado, que seas estúpido o que no seas merecedor. Te hace tomar conciencia. Significa que el lugar metafórico en el que estás se te ha quedado pequeño y que quieres abrirte paso hasta el siguiente nivel. *Empieza a escuchar tus problemas considerando que te están indicando que debes moverte, no que has fracasado.*

Habiendo llegado a este punto, eres como Aladino. Estás dispuesto a frotar la lámpara mágica tan pronto como la encuentres. Bien, pues aquí está; oculta justo en el centro de tu problema.

Nos han enseñado que quejarnos y lamentarnos nos arrastra a niveles más bajos, y esto es cierto si lo hacemos inconscientemente o nos entregamos demasiado al sufrimiento y nos hundimos aún más en el abismo. Pero reconocer que el sufrimiento nos proporciona una pista sobre nuestros problemas subyacentes no es quejarse. Es emprender la acción.

Cuando hayas anotado qué es lo que ya no te sirve sin autocensurarte, pregúntate: «¿Cuándo empecé a sentir, pensar o actuar de esta manera? ¿Qué me estaba pasando o qué estaba ocurriendo a mi alrededor en esos momentos? ¿Cómo me sentí y qué decidí acerca de lo que me estaba pasando?».

De nuevo, no censures lo que aparezca. Anota las respuestas usando exactamente las palabras que se presenten en tu mente. Las palabras y frases también son pistas. Como humanos, somos muy precisos, incluso cuando no somos conscientes de ello. ¿Qué aversiones o restricciones has conformado con respecto al problema? ¿A quién o qué juzgas en relación con ello? ¿De quién es la culpa?

Cuando hayas respondido todas las preguntas anteriores, resalta de alguna manera todas las palabras intensas o repetitivas y todas las emociones, temas y patrones. Anota todos los patrones que puedas ver y después pregúntate cuál de ellos está afectando más directamente al problema que tienes ahora. A continuación, mira si puedes relacionar este patrón con la primera ocasión en la que se manifestó el problema. Cuando hayas establecido esto, examina si se trata de un patrón recurrente, para ti o para algún otro miembro de la familia. ¿Qué aspecto del patrón te asusta más? ¿Cómo será tu vida si este patrón no cambia? ¿Es tuyo el patrón? ¿Empezó contigo o se instaló antes en el sistema? ¿Mantienes lealtades inconscientes al sistema que hacen que el patrón permanezca intacto?

El proceso de explorar un tema problemático es algo parecido a saltarse accidentalmente un punto al tejer y haber seguido tejiendo un tiempo sin notarlo, lo cual obliga a recomponer el tejido desde ahí. Tienes que ver lo que está sucediendo en ti y a continuación recoger las pistas, fila por fila, para terminar con un patrón intacto, desde su origen. Cuando llegues al verdadero problema, ¡vaya si lo sabrás! La comprensión hará que te quedes sentado muy erguido en la silla, con los ojos muy abiertos por la incomodidad.

Cuando hayas descubierto el problema con la máxima emoción, atrévete a hacerte una última pregunta: «¿Cuál sería un muy buen resultado si esto cambiara?».

Esta pregunta supone el inicio del cambio de dirección.

CUANDO EL PATRÓN SE ORIGINA EN NOSOTROS

A veces somos nosotros quienes iniciamos un patrón, y somos por tanto *nosotros* quienes generamos el ADN emocional que se transmite a nuestros hijos y a los hijos de estos. Esto puede ocurrir en un sentido positivo o negativo. El ADN emocional positivo se crea cuando tomamos decisiones y establecemos direcciones que nos llevan más allá de la conciencia limitadora del sistema. A veces podemos sentir que estamos pisando un terreno inestable o incluso sentirnos como impostores, pero la verdad es que cuando expandimos un sistema somos pioneros.

Creamos ADN emocional negativo cuando un suceso es tan abrumador que nos lleva a crear unos pensamientos y sentimientos limitantes, y a tomar unas decisiones igualmente limitadoras. Pongamos por caso que tienes un accidente automovilístico y que pasas a tener fobia a los coches; ni siquiera puedes subirte a ellos. Esta aversión se convierte en una fobia más generalizada a los viajes y a los desplazamientos, y cada vez sales menos de casa. Esto no solo afecta a tu éxito y tu plenitud, como es evidente, sino que puede tener un impacto en tu familia: puede ser que tus hijos empiecen a reproducir este patrón.

Sea como sea, tanto si el patrón empezó con nosotros como si se inició mucho antes en el linaje familiar, transformarlo está en nuestras manos. Somos nosotros quienes estamos al mando. Los desencadenantes emocionales pueden ser intensos e incómodos, sí, y hoy en día se habla mucho, en el ámbito social, de lo perjudicial que puede ser reactivar los desencadenantes; se dice que no deberíamos mirar lo que nos molesta y actuar con cautela si decidimos mirarlo. Pero hay otra posibilidad. Los desencadenantes nos ayudan. Están aquí para darnos pistas sobre lo que debe cambiar, y podemos usar esta información en favor de nuestra salud y para encaminarnos hacia una vida que nos encante vivir. Nos invitan a trascender el miedo y la angustia y pasar a ser creativos.

Todo empieza contigo. Como dijo un viejo sabio: «Médico, cúrate a ti mismo». Si estás dispuesto a sentir el miedo, la incomodidad, la frustración, la ira y la impaciencia asociadas al viejo patrón durante un lapso corto de tiempo sin emitir juicios, empezarás a percibir las pistas que están tratando de proporcionarte tu cuerpo y tus sistemas, siempre para beneficiarte. Entonces podrás ir más allá de ellas y alcanzar la comprensión. Lo siguiente que deberás abordar será ya tu transformación.

CAPÍTULO 7

CAVAR PARA EXTRAER ORO, SEGUNDA PARTE

Explorar el problema

Antes de empezar a ver cómo explorar el problema, quiero recordarte algo extremadamente importante: el juego de la vida es ilimitado, y no se te puso en esta Tierra para que sufrieras. Estás aquí para experimentar, aprender, crecer, divertirte y amar, así como para irradiar y compartir todo esto.

Pase lo que pase, tu vida es extraordinaria, y no hay límites en cuanto a la persona que puedes llegar a ser. No importa si no ganas mucho dinero o si te han dicho que no eres un triunfador. No importa si eres un multimillonario que al parecer lo ha hecho todo. No hay nadie que no pueda cambiar y mejorar su vida.

Todo lo que has hecho hasta este momento es valioso. Todo lo que ha habido en tu vida ha tenido un propósito, incluido tu sistema familiar. Todo ha tenido su lugar y todo cuenta. Todo lo que elegiste y experimentaste o no experimentaste te ha llevado a este momento. No lo juzgues. Utilízalo. Quienes se agarran a los arrepentimientos lo pasan mal. Quienes obtienen comprensiones y siguen adelante se vuelven más sabios y alcanzan una mayor plenitud.

Recuerda que si das un paso adelante no solo crecerás tú, sino que también lo harán tus hijos y tu comunidad. Cuando eliges avanzar, creas un camino para otras personas. Cuanto más fuertes sean tu sentimiento de propósito y tu determinación, más rápido superarás la herencia limitante del ADN emocional que has recibido y antes entrarás en un ámbito de posibilidades completamente nuevo.

UN TRABAJO SAGRADO

La mayoría de las personas se pasan toda la vida permitiendo o esquivando sus heridas, limitaciones y aquello que activa en ellas comportamientos y reacciones emocionales. Destapar y explorar los temas problemáticos personales es un trabajo valiente y sagrado que asusta a mucha gente. Pero estoy aquí para decirte que *la transformación no tiene por qué ser dolorosa*. La clave es que te des cuenta de que todo lo que te ha ocurrido contiene regalos. Todo. Si tienes esto claro, la exploración será un proceso gozoso y la mochila con la que cargas, llena de patrones viejos y agobiantes, te pesará cada vez menos.

¿Habrá momentos incómodos? Sí. Pero no tienen por qué detenerte. Permite que todos los sentimientos salgan a la luz. Deja que las frases sistémicas enterradas en tu subconsciente salgan a la superficie. Todo ello te proporcionará información. Permite que se manifieste cualquier resistencia. No juzgues nada de lo que aparezca y mira adónde te lleva. Escucha cada uno de estos componentes. Son migas de pan que te conducen hacia la salida del laberinto de los viejos patrones que te han mantenido varado e infeliz. No caigas por defecto en el juicio ni en pensamientos improductivos del tipo «bueno, supongo que nunca más volveré a hacer eso; ¡mira que soy idiota!». En lugar de ello, pregúntate: «Vaya, ¿por qué hice eso y cómo puedo utilizarlo para crecer?».

Cultiva tu comprensión. Hazte el tipo de preguntas que has aprendido a hacerte. «Si ____________ (me retiro, me encolerizo, me inquieto, me retraigo, me peleo, discuto, me odio a mí mismo...; rellena el espacio en blanco), ¿adónde me lleva esto? ¿Qué otros familiares reaccionan de esta manera? ¿De qué les ha servido o en qué los ha perjudicado? ¿Quiero hacer algo diferente en relación con esto?».

Sí respondes «sí» a la última pregunta, entonces ¿qué podrías hacer de otra manera? Este es el procedimiento básico de exploración de los temas problemáticos y la actitud más saludable con la que puedes explorar para que el proceso sea gratificante y efectivo.

UN MODELO DE EXPLORACIÓN

Aquí tienes la historia de otra clienta que podría servirte de «modelo de exploración». Cuando vino a verme, Catherine estaba al final de la sesentena. Después de trece años de estar felizmente soltera, finalmente decidió que quería volver a tener un hombre en su vida. Pero estaba llena de dudas. ¿De veras quería un compañero? Los tres matrimonios que había tenido habían sido relativamente breves e insatisfactorios. Los tres hombres la habían amado y siempre fue ella quien puso fin al matrimonio. Los períodos en los que había estado sin pareja entre las distintas relaciones siempre habían sido más largos que los períodos de las relaciones.

—¿Por qué estoy siempre insatisfecha con los hombres que elijo? Establezco una relación y acabo aburrida. Entonces le pongo fin –dijo. Le pregunté sobre su niñez y la historia de su familia–. Cuando yo tenía cuatro años, mi madre se divorció de mi padre. Fue a mediados de los años cincuenta. Nunca he entendido por qué lo hizo, porque cuando retomé el contacto con mi padre años después, descubrí que era un verdadero amor. Nunca he entendido por qué mi madre lo dejó para casarse con un alcohólico abusador pocos años después. Nunca dejó a mi padrastro, por más feas que se pusiesen las cosas. Y se pusieron realmente feas.

La necesidad de preferir el abuso al amor era un hilo multigeneracional del que íbamos a tirar. Pero antes teníamos que descubrir si existía el patrón recurrente de dejar a los hombres en su linaje familiar.

–¿Es realmente cierto que tu madre no dejó a su segundo marido? –pregunté–. ¿Y tu abuela materna?

Catherine pensó en ello y suspiró.

–Mi madre se evadió completamente de su segundo matrimonio. Se pasaba la mayor parte de los días y las noches en la cama leyendo novelas históricas y bebiendo *bourbon*.

Por lo tanto, su madre dejó a dos hombres que la querían. El hecho de beber alcohol de forma sistemática suele apuntar a ausentarse de una vida o un patrón que no se puede afrontar. A continuación exploramos el matrimonio de su abuela.

Cuando Catherine vino al mundo, su abuela básicamente no estaba disponible para nadie de la familia, su marido incluido, porque había contraído párkinson con cuarenta y pocos años.

–Era como una estatua de sal –dijo Catherine–. Inmóvil, silenciosa y desconectada.

Señalé que su abuela, como su madre, básicamente había dejado a su marido.

–¡Guau! –dijo, con los ojos como platos–. Nunca lo vi desde esta perspectiva. Siempre vi que estaba enferma; nada más. Pero es cierto que dejó la relación... ¡solo que de otra manera! Las dos se evadieron.

A la luz de esta información, le pedí que me dijera cuál era el problema que quería abordar, y dijo:

–Siempre dejo a los hombres que me aman.

Ahora debíamos explorar el asunto en profundidad haciendo una serie de preguntas sistémicas. (Esto es exactamente lo que harás con *tu* problema).

Estas son las preguntas que le hice a Catherine para ayudarla a explorar su asunto problemático:

- ¿Qué piensas de los hombres?
- ¿Qué piensas del amor?
- ¿Qué piensas de las relaciones íntimas?
- ¿Qué piensas de dejar las relaciones?
- ¿Por qué tienes que dejar a los hombres?
- ¿Qué otros familiares dejaron a hombres? (Esta pregunta apunta a una lealtad inconsciente).
- Si no cambiaras este patrón, ¿qué ocurriría probablemente?
- Si cambiaras este patrón, ¿qué podría ocurrir?
- ¿Qué resultado esperas?
- ¿Qué elementos tendrías que cambiar en tu lenguaje, tus pensamientos, tus pensamientos y tus actos para obtener un resultado diferente?

Las preguntas iniciales son solo el principio. Cuando tengas las respuestas, surgirán una serie de preguntas que te ayudarán a explorar el problema. Voy a poner un ejemplo a partir de la lista de preguntas que le hice a Catherine.

Su respuesta inmediata y cándida a mi pregunta «¿qué piensas de los hombres?» fue reveladora:

—La mayoría de los hombres son idiotas. Son aburridos y es un fastidio tenerlos cerca. —Se rio y añadió—: Supongo que esto explica por qué no estoy en una relación con un hombre.

Lo explicaba, en efecto.

Cuando hubo respondido todas las preguntas relacionadas anteriormente fue el momento de cavar más profundo. Estas son las preguntas que le hice en respuesta a su declaración de que «la mayoría de los hombres son idiotas»:

- ¿Quién fue el primer «idiota», el que motivó que se colgara el sambenito a todos los demás?
- Si a partir de tu filtraje tu verdad es que la mayoría de los hombres son idiotas, ¿existe una remota posibilidad de que puedan parecer de otra manera?
- ¿Cómo podrías hacer un lugar en tu corazón para el «primer idiota»? Dime algo bueno que obtuviste de él. Aunque todo lo que puedas decir sea "gracias a él existo", identifica algo bueno.
- ¿Eres fiel a tu abuela y tu madre por el hecho de reproducir su incapacidad de estar con un hombre adorable?
- ¿Con qué tipo de hombre te gustaría estar?
- ¿A qué tienes que poner fin y qué debes iniciar?

Catherine tenía demasiada poca información sobre la historia de su familia para responder todas estas preguntas. No sabía nada de la historia familiar genética de su padre y no tenía información sobre los ancestros de su madre; solo un vago recuerdo de que el padre de su abuela había sido «un miserable hijo de...». Bueno, ahí teníamos otro hombre, dentro de su linaje, que había tenido un comportamiento reprobable, además de su padrastro.

—¿Era un maltratador tu abuelo? —pregunté.

–No –respondió–. Era médico y se preocupaba por la familia.

–Pero tu padrastro sí era un maltratador...

–Totalmente. Nunca nos pegó a ninguna de nosotras, pero maltrataba terriblemente con las palabras.

Cuando un niño ha crecido en un entorno abusivo, es habitual que no tenga clara la frontera entre el maltrato y el amor. Una frase sistémica social de alcance universal es «los padres quieren a sus hijos». Por lo tanto, cuando un padre es un maltratador, el niño asocia el maltrato con el amor.

–¿Te dijo alguna vez tu madre por qué dejó a tu verdadero padre? –pregunté.

–Un día dijo algo muy raro. Dijo: «Me amaba demasiado, y esto me hacía sentir culpable».

En resumidas cuentas: tanto el cariñoso padre de Catherine como su adorable abuelo no reprodujeron el patrón de maltrato que había empezado, tal vez, con su bisabuelo. Aunque no había manera de poderlo constatar, es posible que la abuela de Catherine hubiese sentido lo mismo hacia su marido, el amable y atento doctor al que había dejado poniéndose enferma. ¿Por qué? Pues porque había sufrido abusos por parte de su padre, lo cual estableció el ADN emocional que confundía el maltrato con el amor, y su marido tenía un comportamiento contrario al contenido de este patrón.

La madre de Catherine permaneció leal a su madre al dejar al hombre bueno que la quería y casarse con un maltratador alcohólico. Catherine quebró esta lealtad inconsciente al *no* casarse con un maltratador, pero las relaciones amorosas con hombres amables le resultaban aburridas después de estar rodeada del drama constante de la relación de su madre con su padrastro, una relación marcada por el dolor.

Entonces, ¿quién fue el primer idiota, a partir del cual todos los demás hombres estaban pagando un precio? ¿Fue su bisabuelo? ¿Alguien antes que él? ¿Su abuelo? ¿Su padrastro?

–No conocí a ningún otro, pero mi padrastro cumplía con todos los requisitos. Era crítico hasta extremos ridículos y siempre tenía que tener la razón, incluso cuando era dolorosamente evidente que estaba equivocado. Recuerdo que pensé, siendo niña: «¿No ve que me está dando un muy mal ejemplo? ¿Cuándo va a madurar este idiota?».

–¿Hay alguna forma de que puedas considerar a los hombres como algo más que idiotas?

Al reflexionar sobre esta pregunta, se dio cuenta de que en realidad no pensaba que todos los hombres fueran así.

–He conocido a muchos hombres maravillosos en mi vida, como mis maridos, que eran inteligentes, cariñosos y decentes.

–¿Podría tener tu padrastro un lugar en tu corazón de alguna manera? ¿Hizo algo bueno?

–Insistió en que creciera en una granja –dijo, sonriendo–. Estaba convencido de que los niños tenían que crecer en el campo, por lo que tengo que agradecerle los trece años increíbles que pasé en la naturaleza, cabalgando caballos y jugando con una pelota. Crecer en esa granja fue mi salvación y marcó la pauta del resto de mi vida.

Anota un tanto para el idiota.

El hecho de admitir conscientemente que la mayoría de los hombres a los que había conocido eran inteligentes y cariñosos le permitió a Catherine ver que su evaluación irreflexiva de que todos los hombres eran idiotas (así había evaluado originalmente a su padrastro) derivaba de un trance sistémico profundo basado en un patrón creado en el pasado que no era nada cierto en el presente. Al comprender que había emulado el patrón de su madre de dejar a los hombres por el solo hecho de que no había un componente picante en la relación, pudo abrirse a la posibilidad de tener una relación íntima y empezó a imaginar qué tipo de hombre le interesaría y la mantendría interesada. Se volvió muy consciente de que en la relación podía haber tanto el componente agradable como el picante, sin que estuviera presente el maltrato.

¿Has visto cómo funciona el empleo de preguntas sistémicas para explorar los problemas? Cuando Catherine vino a verme con el tema de que siempre estaba insatisfecha con los hombres que elegía, es evidente que las primeras preguntas tenían que girar en torno a los hombres, las relaciones y lo que ella pensaba sobre estos ámbitos. A partir de ahí surgieron otro tipo de preguntas, en función de lo que iba apareciendo.

Si trabajas en un tema problemático por tu cuenta, permanece tan presente y reflexivo como puedas cuando elabores tus preguntas, y sé tan inocente como puedas cuando des las respuestas. Es útil grabar las respuestas en lugar de escribirlas, porque tendemos a ser más espontáneos y sinceros cuando hablamos que cuando escribimos. Después, escucha tus respuestas y elabora preguntas a partir de ellas. Profundiza. Cuando encuentres oro, lo sabrás.

BUSCA LO BUENO

Algo más que debes hacer cuando explores tu asunto problemático es asegurarte de buscar lo bueno. A Catherine le costó imaginar que pudiese haber algo bueno en el hecho de haber crecido en un entorno familiar abusivo lleno de alcoholismo y violencia. Se preguntaba por qué no podía haber crecido en la casa de su verdadero padre, un hogar que parecía mucho más amable y acogedor. Pero al explorar reflexivamente el tema se dio cuenta de que aunque había sido doloroso, el hecho de crecer con un «idiota» al mando de la familia le había proporcionado el ímpetu que la llevó a ser una mujer increíblemente introspectiva, autosuficiente, racional y capaz. Tomó conciencia de que si hubiese crecido en el hogar de su padre probablemente se habría convertido en una persona mucho más autocomplaciente y tal vez no habría tenido, con diferencia, la cantidad de aventuras vitales increíbles que había tenido. (Para empezar, no habría crecido en una granja).

Y los aspectos buenos no acababan ahí.

El destino que había elegido su madre, el de estar atrapada en casa con un maltratador, había encendido en Catherine la determinación de salir al mundo, de hacer carrera en el ámbito televisivo, de viajar y vivir una vida feliz y alegre... con marido o sin marido. Al comprender las raíces sistémicas de su problema original (la insatisfacción con los hombres que elegía), elaboró otro conjunto de frases sistémicas por las que regir su vida.

«¡Mira, madre! ¡Mirad, abuela y abuelo! ¿Veis lo que puedo hacer? ¡Puedo encontrar respuestas! ¡Puedo ser feliz y acoger lo bueno y hermoso que ofrece la vida! Puedo ocupar totalmente mi lugar y mejorar mi vida y la vida de los demás para hacer de este mundo un lugar mejor, y puedo tener una relación que sea a la vez amable y picante. ¡Los hombres son encantadores y bienvenidos!».

¡Menudo cambio!

CONSTELACIONES CASERAS

Las preguntas sistémicas son el primer paso en la exploración de los temas problemáticos. Pero en ocasiones, en mi trabajo con los clientes no comprendemos totalmente lo que ocurre hasta que disponemos una constelación y exploramos el asunto en el plano tridimensional.

Este puede ser también tu caso. Si estás leyendo este libro y haciendo el trabajo sistémico en casa y te sientes bloqueado o como si hubieses topado con un muro al hacerte las preguntas sistémicas, te aconsejo que dispongas una constelación utilizando lo que tengas a mano a modo de fichas que representen las distintas partes implicadas en el asunto que estás explorando, como hiciste en el escalón sistémico número 4.

El objetivo al disponer una constelación es llevar el problema a la tercera dimensión, hacerle cobrar vida e implicar múltiples sentidos, para poder ver, tocar, oír y sentir lo que está pasando. Con este fin, resulta útil colocar los elementos representativos en el suelo de una habitación. Se trata de que sientas la situación para que tu cerebro, el resto de tu cuerpo y tu mente puedan procesar y reconfigurar tus nuevos pensamientos, sentimientos y actos. Recuerda que la mente y el cuerpo *no* están separados. Cuando tu cuerpo experimenta una constelación, le da un nuevo marco de referencia a tu mente. Una nueva perspectiva puede cambiar toda tu mentalidad, y por tanto tu realidad, en un instante.

El problema que presenta tratar de procesar los asuntos en nuestra cabeza de la manera en que estamos acostumbrados a hacerlo es que no podemos percibir cuestiones como la dirección, las conexiones, la distancia y las relaciones entre cada parte del sistema. Además, no podemos contemplar el sistema desde distintos puntos de vista. Todas estas piezas tridimensionales proporcionan indicios, hacen surgir preguntas y nos motivan a reevaluar conscientemente nuestros pensamientos, sentimientos y actos en relación con el suceso que dio lugar a nuestro problema.

Las constelaciones generan experiencias en el ámbito corporal que nos llevan adonde queremos ir. Y no hay nadie que no pueda hacer esto. Con Catherine no hicimos una constelación porque los fundamentos de su problema quedaron claros a partir de las preguntas sistémicas. Pero si hubiésemos hecho una, estos son los distintos tipos de constelaciones que le habría sugerido (la finalidad de exponerlas es, naturalmente, darte un ejemplo de lo que puedes hacer en casa para aportar luz a tu problema):

Tema problemático de Catherine: ¿Por qué estoy siempre insatisfecha con los hombres que elijo?
Resultado deseado: Una relación íntima en la que me sienta feliz.
Qué estamos buscando: A quién pertenece este patrón de insatisfacción, cuándo empezó y cómo se puede cambiar.

1. Dispón una constelación en la que estén presentes todos los hombres que ha habido en tu vida. Incluye un elemento que te represente a ti. Busca patrones y relaciones.
2. Dispón una constelación en la que estéis presentes tú, tu familia y todos los hombres que ha habido en tu vida. Contempla las relaciones, no solo las que ha habido entre los hombres y las mujeres, sino también las que ha habido entre las mujeres y las que ha habido entre los hombres en el patrón multigeneracional que te mantiene atrapada.
3. Si dispones de suficiente información, dispón una constelación en la que estén presentes tu madre y todos los hombres que ha habido en su vida.

Cuando hayas dispuesto la constelación, busca relaciones. ¿Quién está cerca de quién y quién está alejado? El solo hecho de tener los elementos dispuestos delante de ti empezará a aportarte información sobre lo que puede estar pasando y a arrojar luz sobre tu problema. Comenzarán a manifestarse vínculos, relaciones y patrones junto con esos molestos carceleros que son nuestras lealtades inconscientes.

Hay mujeres que acuden a mí con el problema de que los hombres dejan la relación y encontramos que un hombre del sistema familiar dejó una relación o murió inopinadamente. La primera mujer a la que dejaron pudo decir algo como esto: «No te puedes fiar de los hombres; todos desaparecen». Posteriormente, generaciones de mujeres son fieles a esta idea y, de hecho, a la primera mujer del sistema que perdió a su hombre. Es como si hubiese un enunciado sistémico implícito que rezase así, más o menos: «Querida madre, si no pudiste conservar un hombre, yo tampoco lo haré». Y ahora, todas las mujeres proceden según la frase que rige en el sistema familiar, sin ser conscientes de ello.

Es importante advertir que los hombres no tienen ninguna oportunidad en un sistema como este.

Si crees que no manifiestas lealtades inconscientes, pregúntate por qué te gusta el té sin azúcar o un determinado tipo de dulce, por qué votas a un determinado partido o por qué piensas que ciertas cosas son maravillosas mientras que otras son inaceptables.

Cuando reconozcas tus patrones y lealtades inconscientes, podrá pasar una de dos cosas. La primera es que sigas reproduciendo la lealtad aun siendo consciente de ella, porque la alternativa te resultaría demasiado incómoda. En este caso, tú permanecerás donde estás y la siguiente generación tendrá que lidiar con ella. La segunda opción es que explores conscientemente el asunto problemático, lo cual hará que se abra la puerta de la comprensión, la posibilidad, el cambio y la transformación.

Escalón sistémico n.º 11: una constelación casera

Si dispones de un espacio limitado para hacer una constelación, utiliza elementos como pueden ser piezas de ajedrez o pósits en un tablero (cualquier configuración que te aporte una sensación de espacio y orientación). Si cuentas con más espacio, plantéate disponer hojas de papel en el suelo. Con el escalón sistémico número 4 tuviste una primera aproximación a las constelaciones. Esta constelación añadirá capas de dirección y vinculará tu problema a uno de los tres principios rectores del trabajo sistémico y las constelaciones. Si puedes descubrir a qué principio está vinculado tu problema, contarás con una indicación relativa a lo que es necesario para resolver el problema y aportar equilibrio al sistema. «No pertenezco» puede transformarse en «ahora pertenezco». «Doy demasiado» puede transformarse en «recibo con agradecimiento». «Siempre tengo que cuidar de todos» puede transformarse en «puedo permitir que cuiden de mí».

Escribe el nombre de cada personaje y componente de la constelación en un papel separado con una flecha en la parte de arriba para establecer la dirección. No lo pienses demasiado. Dispón tu asunto problemático de manera tridimensional en el tablero de ajedrez o con papeles en el suelo de la forma que te parezca correcta. (Nota: Te digo que no lo pienses demasiado porque la primera distribución suele ser la que mejor refleja la realidad de la situación para la persona).

Recuerda que todo lo que estás haciendo en este momento es explorar tu problema. Estás buscando las lealtades inconscientes (y a quienes las albergan) que hacen que tus pensamientos, sentimientos y actos permanezcan estancados. También estás buscando patrones. *Aún no te encuentras en la fase de la resolución.* De momento, solo estás plenamente presente, identificando cuestiones y obteniendo comprensiones.

Para encontrar la manera de avanzar, identifica cuál de los tres principios está implicado: la pertenencia, el orden o el equilibrio entre el dar y el recibir (capítulo uno). Incorpora más personajes, según sea necesario.

Antes de empezar a mover algún elemento, echa un vistazo al conjunto. Hazle una foto o, por lo menos, dibuja un diagrama. Se trata de que tomes nota de esta primera disposición y la compares con la última que obtengas, para que puedas ver lo que ha cambiado.

Mantente centrado en tu asunto problemático. Si utilizas un tablero de ajedrez, siente cada pieza mientras la desplazas. Si estás utilizando toda una habitación, permítete moverte entre las piezas según sea necesario y presta atención a lo que sientes.

Anota lo que digas, pienses y sientas sobre lo que estás experimentando. Una vez que tengas presentes estos patrones, frases y dinámicas sistémicos, intenta averiguar dónde se originaron y con quién estás en sintonía. Si sientes el impulso de desplazar alguno de los personajes, sigue haciéndolo hasta que cese el impulso. En cada paso, percibe tus pensamientos, sentimientos, actos y comprensiones.

Acércate a cualquiera de los personajes que quieras explorar y percibe qué sientes estando en su lugar. No dejes de mirar y observar. Mientras exploras cualquiera de las lealtades limitadoras o inconscientes, pregúntate qué precio has pagado por esta lealtad y presta mucha atención a las respuestas de tu cerebro y el resto de tu cuerpo. Pregúntate: «¿A quién soy leal en mi forma de __________ (sufrir, estresarme, conformarme con poco...; rellena el blanco con lo que sea pertinente)?».

En tu viaje al centro de ti mismo, visitarás muchas generaciones. En el proceso encontrarás qué es lo que te ha estado reteniendo, descubrirás el oro que siempre estuvo ahí y hallarás el camino hacia el ser asombroso que eres en realidad. Hacer este trabajo puede cambiar profundamente tu mundo y, después, el mundo que te rodea. ¡Libérate de tus cadenas y manifiesta tu poder!

CAPÍTULO 8

EL PUNTO DE INFLEXIÓN

La transformación del problema

Como he mencionado con anterioridad, la máxima prioridad de los sistemas es sobrevivir. Pero su ideal más elevado es prosperar y crecer. Mucho del trabajo con las constelaciones finaliza con la resolución del problema. El patrón ha dado de sí todo lo que tenía que dar. El evento ha terminado. Te vas a casa y dejas que el viejo patrón descanse mientras permites que toda la información nueva se abra camino hasta tu mente y tu alma. Sin embargo, muchos clientes me preguntaban, después de una constelación: «¿Y ahora qué?». Me puse a explorar y me di cuenta de que somos creadores y no queremos detenernos con la resolución de los problemas. Queremos saber cómo continúa la historia. Me di cuenta de que la finalización de un patrón supone el inicio de un patrón nuevo. Si un patrón no se detiene, no hay ningún lugar desde el que empezar, y si no surge el nuevo patrón, no hay ningún lugar al que ir. Tiene que haber un punto de articulación entre los dos patrones, el viejo y el nuevo.

Cuando pasamos por un punto de inflexión, estamos pasando de algo a algo diferente. Estamos cambiando de dirección, nivel y perspectiva. En términos sistémicos, estamos dando las gracias a nuestras raíces y aceptando nuestras alas.

Al principio, lo que nos guía es lo que ya no queremos; este es el punto de partida. Esto nos lleva a lo que deseamos profundamente. Tenemos que tener claro qué es lo que queremos. No tiene por qué ser algo espectacular ni tenemos por qué conocer todos los detalles. Pero el objetivo tiene que ser algo claro y que se pueda conseguir; de otro modo, no es más que un juego mental nebuloso e incuantificable. ¿Quieres divertirte más o tener más tiempo para ti, más dinero, más independencia? Está bien; empieza por ahí. Pero también tienes que formular objetivos creativos y que se puedan cuantificar: «Quiero ir a la playa dos veces al año», «Quiero tener diez mil dólares ahorrados», «Quiero una relación saludable y feliz».

En el capítulo cuatro hablé de lo mágica que parece la transformación. Somos capaces de ver un patrón y ¡caramba!, todo cambia; la vida no vuelve a ser la misma nunca más. Pero la transformación es también un proceso que implica persistencia, compromiso y un trabajo consciente. Las comprensiones acontecen en un instante, sí, y pueden constituir un punto de inflexión. Pero solo uno mismo puede proceder a partir de estas comprensiones, aplicarlas a su vida y transformar su ADN emocional al elegir, pensar, hablar y actuar de maneras diferentes. Lo nuevo se construye con cada elección, cada pensamiento, cada sentimiento, cada frase y cada acto.

OBSTÁCULOS AL CAMBIO

A veces estamos profundamente atados a nuestros problemas, *en el nivel inconsciente*, a pesar de que afirmemos lo contrario. Estamos atrapados en la línea argumental sistémica, sintiendo lo que sentían otras generaciones y pensando según sus patrones de pensamiento. Seducidos por el trance sistémico, puede ser que acabemos haciendo lo que sabemos que es perjudicial para nosotros; nos parece tan hipnóticamente familiar (y por lo tanto tan «correcto») que sucumbimos de todos modos. Queremos escapar de la cárcel, pero para ir adelante tenemos que avanzar hacia la solución. No se trata de escapar de algo. Se trata de dirigirnos hacia lo que queremos y de permanecer en *esa* energía sistémica con tanta firmeza que nos saque de la creencia sistémica limitadora.

Uno de los bloqueos más sutiles que nos impiden progresar es encontrarnos todavía en la fase de *querer quererlo*. Decimos que queremos cambiar, que queremos algo nuevo con todo nuestro corazón, pero después no hacemos nada al respecto. Cuando ocurre esto, puede ser que estemos esperando el mejor momento para actuar o, más probablemente, que aún seamos leales en alguna medida a lo que nos mantiene varados. El corazón, la mente y el cuerpo no se encuentran en coherencia. Queremos querer lo que queremos, pero no estamos lo bastante apasionados como para salir del estancamiento y hacer algo para lograrlo. A menudo, las personas que se hallan en este estado me dicen que quieren salir del estancamiento. Aún tienen tanta energía vinculada al viejo patrón que todavía no pueden invertir en la creación del nuevo.

Si te encuentras en esta situación, el procedimiento sistémico para salir del estancamiento consiste, para empezar, en que te des cuenta de lo que estás haciendo. Seguidamente deberás elegir un pensamiento nuevo y asumirlo. A continuación, siente un sentimiento nuevo. Experiméntalo plenamente y hazle un lugar. Después contempla una nueva acción que puedas realizar ¡y llévala a cabo! De nuevo, no tiene por qué tratarse de algo espectacular. Piensa en ese libro que siempre has querido escribir (o en cualquier otro sueño que anhele tu corazón o te atraiga con fuerza). Debes pensar *realmente* en ello. ¿Cómo te *sentirías* si este libro saliese de tu corazón y se plasmase sobre papel? ¿Sería un sueño hecho realidad? ¿Cómo te hace sentir *esto*? Con esta aventura en la cabeza, elige levantarte quince minutos antes cinco días a la semana para avanzar en la escritura de ese libro que se ha estado gestando en tu cerebro. El ímpetu o momento lineal es una fuerza newtoniana en este mundo, y es tan aplicable a las acciones personales como al caso de una roca que está rodando ladera abajo. El ímpetu que se obtiene al tener un nuevo pensamiento, elegirlo e invertir en él, para seguidamente añadir una emoción nueva y expandirla, y después llevar a cabo una acción muy pequeña, potencia la sensación de que «podemos hacerlo» y nos lleva a superar el pasado. Cobramos vigor a medida que avanzamos, hasta que un día descubrimos que estamos en un lugar totalmente nuevo.

Otro obstáculo que se interpone en la intención de cambiar es creer que tenemos que tener cada paso y objetivo planificado antes de empezar. No caigas en esto. Te frustrarás incluso antes de realizar el primer movimiento. La transformación es un proceso elevador maravilloso. Avanza gradualmente y advierte y celebra cada uno de los pasos que des, por más pequeños que te parezcan. A veces todo lo que tenemos que hacer es estar un rato acogiendo la verdad de que queremos algo diferente para nosotros mismos y de que algo distinto es posible. No importa si permanecemos con esta nueva verdad durante cinco minutos o cinco meses antes de que empecemos a generar las emociones y el entusiasmo que serán nuestro combustible hasta llegar a la meta. El solo hecho de darnos cuenta de que existe otra posibilidad constituye un cambio sistémico descomunal.

Tomemos el caso de Catherine, expuesto en el capítulo anterior, a modo de ejemplo. Hacía décadas que mantenía sus evaluaciones irreflexivas en cuanto a los hombres y las relaciones íntimas.

Si hubiese pensado que su cambio tenía que producirse de la noche a la mañana y hubiese entrado en una aplicación de citas y empezado a crear un perfil romántico pensando en el matrimonio como fin último, podría haberse visto paralizada por el miedo. Ten en cuenta que un cambio de perspectiva puede acontecer en un instante, pero que el proceso de retirada de capas y reconfiguración subsiguiente puede llevar tiempo. En lugar de pensar que tenía que hacer algo enseguida con sus nuevas comprensiones, permitió que un sentimiento de maravilla y un reconocimiento cada vez mayor hacia los hombres se fuese encendiendo poco a poco, activando nuevas redes neuronales y estableciendo nuevas rutas neuronales y sistémicas. Al no estar ya con una actitud defensiva, cada vez fue estando más disponible para el sexo opuesto y para la idea de tener una relación, pues fue creando y acogiendo ideas nuevas sobre los hombres. Unas semanas después de nuestra primera sesión, un amigo, un médico muy inteligente, le preguntó si querría salir a cenar con él.

Por lo tanto, si eres una de tantas personas perfeccionistas y muy autoexigentes, relájate. Tómate un descanso. Respira. Recuerda que el primer cambio es abrirse. Permítete abrirte entonces y deja que esta apertura tenga sus consecuencias.

Otra manera en que las personas se impiden transformarse es sobrestimar el valor del sufrimiento y las dificultades. A escala social, tenemos algunas frases sistémicas que apoyan ambos. «Sin dolor no hay ganancia» (gracias, Jane Fonda). «Vivir es sufrir» (gracias, Friedrich Nietzsche). «El éxito es hijo de la lucha»... A veces podemos ver claramente un tema problemático y sus impactos, pero nos aferramos tercamente a lo que sea que nos esté haciendo daño debido a la creencia subconsciente profunda de que merecemos sufrir, o de que el sufrimiento es valioso, o de que no deberíamos dejar que los demás sufran solos. U olvidamos todo el sufrimiento que nos trajo hasta el punto en el que nos encontramos.

Voy a ilustrarlo con una pequeña historia. Christina quería triunfar como actriz pero no creía que mereciese un papel protagonista. Padecía una culpa paralizante desde que, siendo joven, la eligieron para ser la protagonista en una obra de teatro de su localidad. La principal persona que le disputaba el papel murió pocos meses más tarde. Nadie sabía que esa chica estaba enferma, pero Christina llevaba la carga de no haberse hecho a un lado y no haberle cedido el papel que tanto ansiaba antes de morir.

Después de eso, lo hizo extraordinariamente bien en todos los papeles que interpretó en cada compañía de teatro para la que trabajó, pero nunca aceptó un papel protagonista. Aunque podía ver que la muerte de la chica no había sido culpa suya y que su sufrimiento y su culpa no le estaban haciendo ningún bien, no podía soltar esa carga. Cuando dispusimos una constelación con representantes para Christina, la chica y la culpa, no ocurrió nada. Era evidente que había que tomar en consideración algo más, por lo que incorporé a representantes para su madre y su padre. Inmediatamente, la representante de la culpa se acercó a la de la madre de Christina.

—¿Por qué está tan cerca de tu madre la culpa? —pregunté.

Christina se echó a llorar. Era hija única, y aun así su madre había estado muy distante de ella desde el punto de vista emocional. Un día Christina oyó cómo su madre le decía a su padre: «¡No merezco la bendición de tener hijos!». Cuando le preguntó a su padre al respecto, le contó que su madre iba conduciendo cuando una adolescente ebria entró en la carretera delante de su coche, de tal manera que la atropelló y murió. Aunque fue exculpada, desconectó completamente y nunca había vuelto a hablar del accidente. Era como si hubiese muerto con la chica atropellada.

–Recuerdo que decía a menudo «ojo por ojo y diente por diente» –comentó Christina.

Le señalé que a veces, cuando no podemos conectar fácilmente con uno de nuestros padres, buscamos una manera de hacerlo de forma indirecta. Esto es lo que había hecho Christina: conectar con su madre a través de una vida perdida y la culpa subsiguiente. Su madre no estaba dispuesta a soltar su culpa, y la pregunta era si Christina sería capaz de hacerlo. O tal vez no podría, a causa del amor ciego y el aferramiento que experimentaba hacia su inalcanzable madre.

No ayudaba el hecho de que en el ámbito social la culpa es una emoción aceptable que en ocasiones incluso se considera encomiable. La solución consistía en dar a la chica que había muerto un lugar en el sistema familiar y en encontrar una manera de que su muerte fuese recordada sin reparos. Esto permitió que la culpa remitiese en favor de su contraparte elevada: el sentido de propósito.

Otro factor que impide pasar por un punto de inflexión es la culpa por no ser lo bastante bueno o merecedor para seguir adelante. Este tipo de obstáculos se manifiestan como pensamientos y frases como estos: «No soy lo bastante digno de esto», «Temo que pueda dejar atrás a las personas que quiero», «Otras personas podrían sentirse mal consigo mismas si sigo adelante» o «¡Podría descubrir que soy tan malo como me temo!».

Una adicción inconsciente al dolor, la culpa y el sufrimiento es una forma de pertenecer a un sistema global más grande que acepta el sufrimiento como algo inevitable e incluso admirable. Piensa en el cristianismo, el judaísmo, ciertas tradiciones budistas, las mujeres en general; piensa en lo que es ser una persona de color, hispana o indígena en Estados Unidos, o incluso un hombre blanco, hoy en día. Quien vive dentro de cualquiera de estos sistemas es fácil que piense que la transformación puede costarle la pertenencia a la tribu.

La manera de trascender esta forma de pensar es convencernos de que si nos alzamos no perderemos el sistema del que venimos, sino que *expandiremos* el sistema en el que hemos estado atrapados y que lo haremos con gozo. Cuando hacemos esto, *todas las personas* que se encuentran en el sistema pueden cambiar sus propios patrones y formas de pensar en sentido ascendente de manera sistémica. Si no puedes efectuar el cambio para ti mismo, realízalo para los demás.

La reticencia a ir adelante también tiene que ver, muchas veces, con el miedo a que pueda suceder algo terrible. «Podría fracasar. ¡Podría resultar herido! Si asumo la responsabilidad, todo va a depender de mí». Si aparecen «voces» como esta, es útil imaginar el peor resultado posible y ver si lo ha sufrido alguna persona que pertenezca al sistema. ¿Qué familiar asumió la responsabilidad y la cosa acabó mal, y cómo te resuena esto? Tras identificar el suceso original, se trata de que te cargues de razones por las que vale la pena que avances en lugar de quedarte donde estás.

Un último obstáculo que me gustaría mencionar es aquel según el cual necesitamos permiso para cambiar o avanzar. Me encuentro a menudo, en las constelaciones, con que se llega a un punto en que el cliente está a punto de dar el salto, pero se detiene y me mira a mí o mira a un representante como pidiendo permiso para dar el paso. Si ocurre esto, tienes que hacerte estas preguntas: «¿Quién creo que tiene que darme permiso para que tome la decisión de avanzar o cambiar? ¿A quién disgustaré o decepcionaré si cambio (o si no cambio)? ¿Por qué dudo? ¿Qué es lo que más temo de dar este paso (o no darlo)?».

Si existe una lealtad lo bastante fuerte a alguien o algo, se te ocurrirán todo tipo de excusas: «¿Sabes qué? Estoy bien como estoy». O: «Esto no es tan importante». O: «No puedo hacerlo hoy. Estoy demasiado cansado/triste/enojado/ocupado. Tal vez algún día». Sé consciente de que la atracción que ejerce sobre ti tu lealtad inconsciente es más fuerte que tu necesidad de algo nuevo. O bien el dolor que te ocasiona tu situación actual (el palo proverbial) no es suficiente como para motivarte a cambiar, o bien tus razones o tu sentido de propósito (la zanahoria proverbial) no son lo bastante fuertes como para hacer que superes los patrones ocultos y las lealtades inconscientes.

En resumidas cuentas: la transformación es mágica, pero no es magia. Es inspiración y motivación más paciencia y persistencia. Hay que estar dispuesto a mirar y a actuar a continuación. Si tienes que examinar cincuenta, cien o mil veces tus patrones sistémicos, hazlo. Si debes hacer mil preguntas, hazlas. Tienes que estar dispuesto a ello. ¡Y nunca tengas miedo de soñar! El dolor es un factor motivacional importante como impulsor del cambio, pero los sueños y deseos que te apasionen felizmente te ofrecerán un destino mucho más estupendo y te llevarán mucho más lejos. No temas soñar y sueña a lo grande. No temas ir por las «zanahorias» y disfrutarlas.

¡DEJA DE PISAR EL PEDAL DEL FRENO!

En el momento en que identificamos qué es lo que quiere cesar y qué es lo que quiere empezar, el cerebro y la totalidad del sistema corporal comienzan a reconfigurarse. A partir de entonces, no podremos seguir siendo los mismos. Podemos interponer obstáculos y demorar el proceso, pero antes o después acontecerá el cambio, a través de nosotros mismos o de otra persona perteneciente al sistema.

Hemos hablado de los obstáculos. Pero ¿qué hay de las personas a las que no les cuesta pasar del tema problemático al objetivo? ¿Qué hacen de manera diferente?

Estas personas han soltado el pedal del freno. Se han quedado sin razones por las que demorarse o sienten tanta pasión por su objetivo y por lo que quieren experimentar que están plenamente implicadas. *Saben* lo que quieren. Hacen preguntas con una claridad en la que no caben las excusas. Permiten que sus pensamientos fluyan y *sienten* de todo corazón cuál es su camino y adónde las llevará. Alimentan su sueño y suelen tener claro cuál es su meta. Les encanta el lugar al que están yendo y no escuchan las palabras desalentadoras. Incluso cuando el pasado y las voces sistémicas les susurran al oído (o les gritan), siguen adelante. Si tienen que mirar atrás, es para buscar sabiduría e información que las ayuden a recorrer su nuevo camino. Alimentan constantemente su sueño y aceptan todo aquello que las acerque a él. Pasan de ser individuos ansiosos y dubitativos a ser personas determinadas y comprometidas que lo tienen claro. Reconocen sus «peros» sin quedar atrapadas en ellos y se preguntan qué tienen que hacer de manera diferente.

Probablemente hayas oído hablar de «soltar» a oradores motivacionales y maestros espirituales. Pero no especifican *qué* es lo que hay que soltar, lo cual desconcierta a algunas personas. Por lo tanto, déjame desmitificar el tema del soltar. Significa deponer todas las excusas y todos los puntos de vista y condiciones limitantes que se manifiestan con el fin de permitir la aparición de algo totalmente diferente. Yo hago esto de dos formas. Me pregunto si la manera actual está funcionando. Si no es así, anoto mis excusas y puntos de vista, leo lo que he escrito y me doy permiso para pensar, sentir y actuar de otro modo: «Las relaciones pueden funcionar», «Las personas ricas no son avaras», «Soy lo bastante inteligente como para resolver esto». Después me recuerdo que la nueva respuesta quiere que la encuentre y me comprometo a dejar de lado las viejas maneras de pensar, sentir y actuar durante una semana. Es decir, suelto lo viejo, y es entonces cuando las cosas empiezan a cambiar. Cuando estoy cambiando, mi mundo también lo hace.

La transformación no tiene por qué ser dura. Paso a paso, la culminarás. La buena noticia es que si estás leyendo este libro es porque ya tienes la sensación de que una vida más significativa y una versión mejor de ti mismo están esperando. Todo lo que tienes que hacer es dar el paso y aprender a superar el punto de inflexión.

EL PUNTO DE INFLEXIÓN

El punto de inflexión es el punto central del cambio. La primera regla al respecto es esta: no dejes que nadie defina tus objetivos, tu propósito o tu camino por ti. Eres tú quien debe elegir todo ello. Si quieres empezar con poco, está bien. Si aspiras a mucho y deprisa, también está bien. Es tu vida, tu sueño, tu elección y tu viaje. Si quieres escuchar la opinión de otras personas, no hay problema. Pero en última instancia –siempre, siempre– escucha a tu corazón, a tus entrañas y a tu cerebro, y no dejes que nadie te aparte de tu camino.

La segunda regla es que pasar del punto en el que te encuentras al punto en el que quieres estar requiere que dejes de considerarte una víctima. En el momento en que ves tu asunto problemático con claridad y eliges algo diferente, adoptas el rol del creador. Pasas a tener poder cuando descubres qué quieres, lo aceptas, lo declaras y empiezas a avanzar hacia ello. Esto no significa que no puedas tener momentos de duda, de incertidumbre temporal o en los que te sientas derrotado. Todo el mundo se encuentra con estos sentimientos en su camino. Pero ya no puedes hacerte la víctima ni dejar que estos viejos sentimientos multigeneracionales te sigan frenando.

¿Puedes sentir algo de miedo? Sí. ¿Es posible soltar las resistencias sin más y avanzar deprisa, con una facilidad evidente? Sí, también. Fijémonos en el caso de Hannah.

Hannah acudió al evento de constelaciones enfadada y manifiestamente enjuiciadora. Criticaba todo lo que oía y se quejaba de cada uno de los ejercicios que se le pedía que hiciera. No paraba de decir cosas como «¡no si puedo evitarlo!» o «tengo derecho a expresarme y lo haré». Después de los descansos, se podía oír cómo acorralaba a alguna persona nueva y le decía lo que había observado sobre ella. Se mostraba desagradable y desestabilizadora todo el rato, y cuando llegó su turno de trabajar, estuvo a punto de irse. Finalmente accedió a quedarse y hacer su constelación, siempre y cuando pudiese trabajar con ella de espaldas al resto de los participantes.

El asunto problemático de Hannah era que sentía que no tenía un lugar en su familia desde que era una niña. Su familia la menospreciaba y no la dejaba integrarse. Todos se mostraban apacibles y educados con ella, pero guardaban las distancias. Se sentía culpable y maldita, y había venido al taller porque estaba ansiosa por conectar con sus cuatro hermanos y su madre y encontrar una manera de pertenecer. «Mi madre siempre dice que los hombres tienen que tener modales y las damas tienen que ser reservadas –manifestó–. Siempre me dice que me iría mucho mejor si fuese un poco más callada».

Pero Hannah no solo no podía callarse; además, se oponía con vehemencia a hacerlo. «Si alguien tiene algo que decir, es absolutamente necesario que lo diga; no se le puede impedir que lo haga», declaró. No me sorprendió que confesase que los demás la encontraban excesiva; esto perpetuaba el ciclo del aislamiento más allá del círculo familiar y le impedía pertenecer a ningún lugar.

Su lenguaje me llamó la atención porque era totalmente coherente con su comportamiento. Le pregunté sobre lo de ser reservado y guardar silencio, y me dijo que su madre, sus tías y sus tíos nunca hablaron cuando debieron hacerlo. Era bien sabido que un tío suyo no dijo nada cuando descubrió que alguien estaba teniendo un comportamiento económico ilícito en relación con el negocio familiar, lo cual estuvo a punto de suponer la ruina para la familia.

Estos antecedentes podrían explicar la insistencia de Hannah en expresarse, pero no explicaban su carácter invasivo, exigente y desagradable. Dispusimos un representante para cada una de estas personas: Hannah, sus padres, sus hermanos, el tío mencionado y el negocio familiar. El representante del negocio familiar se tumbó en el suelo y los tíos y tías se le acercaron; finalmente se sentaron a su lado. Al cabo de un rato, el representante del padre se tumbó en el suelo y casi enseguida la representante de la madre se sentó junto a él. Todos los representantes de los hermanos de Hannah se agruparon alrededor de la madre. En ese momento, la representante de Hannah dijo que quería vomitar y salir de la habitación.

Hannah palideció y no pudo hablar durante un rato. «¡La maldita voz! –dijo finalmente–. ¡El tema es siempre la maldita voz! ¡Y los malditos modales!». Le pregunté qué quería decir, y contó su historia.

Hannah tenía cinco años y era la princesita de su padre. La vida era maravillosa para ella hasta que él se sintió mal. Una tarde, estaba sentada con él en la sala de estar mientras el resto de la familia estaba en casa de una de sus tías, al otro lado de la calle. De pronto, el padre de Hannah se agarró el pecho y cayó al suelo. Aterrorizada, cruzó la calle y entró en la casa de su tía para pedir ayuda. Irrumpió en la sala de estar y cuando estuvo a punto de gritar que su padre requería auxilio, su madre se llevó el dedo a los labios. Este era el gesto que se empleaba en la familia para indicar que había que cuidar los modales y estar callado. Su madre tardó quince minutos en dejarla hablar.

Cuando la familia llegó al lugar, el padre estaba muerto. Después del funeral, la madre se encerró en su habitación y no salió en un mes. Los hermanos de Hannah no pararon de preguntarle por qué no había dicho nada. Seguidamente, nadie volvió a hablar nunca más de lo sucedido. La madre y los hermanos de Hannah pasaron el duelo juntos, pero ella, sabedora de que había tenido la culpa, se encerró en sí misma.

Ya en la edad adulta, Hannah tuvo claro que el silencio ya no era una opción. Los modales y el silencio habían sido la causa de la muerte de su padre, por lo que se oponía furiosamente a los modales y podría decirse que a todo y a todos. Al mismo tiempo, el silencio y los modales seguían siendo comportamientos incuestionables en la familia. Por lo tanto, Hannah no podía pertenecer a ese ámbito familiar, y por partida doble, pues su padre había muerto por su culpa. No tenía ni idea de cómo procesar la muerte de su padre y las circunstancias, por lo que estallaba, gritaba, no estaba de acuerdo con nada e interrumpía todo el tiempo. El sistema quería hablar a través de ella todo el rato, pero ella desconocía completamente cuál era el mensaje. Solo sabía que no pertenecía y que tenía que alzar la voz. Algo tenía que cesar y algo nuevo quería empezar.

Años después de la muerte del padre, el médico forense le dijo al hermano mayor de Hannah que había muerto de repente y que nadie habría podido hacer nada por salvarlo. Este hermano guardó silencio al respecto hasta que Hannah fue mucho mayor, pero para aquel entonces los patrones de pensamiento de la culpa y la exclusión ya se habían asentado en ella. Se consideraba culpable y maldita, y pensaba que no pertenecía a la familia.

Puse a un representante del médico forense al lado del hermano y les pedí que le dijesen a Hannah que ella no había tenido la culpa. Hannah empezó a sollozar cuando lo oyó; atendió realmente a lo que se le decía, como si fuese la primera vez que lo escuchaba. La representante de ella se sentó al lado de su «madre» y su «padre», y al cabo de un rato se levantó y sacudió la cabeza. Hannah asintió y explicó que había decidido conscientemente que no podía limitarse a desvanecerse en un duelo silencioso como su madre y sus hermanos, a pesar de lo fuerte que había sido la situación.

Mientras contemplábamos lo que se desarrollaba ante nuestros ojos, Hannah se dio cuenta de que sus hermanos estaban tan ocupados mirando a la madre, quien a su vez estaba mirando al padre, que no podían verla a ella. Todos se encontraban atrapados en este patrón. El tema no era que Hannah fuese una mala persona, sino que ellos estaban perdidos en el duelo y centrados en la madre. Hannah estaba atónita. Las conclusiones que había albergado toda su vida se estaban desmoronando frente a ella. Y ahora que el «forense» había hablado, tampoco tenía por qué seguir sintiéndose culpable.

–Me he sentido triste y culpable todo este tiempo sin ningún motivo –dijo, cuando se dio cuenta de que su exclusión no se debía a lo que siempre había pensado. Le pregunté qué podría haber ocurrido si se hubiese unido a su madre y sus hermanos en su duelo y su silencio profundos y continuos, y esto la impactó–: Creo que yo también me habría muerto. Pero era libre de elegir algo diferente, y lo hice. Pensé que no me querían, así que me enojé y emprendí un camino por mi cuenta. Gracias a esta decisión he tenido una vida.

Como puedes ver, Hannah estaba empezando a cambiar sus conclusiones. Mientras observábamos la constelación, le pregunté cuál sería un buen resultado para ella, y sus ojos se abrieron como platos:

–No quiero volver a tener miedo de contemplar la verdad –dijo–. No quiero tener miedo de mostrar a los demás lo que ocurrió o cómo soy.

Le pregunté si podíamos desplazar la constelación para que pudiera seguir trabajando con ella delante de todos, y accedió. Dispusimos la constelación dentro del círculo habitual y proseguimos.

Hannah se encontraba en el punto de inflexión, pero aún estaba centrada en lo que *no quería*, por lo que repetí la pregunta:

—¿Cuál te parecería que sería un buen resultado? ¿Qué quieres?

—Quiero dejar de gritarle a mi familia —dijo. Se detuvo antes de continuar—: Nunca llegué a despedirme de mi padre. Necesito seguir adelante. Quiero hablar cuando sea pertinente, pero no todo el tiempo. Es agotador.

Las lágrimas rodaban por sus mejillas.

Nos acercamos a su «padre». Hannah le dijo que lo echaba mucho de menos y que desearía haber podido salvarlo, pero que se daba cuenta de que no habría podido hacerlo. Le dijo adiós, y el representante del padre dio un paso atrás. A continuación, él dijo:

—Utiliza tu voz con sabiduría. Es tu forma de pertenecer.

—¿Cómo era tu padre, Hannah? —le pregunté.

Se secó las lágrimas y sorbió por la nariz:

—¿Mi padre? Hablaba en voz alta, era orgulloso y pasaba de todo. —Todos rieron, y Hannah también—. Soy hija de mi padre —dijo, y todos volvieron a reírse. Pero a continuación se puso seria—: *Soy* hija de mi padre —repitió. Y comenzó a temblar—. Soy la persona de la familia que ama la vida como lo hizo él. Tenía una voz fuerte y me dijo, cuando era pequeña, que la verdad me haría libre. Pensé que estaba un poco loco..., ¡pero aquí lo tenemos! —Miró a los representantes del resto de la familia y les dijo—: Yo también pertenezco, igual que papá.

Su representante se acercó al grupo familiar.

Le pregunté acerca de su profesión, y comenzó a reír a pesar de que estaba llorando:

—¡Hablo en público! Hablo por aquellos que no tienen voz. Soy portavoz de varias causas públicas importantes y se me conoce por denunciar verdades ocultas y silencios deliberados. —Todos los presentes estallaron de júbilo. Hannah volvió a reír—. No me daba cuenta de que las mayores mentiras eran las que me decía a mí misma. Siempre he pertenecido. El silencio de mi familia me dio un propósito. Ahora puedo utilizarlo de otra manera–. Guardó silencio por un momento y después añadió–: Esto se me hace raro. Hace algún tiempo que quiero un cambio.

Como puedes ver, Hannah se estaba haciendo *coaching* a sí misma para impulsar un cambio... Estaba reconociendo, diciendo y asimilando las nuevas verdades que estaba viendo.

Llegados a ese punto, Hannah se puso una mano sobre el corazón y permaneció unos instantes ahí de pie, pensando profundamente. El representante de su padre y la de su madre se situaron detrás de ella y pusieron sus manos sobre su espalda. Esto la hizo ponerse derecha. Levantó la cabeza, sonrió y dijo:

–Quiero enseñar a las personas a usar su propia voz. Quiero enseñar a los demás a hablar cuando es necesario con elocuencia... ¡y con buenos modales!

Esta era una declaración clara. No mucho tiempo después de la constelación, Hannah comenzó a impartir un programa titulado Next Door Strategies ('estrategias de la puerta de al lado'), que la llevó a ser una *coach*, oradora y mentora de altos ejecutivos mucho más apreciada.

UN PUNTO DE INFLEXIÓN CLÁSICO

Hannah acudió al evento enojada, se comportó de una manera irritante y era reacia a implicarse, sí. Pero a pesar de todo ello, vino con el objetivo de cambiar. Aunque al principio no pudo enfrentarse al grupo, quiso trabajar de todos modos. Al empezar, admitió que sentía una mezcla de entusiasmo y nerviosismo. Sus emociones querían transformarse en emociones elevadas y la sensación que tenía de una nueva posibilidad la intrigaba. Esto la motivó a querer hacer la constelación; en ese momento, bajó las defensas y se comprometió con el proceso. Salió de su espacio mental y de los viejos patrones y se permitió ver lo que tenía delante con una nueva mirada. No se echó atrás ni se negó a mirar. A lo largo de la constelación, permaneció implicada y apostó por dejar que el proceso culminase y desembocase en un cambio.

Cuando hago una constelación, observo si se produce un cambio físico, visceral, en el cliente. En Hannah se produjo cuando se manifestaron nuevas informaciones. Más tarde explicó que pudo sentir cómo su cuerpo se relajaba y soltaba viejos patrones que la habían mantenido tensa y enojada. En ese momento, su cuerpo pasó a ser su amigo y comenzó a trabajar con su cerebro para reconfigurar viejos patrones limitantes, en el curso de la misma constelación.

Cuando fueron apareciendo las nuevas informaciones, Hannah se permitió aceptarlas, nombrarlas y asumirlas. Sobre la marcha, fue configurando nuevos pensamientos y sentimientos, activando nuevas redes neuronales, diciéndose nuevas verdades y llegando a conclusiones nuevas y constructivas. Se comprometió a pertenecer y vio lo importante que era utilizar un conjunto de emociones más suaves, más elevadas. Acogió la nueva visión de sí misma y su nuevo propósito en la vida y, después del trabajo con las constelaciones, se dispuso a aplicar sus nuevos conocimientos en su vida y en el ámbito laboral.

Si ella pudo hacerlo, ¡tú también puedes!

Escalón sistémico n.º 12: transformar el asunto problemático

Tú sabes cuál es tu problema. Anótalo en un papel y pon este en un extremo de la habitación, en el suelo. (Si solo dispones de un espacio pequeño para esta actividad, pon un pósit en una mesa). Ahora contempla tus deseos o los anhelos de tu corazón. Escríbelos en otro papel y colócalo en el otro extremo de la habitación, de tal manera que puedas desplazarte a su alrededor.

Percibe lo que piensas y lo que sientes en relación con estos sueños y deseos. ¿Te sientes de una manera diferente cuando estás de pie junto a este papel que cuando estás junto al papel que contiene el problema? ¿Podrías poner nombre a este nuevo sentimiento? ¿Puedes permitir la posibilidad de tener lo que sueñas o deseas sin censurarla ni negarla? Considera esta posibilidad como si te estuvieses probando un traje nuevo. *Siéntela*. En parte, pasar por el punto de inflexión consiste en abrirse a algo diferente; por lo tanto, permite que la nueva posibilidad se haga presente en tu mundo actual.

Manteniendo los dos papeles en extremos opuestos de la habitación, retrocede y quédate de pie junto al patrón que intenta cesar, es decir, el lugar en el que te encuentras ahora en tu vida. Desde ahí, mira el patrón que intenta surgir. Desplázate poco a poco hacia este. Escucha tus pensamientos. Percibe tus sentimientos y las partes del cuerpo en que se encuentran. Sé consciente de tus acciones y reacciones. ¿Avanzas con fluidez? ¿Te detienes? ¿Te das la vuelta? ¿Dudas?

Si se te ocurre una frase, escríbela y colócala frente a ti. ¿Son unas palabras que limitan el movimiento o lo estimulan? Si te encuentras con que das la vuelta o te vas a un lado, explora el motivo. ¿Hay algo que debas culminar? Avanza hacia delante solamente cuando tanto tus pensamientos como tus sentimientos te impulsen a hacerlo. Recuerda que tu cuerpo es una brújula útil a este respecto y que tu cerebro te proporciona las claves de pensamiento que necesitas para saber qué está aconteciendo en tu interior.

Mientras avanzas, advierte si necesitas algún recurso o apoyo. ¿Has tenido el pensamiento de que el tío Jimmy sería una magnífica persona a la que acudir para que te ayude a promocionar el negocio con el que sueñas y que estás construyendo? Escribe su nombre y coloca el papel en el suelo, ahí donde estás. Percibe si notas alguna diferencia. Si adviertes una diferencia positiva, agárralo. Si no es así, colócalo a un lado; tal vez lo necesitarás después o tal vez contenga un viejo pensamiento que haya que abandonar. Sigue desplazándote e incorporando recursos e ideas a medida que aparezcan; ve ajustando tu lenguaje, tus pensamientos y tus actos.

Si te sientes abrumado, puedes retroceder uno o dos pasos, hasta que te hayas calmado. Esto no es un fracaso, pues has dado un paso. Percibe qué es lo que te está frenando y en qué parte del cuerpo lo sientes, y resuélvelo. Cuando puedas volver a desplazarte, da el próximo paso. Ten paciencia y no te critiques; valdrá la pena. De hecho, esto mismo puede ser un paso nuevo para ti... Escribe «Soy paciente y amable conmigo mismo» y pon el papel en el suelo, a tu lado. Tal vez tendrás que recordarte varias veces el nuevo pensamiento, la nueva práctica o el nuevo sentimiento. ¡Fantástico!; ¿cuántas veces te has dicho a ti mismo lo malo o poco merecedor que eres, hasta que acabaste por creerlo y convertirlo en tu verdad? Cuando hayas descubierto tu objetivo, siéntelo. Si no te emociona, puede ser que sea demasiado pequeño o que esté incompleto. Relájate unos momentos y vuelve a ponerlo a prueba. Mira si hay algo que haya que ajustar. No te preocupes si hay algo que no te acabe de parecer bien al principio. Efectúa ajustes, como Ricitos de Oro, hasta que todo esté en su lugar.* Cuando hayas identificado los pensamientos y sentimientos nuevos, pregúntate cuál sería una nueva acción que podrías realizar para que tu objetivo esté más cerca de convertirse en

* N. del T.: Ricitos de Oro es la protagonista del cuento *Ricitos de Oro y los tres osos*. Llega a una casa en la que viven tres osos de distinto tamaño, que en esos momentos no están. Prueba varias comidas, sillones y camas, y solo se conforma con lo que se ajusta a sus necesidades y preferencias.

realidad. Cuando la hayas identificado, *da este paso*, el cual te puede conducir a otro nuevo pensamiento y después a otro nuevo sentimiento. Ahora no estás resolviendo problemas solamente; también estás construyendo sueños.

TERCERA PARTE

CAVA MÁS PROFUNDO

Descubre el lenguaje oculto que dirige tu vida y cámbialo

CAPÍTULO 9

SUSTITUIR LAS FRASES CONDENATORIAS

Las frases de resolución

Crees que sencillamente abres la boca y hablas. Pero hay una verdad mayor, y es que das voz a tu sistema, aunque normalmente no te das cuenta.

Transmitidas desde la boca de nuestros ancestros, las palabras salen alegremente de bocas nuevas, preguntándose si el cerebro las alterará lo suficiente como para transformar en sabiduría y esclarecimiento las limitaciones que percibimos en nosotros. Nuestro lenguaje es *clave* para descifrar lo maravillosos que somos.

Las palabras que decimos y pensamos no solo dan forma a nuestras interacciones diarias; también conforman nuestra vida. Las palabras moldean nuestra realidad a escala individual y también global: generan la guerra y la paz, las castas y los credos, la esperanza y la desesperación, la alegría y la pena. Una pequeña frase puede poner fin a todo un sistema de pensamiento y acción: «La guerra ha acabado». «Tu enfermedad ha desaparecido». «Tienes derecho a votar». Y una sola palabra (*culpable*) puede poner fin a una vida.

Los héroes cotidianos y las personas que destacan utilizan intencionadamente palabras para crear pensamientos, sentimientos y actos en apoyo de lo que quieren ser y hacer. Tienen el hábito de utilizar palabras positivas de autoafirmación. «Eres atrevida, eres brillante y eres hermosa», se dice a sí misma la modelo de tallas grandes Ashley Graham. «No hay errores; solo oportunidades», dice la actriz Tina Fey. «Soy el más grande», dijo el campeón mundial de boxeo Muhammad Ali. «Puedes tener lo que quieras si lo deseas lo suficiente», dijo Abraham Lincoln.

En cambio, si examinamos la forma en que se expresan las personas infelices y que no tienen éxito, no paramos de encontrarnos con palabras y frases condenatorias: «Sabía que no podía hacerlo», «Todo lo que toco acaba mal», «No hay forma de ganar», «Siempre acabo el último», «Soy demasiado estúpido para entenderlo». En lugar de encender un fuego inspirador que las libere, estas personas no paran de alentar las llamas que las hacen arder en la hoguera de la vergüenza, la ira y la culpa, con lo que se condenan a vivir una vida profundamente insatisfactoria. Y las frases condenatorias no se limitan a las expresiones de minusvaloración de uno mismo del estilo de las que he puesto a modo de ejemplo. *Cualquier frase sistémica que nos arrastra hacia abajo y nos mantiene atrapados es una frase condenatoria, porque nos condena a más de lo mismo.*

«La paciencia es una virtud» hasta que deja de serlo. «Hay que sufrir para ganar» nos predispone maravillosamente a un sufrimiento continuo. «Pedir ayuda es signo de debilidad» nos destina a una vida solitaria marcada por la lucha y el esfuerzo. La buena noticia es que las palabras y frases condenatorias también pueden liberarnos, porque contienen las pistas que nos permiten identificar y detener los patrones limitantes una vez que las vemos y reconocemos.

Pero mientras no llega el punto en que vemos y afrontamos directamente una frase sistémica limitadora, como cuando una persona alcohólica toma por primera vez la palabra en un encuentro de Alcohólicos Anónimos y declara «tengo una adicción», una frase sistémica es un saboteador no muy silencioso. El hecho de verla y reconocer su existencia tiene un poder increíble. De la misma manera que admitir que se tiene una adicción no es la declaración de un fracaso, admitir que una frase condenatoria está presente en la vida de uno es una declaración de *lo que es*. Identificamos así lo que está ocurriendo en realidad y lo llamamos por su nombre, lo cual nos permite investigar cómo se generó y cómo se puede desarticular y trascender.

A LA CAZA DEL FANTASMA

Una vez que hemos expresado y reconocido de manera precisa las frases condenatorias que nos han afectado durante tanto tiempo, aquello que nos hemos estado diciendo a nosotros mismos en bucle ya no puede seguir creando sigilosamente la verdad que nos define. Hemos visto y reconocido el patrón. Lo hemos «atrapado» de manera similar a como atrapaban los fantasmas los cazafantasmas de la película.

Kevin ofrece un ejemplo perfecto. Se decía a diario que debía trabajar duro, por lo que cada día llegaba tan cansado a casa que tenía que hacer una siesta de media hora para poder estar con la familia por la tarde. Su frase condenatoria era esta: «Un hombre de verdad trabaja hasta caerse para darle una buena vida a su familia». La aprendió de su padre y su abuelo, quienes trabajaron hasta más allá de los ochenta años; rara vez se tomaban un día de vacaciones y ambos cayeron muertos de un ataque al corazón.

El abuelo de Kevin lo perdió todo en la Gran Depresión, pero consiguió que la familia volviese a tener una vida digna esforzándose muchísimo. Al padre de Kevin le fue un poco mejor, pero siempre le aterrorizó la idea de perderlo todo. En cambio, la familia de Kevin vivía muy bien. La había llevado a un punto en que podría jubilarse si quisiera, pero su frase condenatoria lo estaba encaminando a acabar como su padre y su abuelo. Sufría mucha ansiedad, y su médico le había advertido de que el estrés y el exceso de trabajo lo llevarían a la tumba.

—¡Temo que podamos perderlo todo! ¡Tengo que estar preparado! —dijo Kevin, con los puños apretados y la frente sudorosa. El reconocimiento por su parte estaba claro: ese era su tema problemático.

—¿Cuál es tu situación realmente? —le pregunté.

—Mis asesores financieros me dicen que tenemos lo suficiente como para que pueda jubilarme y llevar una buena vida hasta los ciento diez años más o menos —admitió. Al oírse decir esto, se echó a reír. Pero a continuación rompió a llorar, pues se dio cuenta de que había estado reproduciendo las palabras de su padre y su abuelo, las cuales no tenían sentido en su boca. La frase «un hombre de verdad trabaja hasta caerse» había impulsado su ética de trabajo y lo había conducido a generar riqueza, y me dijo que estaba realmente agradecido por ello. Pero esto era el pasado. En el momento actual, estas palabras ya no eran relevantes.

A menudo, las palabras y frases que retenemos en nuestra mente y encierran nuestro cuerpo en ciertas emociones son espectros que revolotean como fantasmas por la noche, manteniéndonos atemorizados como rehenes del pasado. Cuando las ponemos en el contexto correcto y las decimos en voz alta no nos parecen tan lógicas como habíamos pensado; incluso es posible que advirtamos que ni siquiera tienen sentido.

—¿Puedes decirme cómo te sientes en relación con tus circunstancias actuales y todo el trabajo duro que estás realizando?

–Estoy exhausto. Todos los hombres de mi familia estaban exhaustos –respondió. Espiró con fuerza, cerró los ojos y sus hombros descendieron. Por un momento pensé que iba a quedarse dormido. Pero abrió los ojos y dijo–: Esto me está matando a mí también.

Aquí teníamos otro reconocimiento por parte de Kevin, incluso más potente que el anterior, de cómo era la realidad *fuera* de su trance sistémico. A continuación, a él solo se le ocurrieron las denominadas *frases de resolución*: «No puedo seguir así. Yo no voy a trabajar hasta caerme, como ellos. Mi familia tiene una buena vida. Gozamos de seguridad». Cuando dijo estas palabras, sacudió la cabeza, como si no diese crédito al hecho de que por fin se hubiese verbalizado la verdad actual. Con estas palabras renunció a los patrones del miedo y el esfuerzo desmedido. Por fin decidió prescindir de la frase condenatoria que había sido una solución para su abuelo y su padre, pues en su vida había dejado de ser necesaria.

LAS FRASES DE RESOLUCIÓN

Como acabamos de ver, una frase de resolución es un enunciado preciso, revelador y concluyente que suele emplearse en el contexto de una constelación tras reconocerse un patrón, el cual recibe, a través de esta frase, la orden de cesar. La frase de resolución forma parte del proceso de inflexión; aporta una sensación de finalización que libera al cerebro y al resto del cuerpo de un patrón o una posición mantenidos durante largo tiempo. La frase de resolución suele estar acompañada de comprensiones, como la que tuvo Kevin cuando dijo «gozamos de seguridad».

Las frases de resolución son declaraciones como estas:

- No voy a hacer esto nunca más.
- No voy a dejar el hogar, como hicieron todos los hombres / todas las mujeres antes que yo.
- Renuncio a la carga de esta responsabilidad. Es demasiado para mí.
- No voy a seguir sufriendo como hicieron ellos/ellas.
- Esta lucha tiene que acabar ahora.
- Hacer esto una y otra vez no me está llevando a ninguna parte. Voy a dejar de hacerlo.
- ¡Se acabaron los dramas!
- No puedo seguir siendo infeliz.
- No voy a seguir manifestando su _________ (tristeza, adicción, miedo, ira, abuso...).
- No voy a seguir gastando como si no hubiese un mañana.

Estas frases de resolución son ejemplos de la finalización de un patrón, posiblemente de carácter multigeneracional o vinculado a múltiples eventos. Cuando estamos explorando un tema problemático y llegamos a una conclusión como la de Kevin («Esto me está matando»), la frase de resolución suele acudir sin esfuerzo y normalmente refleja el patrón oculto («Los hombres de verdad trabajan hasta que se caen. Temo que podamos perderlo todo»). En el caso de Kevin, está claro que sus frases de resolución derivaron de su frase condenatoria («No puedo seguir así. Yo no voy a trabajar hasta caerme, como ellos»).

Es habitual que aparezcan lágrimas o se emita una exhalación cuando se llega a la frase de resolución y la persona tiene la clara sensación de que algo ha acabado por fin. El hecho de afirmar una frase de resolución precisa desencadena un sentimiento de liberación. ¡Podemos respirar! A menudo ni siquiera sabemos que estamos bajo el yugo de un patrón negativo hasta que prestamos atención y advertimos nuestro diálogo interno poco favorecedor. Cuando por fin nos escuchamos y oímos las cosas terribles que hemos estado diciendo, pensando y sintiendo sobre nosotros mismos, los demás y el mundo que nos rodea, nos damos cuenta de cuál es la dirección en la que nos han estado llevando nuestras palabras y despertamos. Vemos el patrón, somos conscientes de que hemos estado en una cárcel de inconsciencia, formulamos frases de reconocimiento y después surgen en nosotros las declaraciones de resolución como una ola de energía total. No tenemos ninguna necesidad de buscar las palabras; ya están ahí, esperando a ser liberadas.

¿Qué quiero decir cuando afirmo que las frases de resolución tienen que ser *precisas*? Cada persona tiene un lenguaje único, propio de ella misma y de su sistema. En el lenguaje de Kevin, se trataba de trabajar «hasta caerse». Hay unas palabras, frases, ideas y sentimientos que hablan a nuestro corazón, nuestra mente y nuestras entrañas como pueden haberlo hecho durante generaciones. Cuando utilizamos el lenguaje apropiado para identificar nuestro patrón y nuestras frases condenatorias, puede ser que experimentemos alivio, paz, regocijo u otras emociones. Es posible que espiremos sonoramente o que bostecemos. A menudo, los participantes dicen: «¡Eso es!». Se sienten profundamente emocionados o expresan una sensación de finalización y paz. No hay ninguna duda. La cabeza, el corazón y las entrañas están de acuerdo, y tenemos muy claro qué es aquello que habita en nuestro interior que no queremos seguir perpetuando.

Cuando se nos ocurre la frase de resolución, debemos asegurarnos de poner fin al patrón que está tratando de cesar utilizando palabras que nuestro cerebro y el resto de nuestro cuerpo puedan aceptar, o palabras que, en un nivel profundo, nos digan «esto ha terminado», lo cual posibilita que surjan la fuerza y la dirección.

MEDIO IDIOMA

Antes de abordar las frases en sí, quiero señalar que la mayoría de nosotros nacemos y somos criados con la mitad de nuestro idioma solamente: la mitad de la infelicidad, el miedo, la pobreza, la aflicción, el desánimo, la desesperanza y la limitación. Desde muy temprana edad, muchos de nosotros, por no decir la mayoría de nosotros, recibimos todo tipo de mensajes negativos: que somos estúpidos y poco atractivos, que no tenemos gracia y somos inoportunos, que no tenemos encanto ni ingenio. Se nos compara negativamente con los demás y se nos enseña a creer que estamos por debajo de la media en todos los aspectos. Se nos dice «nunca llegarás a nada» o «eres idiota, como tu padre».

Se nos enseña que somos pecadores y se espera de nosotros que no pensemos en nosotros mismos, que no seamos «egoístas». No corremos con palos porque nos dicen que nos caeremos y nos sacaremos los ojos. No somos curiosos porque la curiosidad mató al gato. Se utiliza la culpa para hacer que comamos lo que tenemos en el plato (se nos dice que hay niños en el mundo que están pasando hambre). Se nos enseña a ser correctos y ayudar a los demás, aceptar el *statu quo*, seguir las reglas y no dar problemas.

Raras veces oímos la otra mitad de nuestro idioma. Ya sea que hablemos inglés, francés, castellano, alemán o chino, ¿con qué frecuencia se nos anima a pensar en nosotros mismos en términos positivos? ¿Con qué asiduidad oímos «puedes hacer lo que sea que te propongas» o «las cosas siempre salen de la mejor manera»? ¿Con qué frecuencia se nos dice que somos asombrosos, brillantes, hermosos, inteligentes, valientes o encantadores? ¿Cuántas veces se nos dice que los seres humanos son bondadosos, amorosos, generosos y considerados?

Y cuando nos dicen un cumplido o señalan algún aspecto positivo nuestro, ¿qué hacemos? Presentamos objeciones. No acogemos el mensaje. Nos encogemos de hombros y decimos «no fue nada» o «eres demasiado amable». En otras palabras: no dejamos que la mitad positiva de nuestro idioma cruce la puerta. Nos pilla desprevenidos y desequilibra la percepción negativa que tenemos de nosotros mismos. Oímos las palabras pero no las creemos; no podemos creerlas. Pero ¿qué hacemos con lo malo?: los comentarios negativos, los insultos raciales, las palabras maliciosas y desagradables que oímos sobre nosotros. Todo esto nos lo tomamos en serio al instante. Y si estas críticas provienen de nuestros padres y otros seres queridos, la estaca se clava mucho más en nuestro corazón.

En conclusión: si los demás no nos transmiten la «mitad positiva» de nuestro idioma, tendremos que buscarla en nuestro interior, por pura necesidad. Es *imperativo* que lo hagamos si queremos transformarnos.

APORREARSE O ANIMARSE

Tómate un momento para advertir si sueles aporrearte a ti mismo o animarte en determinadas circunstancias. En las situaciones nuevas o difíciles, ¿qué haces de forma natural? ¿Te emocionas en sentido positivo y tienes esperanza o caes en el miedo, la infelicidad y la inseguridad? ¿Te retiras o te implicas? ¿Cómo te sientes cuando te animas a ti mismo? ¿Y cuando te aporreas?

Los humanos tendemos a pensar de manera catastrófica un poquito por lo menos, porque nuestro cerebro está programado para prestar más atención a las experiencias negativas que a las positivas. Albergamos lo que en términos psicológicos se denomina *sesgo de negatividad*. Estamos programados de esta manera porque nos conviene estar alerta frente a los posibles peligros. Es puro instinto de supervivencia; un hábito que perpetuamos hasta que despertamos. Si se repiten lo suficiente, los pensamientos y sentimientos limitantes, nacidos del sesgo de negatividad, pueden generar patrones que den lugar a una verdad incómoda y limitada, que es transmitida como si fuera una verdad máxima dentro del sistema. De esta «verdad» derivan frases condenatorias multigeneracionales que suelen conducir a unas expectativas personales que no son razonables y pueden hacer que nuestra vida sea desgraciada.

Recuerdo a una clienta que vino a verme porque quería hacer frente a la ansiedad general que padecía. Las frases sistémicas que había aprendido de su abuelo alemán, cirujano y muy perfeccionista, y después de su madre, que era enfermera, eran estas: «Si vas a hacer algo, hazlo bien» y «Compárate solamente con los mejores». Como profesionales de la medicina, era muy importante que trabajasen bien; había vidas en juego. Estas frases fueron útiles e importantes. Pero mi clienta no era una profesional de la medicina. Sin embargo, basándose en estas frases sistémicas trataba todas las situaciones que se presentaban en su vida como si fuesen cuestión de vida o muerte, obsesionada con la perfección. Con el tiempo, estas oraciones familiares se habían infiltrado en su psique hasta el punto de que siempre se desafiaba a sí misma para ser la mejor en todo: los estudios, los deportes, los negocios, hacer el amor, cocinar, etc. Se presionaba a sí misma de una forma implacable.

Cuando vio qué era lo que pensaba y cómo estos pensamientos regían sus actos, su ansiedad general disminuyó. Pero el verdadero cambio se produjo unos meses después, cuando *aplicó* a conciencia la nueva manera de pensar. Había tomado un empleo temporal como auxiliar de oficina antes de emprender un viaje a un lugar lejano, a otra parte del país. Nunca antes había trabajado en una oficina, no era mecanógrafa profesional y solo estaba ligeramente familiarizada con el sistema informático que le indicaron que utilizara. A pesar de todo ello, al final de la primera semana se estaba intimidando a sí misma por lo lenta que iba a la hora de ingresar los datos, según lo que le habían asignado. Y entonces se atrapó a sí misma.

«Estaba ahí sentada, acusándome a mí misma, cuando de pronto pensé: "Espera un momento. ¡Sé de qué va esto!"», dijo. Reconoció el problema y la verdad y enseguida empezó a hablarse de una manera más positiva: «Este es mi viejo patrón perfeccionista. Trabajar bien es importante para mí, y lo estoy haciendo bien. Solo ocurre que nunca he hecho esto antes, y por eso voy un poco lenta. ¡No pasa nada!». A continuación utilizó una de sus frases de resolución: «Me niego a seguir comparándome con los demás». A partir de ese momento, dejó de presionarse y criticarse y todo fue bien.

Escalón sistémico n.º 13: el paseo empoderador

El punto de inflexión sistémico incluye tres partes, que reuniré en el próximo apartado. Pero empecemos por aquí. En tu transición del patrón que quiere cesar al patrón que está tratando de surgir a través de ti, invítate a hacer de hoy el día en el que estarás presente con todo lo que esté ocurriendo realmente, para poder aceptarlo y superarlo. Determina que hoy, el día en que vas a hacer este ejercicio, tu vida va a cambiar para mejor, pues vas a iniciar tu camino como ser humano creador.

Para percibir con claridad esta parte tan importante de la transición, sal a dar un paseo o encuentra un espacio en el que puedas hablarte en voz alta, en un tono de voz verdaderamente alto.

Piensa en tu problema o tu situación (en aquello que realmente te molesta o te limita) y empieza a declararlo verbalmente. Expresa tu miedo o limitación fundamental con tus propias palabras. No trates de ser elocuente ni de corregir tu lenguaje; manifiesta lo que está en tu interior y lo que sientes utilizando exactamente las mismas palabras que usas habitualmente. Aquí tienes algunos ejemplos:

- Siempre estoy en el bando perdedor.
- Nunca lo hago bien.
- Me siento totalmente inútil/impotente/irremediable.
- Siento que soy siempre el chivo expiatorio.
- Siempre estoy asustado y ansioso.
- Todo el mundo menos yo va adelante.

Todas estas son declaraciones de reconocimiento de la «verdad» que percibe uno en sí mismo. Presta atención a la manera en que reconoces la situación. Hazte las preguntas siguientes:

- ¿Me estoy animando o me estoy aporreando con esta declaración?
- ¿Estoy encumbrando o criticando a otra persona?
- ¿También piensan en estos términos otras personas de mi sistema familiar/empresarial/organizacional?
- ¿Soy solo yo quien hago, digo o pienso esto una y otra vez?
- ¿Cuándo empezó esto en mi caso? ¿Qué situación o suceso supuso el inicio de este problema?
- ¿Hay un factor desencadenante en concreto que provoque la manifestación del problema?
- ¿Se manifiesta el problema en un determinado momento del día, la semana, el mes o el año?
- ¿En qué otros momentos se cuelan en mi vocabulario las palabras que utilizo para referirme a este problema o situación?

- ¿Cómo me limita o altera este problema o situación? ¿En qué medida se filtra en mi vida diaria?

Acuérdate de decir todo esto en voz alta. No dejes de caminar y hablar hasta haberlo verbalizado todo. No importa si tienes que decir lo que tengas que decir una docena de veces de doce maneras diferentes. Deja que todo ello aflore. Tu cuerpo lo sabrá cuando des con las palabras y emociones «correctas». Y cuando el proceso haya concluido, lo sabrás.

Ahora detente un momento. Encuentra un lugar en el que sentarte y apoyarte contra un árbol, o planta tus pies en la arena; lo que te vaya mejor. Permaneciendo presente, dile a la parte de ti cansada, enojada, triste, frustrada o asustada lo que quieras decirle sobre los pensamientos, sentimientos o actos que has reconocido. ¿Cómo te sientes realmente en relación con ello en este momento? ¿Cómo *quieres* sentirte en relación con ello? En la tabla siguiente se aprovechan las declaraciones de reconocimiento anteriores para ofrecer declaraciones de resolución que les corresponden.

DECLARACIONES DE RECONOCIMIENTO	DECLARACIONES DE RESOLUCIÓN
Siempre estoy en el bando perdedor.	Puedo crear mis propias victorias.
Nunca lo hago bien.	Soy alguien capaz y efectúo elecciones sabias.
Me siento totalmente inútil.	Tengo mucho que ofrecer y me emociona compartirlo.
Soy siempre el chivo expiatorio.	Ya no llevo la carga de otras personas.
Siempre estoy asustado y ansioso.	Estoy a salvo y puedo cuidar de mí mismo.
Estoy harto de sentirme triste o impotente, o de pensar que no tengo remedio, todo el tiempo.	Es hora de que reconozca todo lo bueno que tengo y todo lo bueno que albergo.

Otras frases de resolución habituales son declaraciones como estas:

- Esto me ha costado demasiado. Es hora de que invierta en mi propio crecimiento.
- Tengo que hacer esto de otra manera.
- Es correcto que empiece a sentirme __________ (feliz, esperanzado, emocionado).

Ve repitiendo tu frase de resolución. Repítela o cámbiala hasta que *sientas* que es verdad. Sabrás que la tienes porque lo sentirás. Nota: No puedo insistir lo suficiente en lo importante que es que sientas lo que te dices a ti mismo. Con los contenidos negativos ya lo haces; es hora de que lo hagas con los contenidos positivos. Deja que calen profundamente en ti. Percibe si tu mente divaga, tratando de distraerte del tema. Tus frases condenatorias están ahí y tal vez las estás escuchando realmente por primera vez y estás viendo cómo son por dentro los muros de tu cárcel. A veces nos distraemos del tema porque estamos viendo demasiado.

Habrás dado en el clavo cuando tu cuerpo empiece a reaccionar a lo que estás diciendo. Percibe lo que ocurre en él. ¿Qué estás sintiendo? ¿Emociones? ¿Sensaciones? ¿En qué parte del cuerpo las experimentas? Las reacciones de tu cuerpo pueden ser suaves y fugaces o fuertes y desapacibles. Acepta todas ellas tal como vengan mientras *sientes* tus frases de resolución.

Si necesitas llorar, llora. Si sientes que necesitas tumbarte, hazlo. Si quieres balancearte, gritar, reír, bailar, levantar el puño al cielo o lanzar algo, ¡hazlo! No censures el impulso; obedécelo. A veces hay que completar un movimiento sistémico para que el patrón cese. He visto cómo personas lloraban sin poder parar porque estaban llorando por generaciones que *no pudieron* hacerlo. Si tu cuerpo hace un movimiento, síguelo y escúchalo; te está hablando de la única manera que sabe. Si no sientes nada, también está bien. La ausencia de sensaciones o la resistencia indican que estamos justo al borde de la meta. Para algunas personas el proceso puede ser muy tranquilo, sin grandes emociones ni movimientos corporales muy notorios. La clave es que permanezcas presente y seas consciente de las palabras o frases que te alteran de una manera u otra. Tú, el mago, has sacado a la luz tus demonios autogenerados o multigeneracionales y estás mirándolos a los ojos para que tanto ellos como tú podáis descansar.

Si este proceso te resulta abrumador en algún momento, interrúmpelo, por favor. En este caso, sé consciente de que has dado algunos pasos y de que pueden ser necesarios algunos paseos o sesiones más tan potentes como este paseo o sesión para culminar el proceso. Ahora bien, si dejas el proceso para más adelante porque te está superando, ¡no consideres que estás siendo autoindulgente! (Que levante la mano quien albergue frases condenatorias en torno al hecho de «no ser muy expresivo emocionalmente» o «ponerse melodramático»). El caso es que por fin estás consiguiendo expresar lo que debe ser visto y oído. Este es el principio del cambio para ti y parte de la transición hacia la sanación y la transformación.

Cuando podemos reconocer nuestro problema y decir la frase o las frases de resolución desde lo más profundo, sin poner excusas ni buscar justificaciones, por fin estamos listos para salir de la cárcel que nosotros mismos hemos construido. Cuando podemos mirar a la cara incluso el patrón o la situación más terrible, está en nuestras manos cambiarlo. Pasamos de la ofuscación a la sabiduría.

Una vez más, afirma tus frases de reconocimiento con claridad y firmeza, consciente de cómo eso ha habitado en ti. Entonces, una vez más formula este patrón o pensamiento con claridad, usando palabras que te transmitan la emoción de que TODO HA TERMINADO.

Cuando todo se haya apaciguado, vuelve atrás y nombra el patrón, reconoce su lugar en tu sistema y a continuación declara tu intención de dejarlo descansar. Escucha atentamente mientras hablas. Siente cualquier reacción residual que quede en tu cuerpo. Y ahora... descansa. No te alarmes si te tiemblan un poco las piernas o si tu corazón late más rápido de lo habitual. ¡Estoy convencida de que las piernas de David temblaron cuando hubo matado a Goliat!

¡Felicidades! ¡Este profundo momento de despertar será digno de ser recordado! Pon la mano sobre tu corazón. Haz una inspiración profunda y dale las gracias a tu corazón por estar presente mientras le enseñas cómo experimentar un sentimiento diferente. A continuación lleva los dedos a tus sienes y dale las gracias a tu cerebro por ser capaz de albergar un pensamiento nuevo. Pon las manos sobre tu vientre y da las gracias a tus entrañas por pasar de estar centradas en la supervivencia a percibir tu mayor bien. Por último, asegúrate de decirle «gracias» al problema o patrón que se ha ido a descansar: brindó soluciones a quienes vinieron antes que tú y te condujo a una aventura que ha culminado en este momento, en el que ha podido surgir algo nuevo.

Marca este día en el calendario en el que señalas los acontecimientos importantes y regístralo en tu corazón, tu mente y tus entrañas. Escribe una entrada en tu diario que diga, más o menos: «Hoy elijo una nueva vida. A partir de ahora, ____________ (soy fuerte, soy feliz, estoy sano...). Las palabras que digo, los sentimientos que experimento y los actos que realizo reflejan esta nueva versión de mí. Esta es mi nueva verdad». Siempre que hago esto sola, miro alrededor en busca de algo que simbolice lo que ha ocurrido. Siempre sucede que un determinado objeto destaca un poco. Puede ser una piedra, una flor, un centavo...; se trata de algo que pueda relacionar con lo que he destapado y mandado a descansar. Me lo llevo y lo coloco en un lugar en el que pueda contemplarlo durante unos días o semanas y escucho lo que trata de decirme. Sé que está ahí por una razón; todo tiene un propósito.

Por lo tanto, mira alrededor ahora mismo y encuentra algo que te llame la atención. No pienses ni analices demasiado; sencillamente, confía en que ahí hay algo que va a favorecer tu crecimiento y tu avance. Tal vez el «objeto» es una foto que sientes la necesidad de hacer... Deja que el objeto resalte para ti y sea significativo para el patrón que va a descansar durante un tiempo. Sea lo que sea, permite que constituya un recordatorio del gran trabajo que has hecho hoy.

CAPÍTULO 10

PORTALES DE POSIBILIDAD

Las frases de *re-solución*

Hemos llegado a la parte final del punto de inflexión: el lado del idioma con el que expresamos «lo que es posible». En la primera parte nos ocupamos de obtener claridad sobre el problema, el patrón que pretendía descansar y el patrón que trataba de surgir. La siguiente parte del punto de inflexión consistió en reconocer el problema y crear la frase o las frases de resolución, hasta obtener una declaración conclusiva que pusiese fin al patrón limitante de formas que pudiésemos sentir y que nos brindasen una sensación de alivio, emoción y culminación. En la tercera parte del punto de inflexión, concebimos unas frases de *re-solución* firmes a partir de las frases de resolución.

Las frases de *re-solución* ponen fin a un viejo patrón. Ahora hay espacio para una nueva solución, o lo que yo denomino una *re-solución*. Lo que antes funcionó puede ser que no funcione ahora, por lo que pasamos de la resolución a la *re-solución*: la nueva solución.

Las frases de *re-solución* forman parte de la dinámica del crecimiento consciente, del cambio de dirección. Reflejan un cambio en los pensamientos, los sentimientos y los deseos; activan nuevas rutas neuronales y preparan el terreno para nuevas decisiones y acciones coherentes con la nueva versión de nosotros mismos. Son el agente impulsor para la construcción de lo que vendrá después en nuestra vida; aportan inspiración y abren nuevos caminos para que podamos explorar quiénes somos *realmente*, es decir, el tipo de persona que podemos ser ahora mismo y llegar a ser en el futuro.

Las posibilidades han estado siempre presentes en nuestra vida, pero a la mayoría de nosotros no se nos ha proporcionado el vocabulario afirmador y creador que nos permitiría materializarlas. La base de las frases de *re-solución* son pensamientos, sentimientos y emociones elevados que fomentan la posibilidad, la inspiración, la motivación, la capacidad de resistir y la dirección. Iluminan la mente, el cuerpo y el espíritu. Su fuente es la otra mitad de nuestro idioma y de nuestra alma (el gigante dormido) y muestran con fuerza y profundidad que tenemos a nuestra disposición algo más que la vida ordinaria que estamos llevando en estos momentos.

LAS FRASES DE RESOLUCIÓN, EL PUNTO DE PARTIDA

Las frases de *re-solución* tienen el aroma de las frases de resolución, las cuales contienen el lenguaje en clave de nuestro pasado y de las generaciones que nos precedieron, un lenguaje que significa algo muy específico para cada uno de nosotros. Es muy importante incluir estas palabras en las frases de *re-solución* para conseguir el máximo efecto. Voy a ilustrarlo con un ejemplo.

Tuve un cliente llamado Harry cuyos padres eran sordomudos. En toda su infancia tuvo que hacer de intérprete para ellos. No le gustaba que sus padres fuesen diferentes y detestaba ser el niño diferente en la escuela. Sentía que no contaba con ciertos privilegios y que su entorno familiar lo limitaba. De todos modos, en el ámbito profesional tenía éxito como *coach* motivacional, y su primer cliente fue él mismo. Cuando las cosas le estaban yendo muy mal, imaginó una buena vida en el futuro. Creó frases de resolución como: «No puedo seguir llevando la carga de mis padres» o «Tengo que hablar claro».

Cuando su carrera empezó a despegar, sintió la necesidad de convertirse en uno de los oradores motivacionales más importantes. Le iba bien, pero no podía conseguir los mejores trabajos. Su problema como orador era que no era capaz de empezar con fuerza. En cada discurso titubeaba durante el primer minuto; después tomaba impulso y sorprendía al público al final. Cuando acudió a mí en busca de ayuda, le señalé que el lenguaje hablado no fue el primero que conoció. El primero fue el lenguaje de señas americano. Si pudiera reciclar la vergüenza que sintió en su infancia por ser el «diferente» e *incluir* su pasado y todas sus capacidades lingüísticas, podría encontrar su voz más auténtica.

Basándose en sus frases de resolución pudo crear poderosas frases de *re-solución*, como: «El hecho de ser diferente me hace único» y «El hecho de utilizar todos mis lenguajes me da ventaja».

Habiendo dejado de rechazar una parte de sí mismo, Harry decidió empezar todos sus discursos utilizando el lenguaje de señas. Actualmente es un orador motivacional destacado, tal como había soñado. Se completó el círculo: a Harry le iba bien con las frases de resolución, pero partió de su experiencia vital para crear las frases de *re-solución*, que lo transformaron y lo llevaron a la cima del éxito.

CÓMO CREAR LAS FRASES DE *RE-SOLUCIÓN*

En el cuadro incluyo unos cuantos ejemplos de declaraciones de reconocimiento, seguidas de enunciados de resolución y, después, de *re-solución*.

RECONOCIMIENTO	FRASE DE RESOLUCIÓN	ENUNCIADO DE RE-SOLUCIÓN
Me da miedo que me vean.	Mi invisibilidad tiene un coste muy alto.	Aporto cosas al mundo por el hecho de ser invisible.
Me siento perdido.	Tengo mi lugar en el mundo.	Al ocupar totalmente mi lugar, puedo ver nuevas posibilidades y actuar en consecuencia.
No pertenezco.	Siempre hay un lugar al que pertenezco.	Mi sentimiento de pertenencia me inspira a incluir a otras personas.
Me siento vacío. Estar dando siempre a los demás es agotador.	Es correcto que también reciba.	Se me da perfectamente bien recibir mucho y experimentar gozo de resultas de ello.

Escalón sistémico n.º 14: cómo crear tus frases de *re-solución*

Veamos ahora cómo debes proceder para encontrar tus frases de re-solución.

Primer paso: genera el clima favorable a un cambio consciente. Tómate un tiempo en el que puedas estar contigo mismo sin interrupciones. Encuentra un espacio en el que puedas relajarte y pensar sin que te molesten. Si es posible, encuentra un lugar inspirador en el que sentarte o caminar. Pon una música inspiradora si quieres. Desconecta el teléfono y recuérdate por qué estás haciendo esto. ¡Estás generando una transformación!

Segundo paso: respira hondo unas cuantas veces y expresa tu reconocimiento al sistema familiar del que formas parte. Todas las personas que ha habido y todos los sucesos que han acontecido antes de este momento han contribuido a esta oportunidad. Imagina que tus ancestros están detrás de ti y que te empujan hacia delante con las manos, hacia el futuro. Diles que estás avanzando y pídeles que te bendigan. Incluso si no conoces tu sistema familiar sentirás la conexión si lo permites. Inhala sus bendiciones y exhala sus cargas. Si tu sistema familiar fue disfuncional o incluso cruel, si no puedes imaginar que nadie te dé nada que no sea aflicción, bendice el hecho de que estas personas te han convertido en quien eres hoy: un ser decidido a generar un cambio y a tener una nueva vida maravillosa, muy superior a lo que habrían podido imaginar. (Te diré, con toda franqueza, que si provienes de un entorno abusivo o disfuncional tienes suerte, en cierto sentido: la mayoría de las personas que se encontraron en esta situación están más decididas a cambiar, y más centradas en ello, que las demás personas).

Tercer paso: date permiso para ir tan arriba como puedas hoy e imaginar lo que realmente quieres. Has reconocido el viejo patrón. Le has dado un lugar y lo has dejado, y has encontrado el poder de la resolución. Ahora, permítete soñar adónde puede llevarte la re-solución... Permítete soñar con aquello que quieres hacer, crear y tener; con las experiencias en las que podrás deleitarte que te llevarán más alto y te inspirarán a crear aún más experiencias de este tipo.

No censures ni juzgues nada. Tan solo imagina y experimenta sentimientos de felicidad. Visualiza lo que quieres tanto como quieras. Cuando hayas llegado a algo importante, lo sabrás, pues tu corazón, tu cerebro y tus entrañas lo reconocerán. Te sentirás emocionado. Tu cuerpo se sentirá más ligero. Tu corazón se abrirá. (En mi caso, este reconocimiento siempre va acompañado de ese gesto de triunfo en que, partiendo del antebrazo levantado y el puño cerrado, el brazo efectúa un movimiento brusco hacia atrás).

También es posible que solo experimentes el apunte de una emoción. No pasa nada; concéntrate en ello. No dejes que se vaya. Aquí es donde está el oro.

Si tu mente interfiere y empieza a decir cosas como «sí, seguro; esto no sucederá jamás; ¿quién te has creído que eres?», date cuenta de que es el viejo patrón el que está hablando, no el nuevo. Ya conoces las viejas palabras y emociones asociadas a esta voz: el dolor, la depresión, la soledad. Recuérdate con firmeza: «Esta es la voz del pasado y el patrón que estoy dejando». A continuación, retoma tu actividad imaginativa y vuelve a experimentar los sentimientos elevados que te evocan estas imágenes.

«De acuerdo, muy bonito. Pero ¿y si al final no ocurre nada de todo esto?», objeta el viejo patrón.

Bueno, la mayor parte de los sucesos terribles que imaginamos no se producen nunca tampoco, lo cual no evita que sigamos pensando todo tipo de contenidos negativos. Recuérdate que de hecho no tienes nada que perder y sí mucho que ganar, y que la única persona que te impide hacer realidad tu potencial eres tú mismo.

Cuarto paso: ahora que has imaginado todo tipo de posibilidades geniales y maravillosas y has experimentado emociones magníficas de alta vibración, elige aquello que te hace sentir mejor. Vas a centrarte en esto mientras creas tu frase o tus frases de re-solución.

Aferrándote a estos buenos sentimientos y con una respiración profunda como arma, pronuncia tu *frase de resolución*: «No puedo seguir ___________», «No me corresponde a mí cargar con ___________», o «No quiero volver a sentirme triste como ___________». Sea cual sea tu frase de resolución, dila ahora.

Quinto paso: busca el oro que contiene tu frase y mira cómo puedes usarlo para crear las «frases antídoto»: las frases de re-solución, la nueva dirección. Voy a poner un ejemplo simple. En una ocasión tuve una participante que lloró mucho. De hecho, una vez que empezó, no podía parar. Las mujeres de su linaje familiar tuvieron maridos abusivos y soportaron estoicamente sus abusos. No expresaron emociones; sencillamente, siguieron adelante con su horrible vida, a la merced de hombres que no eran amables.

Mi clienta se dio cuenta de que estaba derramando las lágrimas de todas esas mujeres que no habían podido expresar sus emociones. Pero estaba cansada de sentirse triste y llorar todo el rato. Le pregunté si estaba en un matrimonio infeliz, y me dijo que todo lo contrario; estaba casada con un hombre que era un marido y un padre maravilloso. Había roto los viejos patrones del abuso y el estoicismo, pero no el patrón de la tristeza. Cuando le pregunté si tenía nietos, se le iluminó la cara. Sus nietas eran su orgullo y su alegría. Le pregunté qué le gustaría enseñarles, y empezó a sonreír.

«Quiero enseñarles a reír con tantas ganas que viertan lágrimas de alegría –dijo–. Tienen un abuelo maravilloso. Si pudiera enseñarles algo sobre la alegría y los hombres buenos, eso me haría feliz y las mantendría a salvo».

Su declaración de reconocimiento fue: «Lloro y estoy triste todo el tiempo». Su frase de resolución era: «No puedo soportar más la carga de estas lágrimas tristes». ¿Y su frase de re-solución?: «Mirad cómo soy el modelo en cuanto a la alegría y la gratitud. ¡Que cualquier lágrima sea de alegría!».

Para hallar tus frases de re-solución o frases antídoto, prueba con varias frases y percibe en qué parte o partes del cuerpo las sientes. Cuando digas las palabras correctas, las que resuenan en ti, experimentarás una sensación de alivio, entusiasmo o felicidad, o alguna otra emoción positiva. Prueba con distintas palabras, sin corregirte. Cuando te enamores de tus frases de re-solución, habrás dado en el clavo.

Sexto paso: cuando tengas las palabras, ¡dilas! Muchas personas dicen que se sienten como si estuviesen pisando suelo sagrado cuando encuentran las palabras que evocan sus deseos y sueños más profundos. Y esto es exactamente así. *Tus frases de re-solución son el lenguaje de tu alma.* Deberías adoptar estas frases como tu nueva realidad para poder experimentar plenamente las aventuras que solo son para ti.

Séptimo paso: haz una pausa y relájate. Estas emociones y estas frases de re-solución tan positivas son unos músculos totalmente nuevos, incipientes, y acabas de hacer unas cien flexiones emocionales con ellos. No te apresures a volver al trabajo o a hacer cualquier otra tarea; eso puede esperar. Tómate tiempo para empaparte de las vibraciones de lo que acabas de crear. Disfruta del calor de estas palabras, como si estuvieras tomando el sol. Si te apetece, dúchate o túmbate y descansa un poco.

Octavo paso: alimenta tu nueva creación. Cuando obtienes un pollito tras la fase de incubación, no dices: «Mi trabajo ha terminado». Tienes que alimentar a esa cría, o morirá. Recuerda que las viejas redes neuronales de tu cerebro siguen estando ahí; han tenido años para consolidarse. Y los patrones que activan los viejos pensamientos aún están ahí también. Por lo tanto, sé comprensivo contigo mismo si caes en viejos patrones de pensamiento. Pero no te quedes ahí. Sigue ejercitando tus nuevos músculos. Sigue repitiendo tus frases de re-solución. Escríbelas y ponlas en lugares donde las veas todo el tiempo. Tómate descansos para imaginar y vuelve a visualizar tu sueño, es decir, el lugar al que te estás dirigiendo, la nueva persona en la que te estás convirtiendo. Añade nuevas frases empoderadoras y siente cualquier emoción nueva que surja.

Noveno paso: no hables de tu nuevo camino a ninguna persona negativa. Nútrelo en silencio hasta que esté listo para debutar en público. Y no vayas revisándolo para ver si «goza de buena salud». Sabes lo que estás haciendo. Estás alimentando tu sueño con buenas palabras y emociones de alta vibración.

Décimo paso: cuando te parezca que ha llegado el momento, prepara un pequeño paso que puedas dar o un pequeño objetivo que puedas alcanzar, solo para mostrarte a ti mismo que esto está ocurriendo realmente. Cuando alcances dicho objetivo, asegúrate de mostrar tu reconocimiento. ¡Celebra tus victorias! Tómate tiempo para dar las gracias y valorar lo que has hecho. Después da el próximo paso y a continuación el siguiente.

Cuanto más construyes sobre la base de tus frases de re-solución y los sentimientos que evocan, mayor es tu entusiasmo, hasta que la nueva versión de ti es una realidad. Los resultados son manifiestos en tu vida: ya no eres una víctima. Eres el dueño de tu destino. Eres el capitán de tu barco. Y lo sabes.

Y DESPUÉS...

En ocasiones, pregúntate: «¿Qué es lo que quiero realmente, y cuando digo *realmente* quiero decir *realmente*?». No pongas límites ni lo contrastes con la realidad. Solo pregúntate: «¿Qué es lo más increíble que puedo hacer, ser o tener?».

En mi caso, una inmigrante sudafricana pobre y sin trabajo, una de las cosas más extravagantes e increíbles que podía imaginar era tener una casa compartida en mi lugar favorito del mundo, Disney World. Sabía cuál era el objetivo; lo tenía claro. Pero el viejo patrón se hizo oír: «Esto es solo para personas ricas», «No tengo ni idea de cómo conseguir esta cantidad de dinero», «No soy lo bastante buena ni mágica como para que ese sea mi lugar», «Este sueño no es realista». Reconocí plenamente este lenguaje. Entonces, un día, en lugar de hablarme a mí misma desde un espacio yermo, mi resolución, determinación y pura emoción entraron en acción. ¡Quería esa casa compartida! No había excusas que valiesen. No dije nada, para que nadie pudiese reforzar mi viejo lenguaje y desanimarme. Observé mi lenguaje limitador y lo sustituí por este mensaje: «Ese puede ser mi lugar también. Estoy pensando maneras de hacer que esto sea una realidad. Soy mágica de sobras para pertenecer ahí». Me permití verme entrando en esa casa y compartiéndola con mis seres queridos, y esto significaba que cada centavo que ahorraba sabía cuál era su destino. Le di a mi sueño un espacio en el que crecer más grande del que acotaban mis limitaciones. Me decía a mí misma que si podía hacerlo una vez, sabría que podría hacer realidad mis sueños en muchas áreas. Solo necesitaba cocrear un sueño con el universo para mostrarme a mí misma que podía hacerlo en cualquier ámbito de mi vida.

La primera vez que mi familia y yo nos alojamos en la casa compartida, fue un sueño hecho realidad, literalmente. En lugar de ver cómo otros entraban ahí llaves en mano, fui yo quien abrí la puerta. En esa época, tuve que hacer un esfuerzo exagerado para alcanzar ese objetivo; pero el hecho de conseguirlo me hizo sentir algo tan increíble que me quedé con muchas ganas de seguir materializando creaciones, mayores que esa, en el futuro.

Evolucionamos alcanzando sueños cada vez más grandes. Por lo tanto, de vez en cuando estira aún más tus músculos del soñar, consciente de que tienes la capacidad de cumplir tus sueños.

CAPÍTULO 11

LOS PECES GORDOS QUE DIRIGEN EL ESPECTÁCULO

Los metapatrones

Por ahora ya sabes que heredas de tu sistema familiar patrones de pensamientos, sentimientos y actos. Ya sabes que caen en cascada a través de las generaciones, esperando que les aportes tu aroma y tu toque personal; con suerte los fortalecerás y los harás evolucionar positivamente antes de transmitirlos a la próxima generación.

Pero ¿de dónde vinieron originalmente estos patrones heredados? ¿Por qué nuestros ancestros efectuaron las elecciones que efectuaron? ¿Qué los condujo a esas elecciones? Una respuesta reside en los metapatrones que surgen de metaeventos que desencadenan vastos patrones de pensamientos, sentimientos y maneras de actuar. Los metapatrones afectan a grandes cantidades de personas; influyen en las percepciones y las elecciones y dan lugar, en el nivel inconsciente, tanto a limitaciones sofocantes como a posibilidades increíbles.

Los metapatrones son los «peces gordos» (el género, la religión, la guerra, el hambre, las pandemias, las diásporas, los desastres naturales, la política) que dirigen el mundo y tienen un impacto en naciones, culturas y pueblos enteros. Tienen grandes efectos y generan patrones potentes y ADN emocional. Desde el punto de vista epigenético, estos patrones afectan a las generaciones subsiguientes: dan lugar a mentalidades que moldean de forma amplia y radical sociedades enteras, que a su vez afectan a grupos más pequeños; se filtran en los sistemas familiares y los individuos.

Cada metapatrón aporta una capa de «sueño» hipnótico, que solemos experimentar como una sensación de inevitabilidad, de destino o de «manera en que son las cosas» aquí en el planeta Tierra. Todo ello configura un trance sistémico, por supuesto. De todos modos, como ocurre con los sistemas familiares, los metapatrones también nos ofrecen la oportunidad de crecer y evolucionar... una vez que los hemos visto.

Cada uno de los metapatrones que voy a presentar daría fácilmente para un libro, por lo que no voy a entrar en muchos detalles. Lo único que pretendo con este capítulo es que tomes conciencia de estos patrones para que puedas examinar tu sistema bajo su luz. (No podemos aprender de lo que no vemos).

EL JUICIO GENERACIONAL

La evolución es un proceso que acontece paso a paso. Es probable que lo que le funcionó a una generación no le sea útil a la siguiente, precisamente porque estamos evolucionando. Por desgracia, tendemos a demonizar lo que hubo antes que nosotros; juzgamos a nuestros predecesores por sus creencias, sus estilos de vida y sus actos. Mientras los supervivientes de la Segunda Guerra Mundial miraban las películas de John Wayne y recordaban la liberación de

Europa y el heroísmo de los soldados norteamericanos, sus hijos se manifestaban en las calles gritando eslóganes contraculturales contra la guerra de Vietnam, como: «¡Haz el amor, no la guerra!».

También juzgamos a nuestros descendientes. Observamos a los «jovenzuelos» de hoy en día y decimos que son imprudentes e irresponsables precisamente porque no vemos el mundo a través de *sus* gafas generacionales ni afrontamos *sus* problemas generacionales. Nos burlamos del futuro, incapaces de ver más allá de los límites de nuestras viejas reglas. En lugar de aplaudir los pasos futuros y los precedentes, y de que las distintas generaciones aprendan unas de otras, cada generación excluye a las demás.

Puede ser que a veces no pongamos en el contexto evolutivo lo que ahora nos parece que son errores y limitaciones. Esas fueron las soluciones que se le ocurrieron al sistema en ese momento y lugar. Cuando no hacemos otra cosa que colgar etiquetas negativas a nuestros antepasados, excluimos su sabiduría vital del sistema y preparamos el terreno para que se repitan viejos patrones.

Para crecer debemos comprometernos a observar las generaciones pasadas y futuras y aprender de ellas con agradecimiento y conocimiento de causa, en lugar de dirigirles odio, inculpación y juicios. En vez de poner la etiqueta de «incorrecto», es mucho más útil advertir que la vida se desarrolla por pasos, de tal manera que cada uno de nosotros nos encontramos en «nuestro paso», buscando la forma de dar el próximo. Cuando los sistemas viejos y nuevos colaboran, nos beneficiamos mucho de ello. Si podemos obtener sabiduría del pasado y tener una actitud abierta y curiosa hacia el futuro, quitamos el pie del pedal del freno y crecemos y mejoramos. Al darnos cuenta de que la creación consciente de metasistemas positivos y patrones de cooperación es lo que nos lleva a todos hacia mayores posibilidades, la humanidad despierta de su gran sueño.

GÉNERO Y SEXISMO

El sexismo, que habita en gran medida en nuestro lenguaje y nuestros actos, cuenta con una larga historia. Como metapatrón, ha estado y probablemente seguirá estando ahí mucho tiempo, ya que el sexo tiene un gran papel en nuestra vida. Nuestros roles de género están evolucionando con rapidez, pero si no vemos que estamos evolucionando y no reconocemos nuestro crecimiento, esta evolución nos traerá problemas. Seguiremos obsesionados con los malos comportamientos individuales y las cuestiones enardecedoras que aparecen en los titulares de las noticias y perderemos de vista el panorama general; culparemos a tal persona o a tal grupo en lugar de encontrar formas de unirnos para apoyarnos en nuestro crecimiento.

Las cuestiones de género relativas al binomio macho-hembra conforman un metapatrón enorme basado en la desconfianza, el juicio y la exclusión. Los prejuicios sexistas también afectan a la población LGBTQIA+. Cada género y orientación sexual es igualmente parte de patrones de juicio, exclusión y falta de respeto, y sin embargo otros géneros y orientaciones sexuales aún suelen percibirse como aberrantes. En conclusión: juzgamos al «otro» en lugar de valorarnos y aceptarnos entre nosotros y preguntarnos qué podemos aprender.

En general, las personas anhelan la libertad de expresarse tal como son en realidad en lugar de estar atrapadas en rígidos roles de género. Muchas mujeres cultivan una carrera profesional en el mundo exterior y se sienten satisfechas y realizadas haciendo de su carrera su prioridad número uno. Hay muchas mujeres que quieren ser madres y amas de casa. Hay hombres que quieren cultivar una profesión y otros que prefieren un estilo de vida doméstico. Las estructuras familiares se están reconfigurando. Ser una mujer trabajadora era algo vergonzoso; ahora es casi lo más normal. Ser un padre que se queda en casa significaba que el hombre tenía algún problema; ahora es una elección. Date cuenta de que las mujeres y los hombres han tenido siempre estas elecciones ante sí, pero los metapatrones de los roles de género socialmente aceptables han sido tan radicales y rígidos que hasta fechas recientes no se nos permitía aventurarnos más allá de los límites establecidos.

Por supuesto, algunos cambios solo han pasado a ser posibles en los últimos tiempos. Cambiar de sexo físicamente no era una opción hasta 1917, pero la medicina moderna ha dado esta posibilidad a las personas (otra cosa es que la persona pueda trascender internamente el metapatrón [sistema de creencias] aún existente de que «solo hay dos géneros en este mundo y tenemos que quedarnos con aquel con el que nacimos»).

Los metapatrones tienden a cambiar con lentitud. A pesar de los tremendos avances que hemos protagonizado como sociedad, en las constelaciones aún veo mujeres que se sienten poco merecedoras y empequeñecidas; exigen igualdad al tiempo que sienten que no la merecen, por obra de su ADN emocional. Veo ira multigeneracional hacia los hombres y juicios, resentimientos y una distancia cada vez mayor respecto de ellos. Asimismo, veo hombres que se sienten infravalorados y amenazados, que se distancian de unas mujeres a las que consideran demasiado exigentes o poco amables. Las viejas perspectivas sistémicas patriarcales siguen manifestándose en frases sistémicas como «nosotros cuidamos de nuestras mujeres» o «el lugar de las mujeres es el hogar». Oigo a mujeres decir: «Tengo que hacerlo todo: cocinar, limpiar, ocuparme de los niños y trabajar en un empleo». El viejo patrón de la sirvienta se manifiesta en las mujeres trabajadoras que se encuentran atrapadas en dos trabajos de jornada completa, uno en el hogar y otro en el mundo laboral.

Hay hombres que también se sienten atrapados. Cuando asumen roles domésticos, a menudo experimentan rechazo por parte de sus colegas o de mujeres que están acostumbradas a mantener ciertos niveles de belleza y limpieza en el hogar, según lo que se esperaba de ellas en el viejo patrón. «Parece que no puede hacerlo bien –se quejan–. Si quiero que algo se haga como Dios manda, tengo que hacerlo yo misma». En lugar de mirar lo que debe cesar, comenzar y cambiar, las mujeres son duras con los hombres y más duras aún consigo mismas; perpetúan así patrones antiguos en frases sistémicas como «no necesito un hombre» o «los hombres nunca están ahí cuando se los necesita».

Crear bandos no resuelve nada. Es hora de ver lo bueno, reconocerlo y dar un «puesto de consejero» a lo que ya no es relevante en lugar de tratar de excluirlo. La razón de ello es que en el ámbito sistémico las exclusiones generan patrones que se expanden y se repiten. Es hora de que recordemos lo que ha sacrificado cada género, aquello por lo que ha pasado y lo que ha aportado. El viejo sistema relativo a los géneros fue útil en su momento. Esa época ya pasó. Ahora tenemos que examinar con conciencia y aprecio el sistema de géneros actual y las personas que lo integran, y construir desde un espacio de comprensión más elevado, inclusivo.

EL NACIONALISMO

El nacionalismo se define como una identificación con la propia nación o el propio grupo y el apoyo a sus intereses. Llevado a su máximo potencial, podemos ver cómo una nación prospera cuando sus habitantes aúnan esfuerzos por una causa común; fue lo que ocurrió en la mayor parte de las naciones occidentales durante la Segunda Guerra Mundial. Llevado al otro extremo, el nacionalismo puede dividir generando exclusión y exclusivismo entre sus ciudadanos, como ocurrió en la Alemania nazi en la década de 1930, en la que se elevó a la supremacía a los individuos de raza aria, rubios y de ojos azules, a la vez que se condenó y destruyó a poblaciones enteras que no se correspondían con este ideal.

Siempre que un grupo de personas se percibe a sí mismo como mejor y más merecedor que otros grupos, los otros son victimizados y se enojan. Cuando esto ocurre bajo el amparo de la identidad nacional, el efecto es más potente; se crea un gran punto ciego en el que ya no nos vemos realmente a nosotros mismos ni vemos realmente al «otro» que hemos creado. Perdemos nuestra humanidad y fomentamos un desequilibrio en los tres principios del sistema; generamos un sentimiento de pertenencia excluyente, un sentimiento de grandeza o pequeñez, y un deseo de tomar o recibir sin que exista el equilibrio pertinente.

El metapatrón del nacionalismo negativo promueve los intereses nacionales a expensas del bienestar de otras naciones. Otros países se ven como perjudiciales, amenazadores o inferiores. Ciertos eslóganes políticos son clave en los mítines y acaban convertidos en frases sistémicas: «Hagamos que Gran Bretaña vuelva a ser grande», «Mejor muertos que rojos» y, por supuesto, «Un pueblo, un imperio, un líder», de Hitler.

Cuando una nación empieza a seguir a un individuo en lugar de a su gobierno, todo el sistema del país se desencaja y surge la división. Las reglas se vuelven más estrictas para algunos con el fin de controlar la oposición. Se ve a los inmigrantes como una amenaza y muchas veces se los hostiga y se les dice que ese ya no es su lugar. Es fácil que esto desemboque en una dictadura y que se produzcan genocidios, hasta que el sistema es corregido y la ciudadanía, de nuevo, ve la verdad mayor que es que todos pertenecen y que la conexión es importante para el crecimiento.

El nacionalismo negativo convierte en enemigos a todos quienes osan oponerse a los objetivos e ideas del líder. Si no se efectúa una corrección interna, esto puede conducir a otro metapatrón: la guerra.

LA GUERRA

La guerra es un metapatrón enorme del que derivan varios patrones de supervivencia. En el ámbito sistémico, veo sus espantosos efectos en clientes y sus familias. Como ocurre con cualquier otro sistema, en la guerra se permiten comportamientos y reglas que implican ver y hacer cosas que son totalmente inaceptables en la vida normal, cotidiana. Se entrena a los soldados para que rompan el más fundamental de todos los códigos sociales: «No matarás».

Quienes van a la guerra son forzados, puestos a prueba y reconfigurados por un sistema mucho mayor que ellos como individuos. El problema es que cuando los soldados regresan a la vida civil no son las mismas personas que antes. Han estado inmersos en un sistema diametralmente opuesto a la vida civil normal y ahora están escindidos entre los dos. Pero nada de esto se reconoce. Los soldados no son «desembarcados» del metapatrón de la guerra y «subidos a bordo» de los sistemas civiles de una manera consciente, sistémica. Se espera que pasen fácilmente de ser destructores de vidas entrenados que han cometido y visto horrores inenarrables a ser, directamente, amantes, cónyuges y padres amorosos de nuevo, habitualmente en cuestión de días o semanas.

Al no haber seguido ninguna estrategia para pasar de un sistema al otro, es habitual que se sientan perdidos, abandonados, incompletos y confundidos. *Veteranos sin hogar* es una expresión acertada, que refleja lo que les ha ocurrido. Aún están «por ahí». Mientras no se los pueda traer de regreso a casa intactos y no puedan reconocer un nuevo propósito, estarán, literalmente, atrapados entre dos mundos.

Cada veterano sufre a su manera; la guerra afecta a cada persona de una forma diferente, según el sistema familiar en el que se crio. Si creció en un sistema familiar apacible, el soldado puede quedar más afectado que otro que creció en medio del conflicto. La solución consiste en permitir que ambos metapatrones, el de la guerra y el de la paz, tengan su lugar de una manera que ninguno de los dos se sienta abrumado. La guerra siempre formará parte del soldado, pero la paz también puede integrarse en él.

En el trabajo sistémico y las constelaciones, explorar lo ocurrido y poder dar su lugar y propósito a cada parte puede aportar una resolución muy necesaria. Las constelaciones ofrecen una distancia que suele permitir que quienes han vuelto de la guerra puedan ver en tres dimensiones lo que ha ocurrido; hacen frente a los casos de las personas a las que han perdido, las que resultaron heridas y las que los hirieron. Dan un sentido a unos sucesos desgarradores y los resuelven de una manera que les aporta paz y les permite reintegrarse en la sociedad con un propósito.

LA RELIGIÓN

La religión, impulsora de guerras desde tiempos antiguos y determinadora de la pertenencia, es otro metapatrón importante. Basta con que escuchemos el lenguaje sistémico de la religión y los actos que promueve: «¡Somos los elegidos de Dios! ¡Matemos a los infieles!» es un grito que podría emitir casi cualquier secta religiosa radical del mundo.

Hay una razón por la que se nos enseña a no hablar de religión ni de política en los contextos sociales en los que debe primar la buena educación. Tanto la una como la otra están asociadas a ideologías potentes que dan forma a nuestra manera de pensar, nuestros sentimientos y nuestros comportamientos. Las creencias religiosas son profundas y suscitan emociones viscerales. Lo que empieza siendo códigos de conducta prácticos que pueden orientar a la humanidad en un camino de crecimiento y evolución personal acaban siendo, a menudo, reglas y preceptos morales establecidos fanáticamente que deben seguirse sí o sí; de otro modo, las consecuencias serán terribles. Hay una gran diferencia entre «no codiciarás la mujer de tu prójimo» y «cree o arde en el infierno durante toda la eternidad». Lo primero nos muestra una manera de tener una vida más apacible; lo segundo impone la conformidad y la pertenencia a través del miedo.

A menudo la religión nos mantiene centrados en absolutos y en la condena y no en los milagros que pueden derivarse del pensamiento correcto, que pueden hacer que vivamos de una manera saludable. Al centrarnos en la razón que creemos tener y en la separación, el enfrentamiento entre bandos, el sufrimiento noble y la culpa, perdemos el camino hacia la paz y la unidad que nos mostraron los extraordinarios fundadores de todas las religiones principales del mundo en un intento de unirnos más allá del sufrimiento y la división. Por desgracia, nos obsesionamos con las diferencias que hay entre sus enseñanzas en lugar de centrarnos en lo que tienen en común, que es mucho. Y vamos a la guerra a causa de estas diferencias...

La religión es un metapatrón que orienta todos los movimientos y elecciones de muchas personas, a menudo a un gran coste, hasta que puede ser comprendido y expandido en un sistema de enseñanzas saludable, enriquecedor y transformador, o abandonado con respeto en favor de otro patrón más inclusivo y amoroso.

SER «SOLO HUMANO»

Te podrá parecer raro, pero la creencia de que «solo somos humanos» es un metapatrón potente muy próximo a la religión que nos hace permanecer pequeños, dóciles e infradesarrollados. A escala global, se nos ha enseñado a pensar que la humanidad es débil, corrupta e irredimible, por lo que vamos viviendo según estas expectativas y posibilidades tan poco alentadoras.

Todos los sistemas evolucionan (no pueden hacer otra cosa), y el sistema humano también debe hacerlo. Sin embargo, ¿cuántas veces has oído la frase sistémica «¡solo soy un ser humano!» a modo de excusa por ser alguien limitado, pequeño y poco importante? Cuando defendemos nuestras limitaciones, hay algo que es seguro: permanecemos limitados.

Cuando hablo de trascender el patrón de ser humano, no estoy hablando de engordar el ego y la autoestima a partir de falsedades. Estoy hablando de crecer y dejar las emociones bajas del ego (los celos, la codicia, la ira, el juicio, la comparación y el miedo, impulsado todo ello por la supervivencia y la necesidad) para adoptar las emociones elevadas que son el amor, la compasión, la comprensión, la inclusión, la bondad, el respeto, la valoración y la gratitud. Estoy hablando del lado elevado de nuestro idioma, que no se nos enseñó realmente.

Estas emociones elevadas nos dan alas. Son indicativas de que hemos crecido, de que hemos salido del metapatrón de «ser solo humano» (dentro del cual esperábamos ser rescatados y admirados por nuestro sufrimiento), para pasar a vivir según nuestro potencial divino y responsabilizándonos de nuestra vida.

LA POLÍTICA

«¡Vota como si tu vida dependiera de ello!» no es solo un eslogan. La política puede definir y regir nuestra vida, y rara vez se crea un espacio para un beneficio común y atender las necesidades de todos. Por lo general, seguimos al partido que creemos que apoyará nuestros propios intereses y supervivencia con sus políticas e ideario. Al igual que las religiones, los partidos políticos siempre están en oposición. Los que «tienen» apoyan las legislaciones que refuerzan su posición financiera, mientras que los que «no tienen» votan en sentido contrario. Ambos bandos se sienten amenazados por el otro y se atacan ferozmente. Ninguno aprende del otro.

Como ocurre con la afiliación religiosa, la fidelidad a los partidos persiste durante generaciones. Muchas personas no votan con su mente presente y futura, sino basándose en la historia de su sistema. En un intento de corroborar que sus padres tienen razón y demostrarles su amor, los hijos suelen votar lo mismo que la familia. Si alguien se atreve a pensar de manera diferente, este hecho puede producir una agria división. Hay que apoyar al partido por más nocivas que sean sus políticas actuales. A causa de ello se efectúan, sin pensar, malas elecciones políticas, contrarias a lo que beneficiaría más, sin duda, a una nación o un grupo, solo para apoyar la supervivencia del sistema o el partido.

En algunos países africanos multitribales, no importa cuánto odies al jefe de la tribu: votas a la tribu en la que naciste. La idea de votar en cualquier otro sentido es inconcebible. Algunos líderes llegan al extremo de matar a sus opositores. Todo el mundo sabe que están equivocados, pero nadie se atreve a votar otra opción. En Occidente, nuestros líderes tal vez no se maten físicamente unos a otros, pero se «matan» y difaman verbalmente en la prensa. Pero así son las cosas en el campo de la política, que está lleno de intereses contradictorios y de esfuerzos constantes por conseguir aquello a lo que uno cree tener derecho.

Es fácil detectar el trasfondo político de las personas. Las que tienen raíces comunistas en su país de origen pueden mostrarse como generaciones de individuos que tienen miedo de abrir la boca. Es habitual que digan frases sistémicas como «las paredes oyen» y «los árboles altos son los que se cortan». En Estados Unidos, dichos como «el elefante trabaja, el burro da coces» revelan una perspectiva conservadora y orgullo por tener una ética favorable al trabajo duro. «Por la gente, para la gente» revela una posición más liberal.

Como metapatrón, si un partido o sistema político permanece estancado en la lealtad ciega y las viejas formas de oposición en lugar de evolucionar y convertirse en un sistema basado en la cooperación, puede involucionar y desembocar en la anarquía, la dictadura y la división. Vuelve a su pasado en lugar de crear su futuro. Para ir adelante, debe encontrar una forma de manejarse más inclusiva y mutuamente beneficiosa que la oposición y considerarse mejor que los rivales.

EL RACISMO Y EL GENOCIDIO

«Soy mejor que tú». Este metapatrón emana tanto de la religión como de la política, y todo él tiene que ver con el miedo a perder el estatus y la riqueza. «Soy mejor que tú a causa de mi genética y, por lo tanto, tengo derecho a gobernarte»; «Soy mejor que tú porque mi piel es más clara o más oscura»; «Soy mejor que tú porque mi Dios es el verdadero Dios»; «Soy mejor que tú porque mi sistema político es el sistema apropiado para todos». Durante el Holocausto, si no tenías los ojos azules y el pelo rubio te mandaban a los campos. En Ruanda podían matarte por el hecho de que la forma de tu nariz no era la «correcta».

El racismo se produce cuando un sistema que se cree en posesión de la verdad juzga a otro grupo étnico como inferior, a partir de lo cual justifica todo tipo de actos y decisiones despreciables. La desvalorización avanza hacia una marginación que se convierte en una segregación cuyo resultado es una tiranía social y económica que desemboca directamente en la deshumanización y la esclavitud. Influidos por el sistema mayor, sistemas más pequeños acaban haciendo, pensando, diciendo y experimentando atrocidades.

El resultado final puede ser el genocidio, que se produce cuando el sistema que se cree en posesión de la verdad (normalmente, bajo el hechizo de un líder inusualmente carismático y temiendo su propia derrota o exclusión) se apodera de los sistemas circundantes. Las personas se encuentran atrapadas en el frenesí de la identificación política o religiosa y masacran a otras por lo que parecen ser razones perfectamente lógicas por la propaganda que les han inculcado líderes que tienen sus propios intereses egoístas, hasta que abren los ojos, ven cómo se las está utilizando y reconocen los terribles actos que están cometiendo en el nombre de Dios o de algún déspota mezquino.

Cuando analizamos los metapatrones, incluido el genocidio, a menudo vemos que comienzan con una sola personalidad o grupo que representa patrones que necesitan ser vistos o expresados, o que necesitan terminar. No tenemos que buscar más allá de Adolf Hitler para encontrar un ejemplo.

Se cree que el padre de Hitler, Alois Hitler, era un hijo bastardo no reconocido de un acaudalado mercader judío. Obsesionado con la gloria de la vida militar, llevaba uniforme y maltrataba constantemente de su hijo Adolf, hasta que murió, cuando el chico tenía catorce años de edad. El niño desarrolló un odio retorcido hacia los judíos de resultas de ello, y también un ansia de poder militar que llevó al mundo entero a una conflagración espantosa. Desde una perspectiva sistémica, si Hitler fuese un cliente, nos preguntaríamos si pudo haber asumido, en el plano inconsciente, el dolor de su padre: «Por mi padre, que no fue reconocido por los judíos, los destruiré. Nadie volverá a poner nunca más a mi familia (mi nación) en esta posición otra vez».

A veces, los patrones del genocidio se extienden a lo largo de generaciones y abarcan naciones. Es habitual que a los hijos de los supervivientes del Holocausto les cueste prosperar, al mantenerse leales, sin saberlo, a los sufrimientos y malos tratos padecidos por sus ancestros. Del mismo modo, los hijos de los agresores pueden tener dificultades para prosperar debido a la culpa que experimentan por lo que hicieron sus ascendientes. Así mantenemos vivos tanto el patrón de la víctima como el del opresor y los transmitimos a las generaciones posteriores.

LA ESCLAVITUD

La esclavitud es un ejemplo de metapatrón del tipo víctima-opresor que está bien documentado, si bien no ha sido explorado con curiosidad, sino a partir de los juicios. Dentro del metapatrón de la esclavitud, *solo se permite que estén visibles algunos patrones*, mientras que otros son enterrados. En este patrón, solo se permite que las personas esclavizadas sean consideradas víctimas, y no seres humanos dotados de un potencial infinito. Y solo se permite que los esclavizadores sean considerados malvados; cualquier acto decente que llevaran a cabo es ignorado. Creo que es importante abordar esta parte de la historia, porque *la naturaleza de los sistemas es que lo que es reprimido y no reconocido no deja de repetirse y expandirse*.

Nada puede justificar la esclavitud, y es necesario que reconozcamos todos los hechos terribles que han acontecido, especialmente los metapatrones inherentes a este fenómeno, pero también tenemos que darnos cuenta de que surgieron algunos elementos positivos en los contextos de esclavitud. Los metapatrones que implican víctimas y opresores se reproducen a través de incontables generaciones. A menos que ambas partes hagan su trabajo, sanen sus traumas y acepten los traumas que han causado, seguiremos presenciando división y desequilibrios sistémicos.

HAMBRUNAS Y PANDEMIAS

He hablado anteriormente de los efectos de la hambruna holandesa de 1944-1945 y de cómo ese período de hambre afectó a generaciones posteriores, en forma de trastornos de ansiedad, trastornos alimentarios y obesidad. No se han estudiado mucho los efectos generacionales de la epidemia de gripe de 1918, y aunque es demasiado pronto para saber cómo afectará a las futuras generaciones la actual epidemia de COVID-19, sin duda se producirán impactos a escala de metapatrón, porque todo el mundo se ha visto muy afectado.

En relación con la COVID-19 ya estamos viendo manifestaciones ideológicas, culturales y racistas en las que las poblaciones más desfavorecidas son las que reciben el mayor impacto negativo. La libertad individual se exige a costa de muchos o se restringe en favor de la cooperación global. La negación es contrarrestada por la culpa. Estamos viendo una enfermedad politizada, con la ciencia enfrentada a las teorías conspirativas y los gobiernos enfrentados a las personas. Ciertos sectores de la población están culpando a otros. Algunos quieren aniquilar a los que vienen del país donde se detectó por primera vez el virus...

La separación en forma de distancia social está fracturando familias, amigos, escuelas, vecindarios y comunidades para que puedan sobrevivir. Se está desarrollando una forma muy nueva de trabajar y de llevar las empresas. El ámbito de los viajes está cambiando. Se le ha dado al planeta un respiro medioambiental momentáneo. La adaptación y las innovaciones están desenfrenadas. Se está reconociendo que determinadas infraestructuras, como el sistema de salud estadounidense, están obsoletas.

Los cambios son enormes y globales, y sin duda estarán mucho tiempo con nosotros. Por supuesto, lo mismo ocurre con las oportunidades.

EL SUEÑO SISTÉMICO DE «ESTAR BIEN»

Hay muchos metapatrones operando en nuestro interior. Algunos, como los que he presentado aquí, son evidentes. Otros, como los patrones de jerarquía, estructura y control que hay en el lenguaje, la etiqueta, los códigos de vestimenta, la educación, la competencia profesional y las experiencias de los inmigrantes, no son tan evidentes. Sin embargo, antes de cerrar este capítulo, quiero mencionar otro patrón limitante importante: el metapatrón de «estar bien».

Cuando nuestra vida es relativamente plácida, tenemos una fuerte tendencia a caer en la complacencia y sucumbir al trance sistémico. Así es la naturaleza humana. Actualmente, el trance sistémico del «estar bien» incluye el estrés y el aburrimiento, que se han convertido en una forma de vida (un conjunto de rutas neuronales transformadas en hábitos que reproducimos instintivamente). Seguir con nuestro empleo aburrido y repetitivo pero bien pagado de nueve a cinco, tomar la misma ruta para ir al trabajo todos los días, ir al bar los sábados por la noche, salir a comer tacos con los amigos los martes por la tarde, ver la televisión, sacar la basura... Caminamos penosamente durante la semana y corremos durante los fines de semana, antes de prepararnos para repetir el ciclo.

Aceptamos lo que dictan los sistemas, «estamos bien», tenemos una vida relativamente buena, no subvertimos el orden establecido, y luego... se acabó. Cuando nos rebelamos contra la complacencia y el aburrimiento y deseamos algo más, suelen decirnos que mantengamos los pies en el suelo y sigamos trabajando duro. Alguien dice: «Trabajar en la cadena de montaje estuvo lo bastante bien para tu padre. Para ti también debería ser suficiente». Se nos dice que soñar no nos llevará a ninguna parte.

Pero esto NO es verdad.

Si has aprendido algo hasta ahora, espero que sea que independientemente de cómo sea tu vida en estos momentos, siempre puede ser más y cambiar para mejor, porque *tú* puedes cambiar. Cuando nos permitimos querer más, establecemos metas y hacemos todo lo que podemos para alcanzarlas, estamos en contacto con otro metapatrón al que podemos acceder, llamado *querer más, ser más, tener más*.

Una vida maravillosa no es algo que ocurra sin más, sobre todo porque hay muchos patrones sistémicos que pueden retenernos. Pero una vez que vemos los viejos patrones, los aceptamos, les damos un lugar en el que descansar en nuestro sistema y empezamos a soñar (es decir, una vez que creamos los pensamientos, sentimientos, actos, patrones y estructuras mentales que deberán permitir que el sueño se vaya materializando), ¡estamos en marcha!

Escalón sistémico n.º 15: lidiar con los metapatrones

Identificar metapatrones te puede ser útil al pensar en tus limitaciones, tus obstáculos, tus deseos y tu evolución. Son clave para que puedas reconocer tanto los puntos en los que permaneces varado como las maneras en que puedes mejorarte a ti mismo. Estas son algunas preguntas que debes hacerte:

- ¿Ves que tienes opiniones fuertes sobre otros géneros? ¿Cómo se trata a estos géneros en tu sistema familiar o en tu lugar de trabajo? ¿Despotricas contra un género frente a otro o ves que hay un lugar para todos?
- Piensa en tu país de origen y en las maneras en que piensas, actúas, vistes, hablas, comes, tratas el dinero, tienes relaciones, actúas profesionalmente, celebras e incluso haces el duelo. Dite a ti mismo: «Como ciudadano de (tal país), yo __________ (rellena el espacio en blanco)». Si profundizas, encontrarás una lista fascinante de frases y reglas sistémicas por las que riges tu vida.
- ¿Hubo alguien en tu linaje genético que recibió el impacto de la guerra, el hambre, la inmigración, desastres económicos como la Gran Depresión, actos terroristas o pandemias? ¿Hubo personas que participaron en una gran guerra?
- ¿Formaba parte de un grupo étnico con formas de ver las cosas muy específicas alguien de tu linaje genético?
- ¿Hay víctimas o agresores en tu sistema? ¿Hay secretos ocultos?
- ¿Ha habido alguna limpieza étnica en tu cultura o tu país? ¿Cuál de los dos lados representas? ¿Excluyes a los demás o defiendes la diversidad y la inclusión? ¿Cargas con la vergüenza o la culpa de quienes te precedieron? ¿O lo compensas siendo tú el cambio?
- ¿Qué pretende crecer a través de ti? En un mundo desgarrado por las diferencias de opinión, ¿qué puedes hacer tú para posibilitar un cambio saludable?

Los metapatrones no son más que claves para que comprendamos de qué maneras podemos estar dormidos y qué debemos hacer para despertar. A partir de las respuestas que hayas dado a las preguntas anteriores, pregúntate lo siguiente:

- ¿Cuál es mi mayor frustración o limitación? ¿En qué área estoy más estancado?
- ¿Cuál es el gran metapatrón que ha generado el tabú o la frustración que me está limitando? ¿Cuál es la regla que no soy capaz de romper para llegar adonde quiero?
- ¿Qué me digo a mí mismo al respecto? Según esto, ¿qué concepto tengo de mí mismo y de los demás?
- ¿Qué es lo que quiero realmente? (La llave para que puedas escapar del metapatrón se encuentra en tu sueño).
- ¿Qué puedo decirme a mí mismo sobre mi sueño que tenga más fuerza que el metapatrón que me está deteniendo? ¿Cuál es el nuevo pensamiento que me va a inspirar?
- ¿Cómo puedo sentirme animado al máximo de una manera que me impulse hacia delante?
- ¿Qué pensamientos, emociones y acciones superiores asegurarán que me mantenga en esta nueva dirección?

Recuerda esto: cuando veas los metapatrones y la historia que están dirigiendo tu vida, no te desanimes. Emociónate. *Todos y cada uno de los actos de tus antepasados culminaron en este momento, en el que puedes pasar por el punto de inflexión y cambiar.* Todos estamos aquí para servirnos unos a otros. Tomar conciencia de esto es aprender algo muy importante.

CUARTA PARTE

EL TESORO DEL POTENCIAL HUMANO

Construir más allá de los límites percibidos

CAPÍTULO 12

TRABAJAR EL ADN DE LAS RELACIONES

Las relaciones personales

Las relaciones son semilleros de patrones sistémicos, y la forma en que nos relacionamos impacta directamente en nuestra calidad de vida. Se puede demostrar que nuestros patrones de relación se transmiten de generación en generación tanto en el ámbito de la familia como en el de los sistemas organizacionales, lo cual muestra que *a menudo, nuestros patrones de relación no son nuestros*. En el campo de las relaciones, reproducimos fielmente las mismas respuestas frente a los mismos estímulos, una y otra vez. Esto no se debe tanto a nosotros y a la persona con la que nos estamos relacionando como a nuestros sistemas familiares respectivos y los patrones que perpetúan. El destino que deberíamos elegir es trascender los patrones limitantes y crear algo nuevo y más sólido.

Las relaciones son las claves del éxito, la flexibilidad, el crecimiento, el liderazgo, la comprensión interna profunda, la realización y la felicidad. Siempre que te sientes perdido, atrapado, estancado, resentido, enojado, temeroso o empequeñecido en una relación, es probable que estés perpetuando un patrón de relaciones multigeneracional presente en tu sistema familiar en tu propio perjuicio, lo cual no es útil para ti ni para el sistema. El comportamiento enojado o desdeñoso de un padre puede afectar a la autoestima de un niño; muchos clientes se aferran a cómo los afectaron sus padres para justificarse. Pero llega un punto en el que tenemos que elegir cómo queremos ser y cómo queremos relacionarnos. Culpar al padre, que es una persona que está dentro de un sistema, nos impide crecer. Tenemos que dejar de hacerlo.

Las buenas relaciones fomentan patrones fuertes de capacidad y afrontamiento. Nos enseñan más sobre quiénes somos en el mundo y sobre la manera de mantener el corazón abierto, las entrañas relajadas y el cerebro activado. Las relaciones saludables nos muestran los tres principios del trabajo sistémico, expuestos en el capítulo uno: cómo pertenecer de una manera que nos enriquezca, cómo ocupar plenamente nuestro lugar y alegrarnos por el lugar que ocupan los demás, y cómo dar pero también recibir. En otras palabras: una buena relación puede enseñarnos cómo vivir una vida plena.

Cuando empezamos a relacionarnos sin miedo y felices y sentimos e irradiamos una versión más elevada de nosotros mismos, establecemos unas rutas neuronales, verdades, sentimientos y emociones nuevos, lo cual sienta las bases para unos resultados diferentes. Cuando reforzamos estos componentes novedosos, contamos con maneras más ricas de relacionarnos y colaborar, imbuidos de un profundo sentimiento de propósito, dirección y realización. Es mucho más fácil abrirse camino en la vida cuando se tienen unas relaciones personales sólidas. Entonces tenemos un equipo completo a nuestra disposición: individuos que tienen lo que necesitamos, que pueden señalarnos las direcciones correctas y mejorar nuestra experiencia del mundo y las formas en que operamos en él.

Escalón sistémico n.º 16: evalúa tus relaciones

Como primer paso en el camino que te conducirá a tener relaciones sólidas, contempla qué relaciones están funcionando en tu vida y cuáles no. Escribe el nombre de dos personas que sean importantes en tu vida y describe cómo es la relación que tienes con cada una de ellas.

En cuanto a las relaciones que no están funcionando, ¿están reflejando un patrón de tu sistema actual? ¿Un patrón procedente de otra generación? ¿O iniciaste tú el patrón? ¿Qué sucesos te enseñaron a relacionarte de esta manera insatisfactoria? ¿Qué te dijiste sobre esos sucesos y cómo los interpretaste? ¿Es la verdad esta interpretación o solo es *tu* verdad?

¿Qué frases sistémicas empleas para definir estas relaciones limitantes? («Siempre siento que no merezco», «Siempre la lío», «No me valoran»...). ¿Forman parte de tu sistema familiar estas frases? Explora su procedencia y toma conciencia de tus frustraciones y tus sueños. Las frustraciones te muestran cuáles son los patrones que deben cesar, mientras que los sueños y deseos apuntan al patrón que tiene que iniciarse.

¿Con qué tipo de gente pasas el tiempo? ¿Hay individuos a los que eres leal aun cuando no te están aportando nada para que puedas mejorar como persona? Examina las frases sistémicas limitadoras que rigen estas relaciones: «No soy lo bastante bueno/rico/inteligente/divertido». Para avanzar y crecer, encuentra relaciones en las que te atrevas a ser más, pensar mejor y ser más feliz. Es posible que esto te

saque de la zona de confort de tu sistema familiar, pero es el próximo paso que debes dar. Esto no significa que excluyas tu sistema familiar; solo significa que eres tú quien vas a cambiar el patrón.
Sé consciente de qué es lo que te inspira o cambia tu forma de pensar en sentido positivo y aprovéchalo. Yo era la niña tímida, amable y buena (friki) que rara vez hablaba cuando estaba en compañía, hasta que comencé a bailar y oí lo que dijo un entrenador a un grupo de nuevos instructores: «Recordad que la mayoría de las personas son incluso más tímidas que vosotros». Esta frase me quedó grabada. ¡Yo sabía cómo ser amable con las personas tímidas! A partir de esa sola frase pasé a relacionarme de una forma completamente nueva, porque me permití admitir una nueva verdad y la alimenté.

LOS TRES PRINCIPIOS Y LAS RELACIONES

En el trabajo sistémico y las constelaciones, ser incapaces de pertenecer y sentir que no hay un orden o equilibrio correctos entre el dar y el recibir puede traernos problemas a nosotros y a nuestras relaciones. Si percibimos que somos incapaces de pertenecer a nuestro sistema familiar (lo cual es literalmente imposible, pues todos tenemos un lugar en nuestro sistema familiar por el hecho de haber nacido en él), corremos el riesgo de sentirnos incapaces de pertenecer en otras relaciones. A veces, la exclusión está ligada a la identificación con otra persona perteneciente al sistema que fue excluida, y la solución consiste en dar un lugar a esa persona y dárnoslo a nosotros mismos. Excluir a los demás es también una forma de no pertenecer, y aquellos a quienes excluimos aparecerán de otras maneras en nuestro sistema. Estamos aquí para aprender unos de otros, y con este fin debemos reconocer el lugar que ocupan aquellos con quienes tenemos dificultades. Esto le permite relajarse al sistema y a nosotros nos deja aprender.

Otro escenario que puede indicar la exclusión de miembros que faltan es el desconcierto a la hora de saber a quién dar y de quién podemos recibir. Si somos, metafóricamente hablando, demasiado grandes (si siempre cargamos con todo), a los demás puede costarles conectar con nosotros. Y si somos demasiado pequeños y no ocupamos totalmente nuestro lugar, puede ser que no nos mostremos de maneras que llamen la atención de los demás.

A veces, parece inevitable que el equilibrio entre el dar y el recibir no sea equitativo. Por ejemplo, ¿cómo puede un niño equilibrar los cuidados que recibe por parte de sus padres? La respuesta es que lo que no podemos devolver siempre podemos compensarlo en el futuro, atendiendo bien a nuestros hijos y a nuestra comunidad.

ALGUNAS MANERAS EN QUE FOMENTAMOS RELACIONES LIMITADAS Y FALLIDAS

Las limitaciones y los fracasos que fomentamos en nuestras relaciones suelen tener como base problemas con alguno de nuestros padres, los problemas que tenían estos con sus relaciones o los problemas que tenían en este ámbito familiares de generaciones anteriores. Nuestros fracasos y limitaciones también pueden tener como base sucesos entre nuestros hermanos o en nuestra propia vida en respuesta a un evento significativo. Me voy a centrar sobre todo en las dinámicas parentales, debido a la gran influencia que tienen. Podría escribirse un libro con cada uno de estos patrones o dinámicas; por ahora solo quiero que te hagas una idea de qué es lo que puede hacer que tengas problemas e indicarte qué puedes hacer para tener éxito.

El rechazo de la figura materna

Nuestra relación con nuestra madre empieza antes del nacimiento. La vida fluye a nosotros a través de ella. Es posible que no pueda protegernos o estar ahí como nos gustaría, pero ella es quien nos trajo al mundo. Ella es nuestra primera y principal relación.

Rechazar a la madre es rechazar la vida y la fluidez, y podemos encontrarnos con que ambas estén ausentes en nuestras relaciones personales y profesionales. También sabemos que cuando excluimos algo, como suelen hacer los patrones, eso puede aparecer en nosotros o a nuestro alrededor. Podemos detectarlo en frases sistémicas que solemos decir, un tipo de lenguaje que solemos emplear, determinados sentimientos que experimentamos y ciertos actos que realizamos. En la tabla siguiente incluyo algunos ejemplos de frases sistémicas relativas a problemas con la madre y sus resultados.

FRASE	RESULTADO O CONCLUSIÓN
No me quiere.	Hay algo malo en mí.
No está ahí para mí.	Me vuelvo extremadamente independiente y/o enfermo o me vengo abajo.
Todo tiene que ver con ella.	No tengo ni idea de quién soy.
No cuida de mí.	Soy grande. Tal vez (yo) coma mucho y puede ser que cuide mal de mí mismo de otras maneras también.
No me hace caso.	Siempre es culpa mía. No soy lo bastante bueno como para tener una relación.
Siempre soy el/la responsable.	No cuento con apoyo. No tengo a nadie que me ayude ni a quien acudir.
No muestra que me tenga afecto.	Siempre soy la persona cariñosa. Doy todo el tiempo y no sé cómo recibir.

FRASE	RESULTADO O CONCLUSIÓN
Mi madre es tacaña y antipática.	Soy alguien retraído y con pocos recursos, o soy extraordinariamente amable y generoso para compensarlo.
Me intimida.	Toma tanto su lugar como el mío. No puedo encontrar mi propio lugar.
Le tengo miedo.	Todas las mujeres de mi familia tienen miedo de su madre. Ninguna de nosotras puede conectar.
No confío en ella.	No sé cómo recibir, fluir, amar o crear.
Todo lo que hace es tomar.	No paro de dar con la esperanza de que vea que yo también tengo necesidades.

Pregúntate cuántas frases como estas condicionan tus relaciones. Si piensas que has escapado de tu madre, observa sus relaciones y advierte en qué aspectos tus relaciones imitan las suyas. Anota las frases sistémicas que le oyes decir a tu madre y mira cómo estas dan forma a tus relaciones también.

El modo en que nos relacionamos con nuestra madre suele marcar la pauta de los comportamientos que tenemos con nuestra pareja o los grupos con los que interactuamos. Una madre distante puede hacer que su hijo se convierta en alguien demasiado autosuficiente, que tenga problemas para conectar e intimar con los demás. Cuando tenemos una buena relación con nuestra madre, tendemos a entablar relaciones sólidas y saludables. Si no podemos conectar con ella con facilidad, puede ser que conectemos con patrones más dolorosos. *No puedo subrayar lo suficiente lo muy leales que somos a nuestro sistema familiar en el nivel inconsciente, incluso aunque conscientemente no queramos serlo.* Esto se debe a que no hemos visto ni resuelto lo que hay ahí. Si no podemos conectar abiertamente, lo haremos de manera encubierta. Siempre estamos buscando una forma de pertenecer, incluso cuando pensamos que no queremos pertenecer.

Si eres mujer y estás pensando en el tipo de madre que puedes ser, no querrás convertirte en aquello que rechazas. Si rechazas a tu madre, es posible que te resulte difícil manejarte en el ámbito profesional; puedes convertirte en una niña de papá, incapaz de ocupar totalmente tu lugar, o puedes tener dificultades para interactuar con tus colegas femeninas. Si eres hombre, piensa en las maneras en que el rechazo que sientes hacia tu madre puede influir en la relación de tus hijos e hijas con su madre y, más adelante, en tu relación con tus hijas cuando sean madres.

Sé que es fácil decir que no rechaces a tu madre cuando no he conocido a *la tuya*. Pero el caso es que *a los sistemas no les importa*. Siempre habrá algo que puedas aceptar de tu madre, y si todo lo que puedes aceptar es la vida que te dio, el color de sus ojos o la textura de su cabello, acepta eso plenamente y genera un sentimiento de gratitud por ello. Podemos convertir en oro aquello que aceptamos. ¡Darle un lugar en tu corazón y en tu conciencia a tu madre no significa que tenga que mudarse al piso de al lado!

El rechazo de la figura paterna

Nuestro padre nos presenta el mundo y nos muestra lo que es posible. La existencia de cada uno de nosotros empezó con nuestro padre. Si no hubiese estado presente en el momento oportuno, no estaríamos aquí. Como nuestra madre, posee muchas pistas sobre quiénes somos, quiénes no somos y quiénes podemos llegar a ser. Cuando lo rechazamos, nos negamos a conocer las pistas que podrían situarnos en el camino hacia la vida que queremos.

En la tabla siguiente incluyo algunos ejemplos de frases sistémicas relativas a problemas con el padre y algunas de las respuestas automáticas a ellas.

FRASE	RESULTADO O CONCLUSIÓN
No me quiere.	Por lo tanto, yo lo rechazo primero.
No está ahí para mí.	Le demostraré mi valía o me sentiré un individuo fracasado.
Todo tiene que ver con él.	No tengo ni idea de quién soy.
No cuida de mí.	Buscaré a otros hombres que lo hagan.
No me hace caso.	Haré lo que sea para demostrar que merezco su atención.
Siempre soy el/la responsable.	Me rodeo de personas o contrato a personas inseguras que actúan motivadas por el miedo y trato de convertirlas en importantes (de que ocupen plenamente su lugar). Si estas personas pueden tener su lugar, yo puedo tener el mío.
No muestra que me tenga afecto.	Siempre tengo que ser la persona cariñosa. Doy la impresión de ser alguien necesitado.
Mi padre es tacaño y antipático.	Siento todo el rato como si (yo) hubiese hecho algo mal.
Le tengo miedo.	Todos los hombres me asustan, me molestan o me irritan.
No confío en él.	Me cuesta cultivar relaciones con los hombres.
Todo lo que hace es mandar a la gente.	Siempre me empequeñezco cuando estoy con hombres o yo también me convierto en un déspota.

Pregúntate cuántas frases como estas condicionan tus relaciones con los hombres. La forma en que nos relacionamos con los hombres y el mundo que nos rodea, sobre todo en el ámbito profesional, empieza con nuestro padre. Cuando el padre es una figura fuerte y saludable en la vida de sus vástagos, sus hijos suelen emularlo y sus hijas se relacionan felizmente con los hombres.

Si observamos los patrones multigeneracionales del padre, advertimos que la forma en que nos va en la vida, especialmente en el terreno profesional, suele tener como base la relación que tenemos con nuestro padre y la forma en que este ocupa su lugar en el mundo. En el campo de las relaciones personales, cuando una hija rechaza a su padre encuentra un modo de conectar con él de manera encubierta; a menudo tiene citas con versiones de él en un intento inconsciente de equilibrar o completar la relación que ha rechazado. La desconfianza hacia los hombres puede dominar su panorama personal. Por mucho que pueda querer una relación, puede sabotear sus relaciones, sin darse cuenta, de las mismas maneras que rechaza a su padre. El rechazo hacia el padre puede convertirse en rechazo a todas las figuras masculinas.

Los hijos que rechazan a su padre suelen tener dificultades para expresar plenamente su esencia masculina. A su porte le falta cierta fuerza y poder masculinos. Lo contrario también es cierto, en el sentido de que pueden carecer de la capacidad de fomentar la masculinidad en sus hijos. En definitiva, puede ser que sus hijos tampoco reciban lo que ellos no recibieron.

Cuando el padre no está física o emocionalmente disponible, puede ser que sus hijos quieran hacerse muy visibles, para demostrar que merecen ser vistos, en un intento inconsciente de lograr que su padre les preste atención. Aunque conscientemente lo rechacen, el impulso inconsciente de conectar con él sigue existiendo. Los hijos de padres ausentes también pueden tener dificultades para percibir su propia valía, al sentir que hay algo malo en ellos, pues su padre no los eligió.

Nuestro padre es una figura importante en nuestra vida, ya esté presente o ausente. Tradicional o arquetípicamente, es una energía que se exterioriza en pos de una meta o propósito. Agradécele a tu padre el impulso y el deseo que tienes de buscar oportunidades de conseguir una posición mejor en el mundo. Como en el caso de tu madre, siempre hay algo que puedes aceptar y valorar de tu padre, aunque «solo» sea tu propia vida.

Las relaciones entre progenitor e hijo desequilibradas

Cuando un padre o una madre busca apoyo emocional en sus hijos en primer lugar y los trata como amigos y confidentes, los descoloca y les impone la pesada carga de tener que satisfacer sus necesidades. A partir de ahí, el niño puede convertirse en un sustituto de la pareja y se lo puede alentar a elegir bando o se le pueden contar secretos inapropiados sobre el otro progenitor. Cuando los padres no buscan el apoyo de su pareja en primer lugar, los niños pueden tratar de ser el superpegamento que mantenga unida a la familia.

Al mismo tiempo, a veces olvidamos que la relación entre un progenitor y un hijo es bidireccional. La relación no es solo para que los padres ejerzan su papel, sino que debe darles a los niños la oportunidad de practicar sus habilidades en cuanto a las relaciones y alcanzar sus capacidades más altas. Cuando este equilibrio está ausente, podemos ver niños exigentes que sienten que nunca tienen suficiente y padres agotados, impacientes por que llegue el momento en que los niños se vayan a la universidad.

La identificación con un progenitor que fracasó en el terreno de las relaciones

Las hijas tienden especialmente a reproducir el patrón de su madre en las relaciones o, al contrario, a rechazar el patrón evitando a cualquier hombre que muestre aunque sea de una forma extremadamente leve alguno de los defectos que la hija percibía en el padre. Con los hijos ocurre lo mismo: si el padre no confiaba en las mujeres, ellos tampoco lo harán.

Hay una lealtad profunda, inconsciente, que podría expresarse con estas palabras: «Mamá/papá, para que no tengas que sufrir sola(o), fracasaré en mis relaciones, como tú». En estas situaciones, nuestra lealtad inconsciente al sistema triunfa sobre nuestro deseo personal. A veces, los niños tienen la suerte de darse cuenta de que no quieren repetir el patrón de las relaciones de sus padres; entonces eligen algo distinto. Es algo por lo que vale la pena estarle agradecido al padre o la madre.

Cuando se interrumpe el vínculo

Cuando uno de los padres está ausente de la vida de un niño pequeño durante más de unos pocos días, en muchas ocasiones no se puede culpar a este progenitor de la ruptura (temporal) del vínculo. Pero la conmoción profunda y la decisión interna inconsciente del niño son duras y dañinas: «Siempre que necesito a alguien, esa persona no está ahí para atenderme. Por lo tanto, no confío en las relaciones».

Esta «verdad» interna profunda puede persistir y dar al traste con otras relaciones justo en el punto en que tocaría comprometerse realmente. Por supuesto, no se trata de una verdad; solo es una decisión tomada en el plano inconsciente por el niño a partir de un suceso que, con el tiempo, lo ha llevado a desconfiar de todo el mundo.

Los divorcios no equitativos y conflictivos

Los divorcios no son agradables, y los divorcios conflictivos pueden ocasionar todo tipo de daños sistémicos a los niños (tanto los hijos de la pareja actual como los hijos de las parejas posteriores) a través de frases, pensamientos y sentimientos sistémicos que den lugar a un ADN emocional no deseado. La dinámica de un divorcio enconado puede incluir estas situaciones:

- El miembro de la expareja que ha recibido más puede sentirse con derecho a tomar más.
- El miembro de la expareja que ha recibido menos y que estuvo en casa cuidando del hogar puede sentirse resentido por haber renunciado a sus propias posibilidades profesionales y por tener derecho a menos de resultas de ello.
- Tanto el progenitor que toma más como el que recibe menos establecen unos patrones de ADN emocional que van a «heredar» sus hijos.
- Padres que antes habían mostrado poco interés por sus hijos pasan a preocuparse por ellos; en realidad, los utilizan para perseguir sus propios fines económicos o para controlar a la expareja.
- Los padres que menosprecian a su expareja pueden encontrarse en un aprieto si se vuelven a casar y tienen hijos. Uno de los hijos de la nueva relación puede tratar de interponerse entre marido y mujer como una forma de incluir a la persona que ha sido excluida. Este niño sabe, en el nivel inconsciente, a quién le debe la vida: a la persona que se quitó de en medio para que pudiese ser concebido.
- Si la expareja es menospreciada, la pareja actual sabe que podría correr la misma suerte.

- A los niños se les impone la carga de tener que manejarse en dos sistemas y buscar dos maneras de complacer a sus padres para sentirse seguros.
- Los niños no se sienten seguros ni cuidados; perciben las tensiones subyacentes, la guerra y la falta de aprecio hacia el otro progenitor, de quien recibieron la mitad de su ADN emocional.
- Los niños a menudo verbalizan la ira no expresada de sus padres; se colocan así en medio de algo que no es suyo y después no saben cuál es su lugar.

Otras dinámicas de relación perjudiciales

Evidentemente, hay muchas otras dinámicas que pueden afectar a las relaciones personales: la irresponsabilidad en materia económica, unos ingresos desiguales, el hecho de que solo uno de los padres traiga dinero a casa mientras que el otro ha elegido quedarse en el hogar y cuidar de los niños y la casa, la muerte de un hijo, un aborto espontáneo, un aborto provocado, adoptar un niño o dar un hijo en adopción, por poner algunos ejemplos solamente. Estas son algunas de las situaciones que más se producen:

Traiciones y aventuras. Las traiciones y las aventuras amorosas pueden limitar las relaciones. Pueden determinar la exclusión de la persona a la que supuestamente amamos y también la exclusión de la honestidad, lo cual acaba con la confianza. El compañero traicionado puede sentirse despreciado o, por el contrario, una especie de santo indulgente. Si se da esto último, esta persona pasa a situarse por encima del compañero. Quien ha cometido la traición puede sentirse culpable, empequeñecido, enojado o «con derecho a», lo que lo sitúa por debajo del otro. Esto puede causar un desequilibrio en el sistema: aquel que ha causado el problema se siente tratado como un niño y puede buscar consuelo en otra persona (en otra aventura) que le permita volver a sentir el peso que tiene como individuo adulto.

A partir de unos patrones familiares inherentes, a veces encontramos generaciones de hombres que dejan la familia para «descubrirse a sí mismos» aproximadamente a la misma edad con la que se fueron sus padres. Las aventuras también pueden producirse cuando falta uno de los padres y la persona no para de buscarlo, de tal manera que no puede estar presente con su pareja. Esto tiene más que ver con la familia de origen de la persona que con ella misma como parte de una pareja.

La solución para alcanzar el equilibrio sistémico es prestar atención a lo que ha ocurrido y tomárselo en serio. Resulta útil contar con un período de tiempo para la reflexión y para que las aguas se calmen. Este período debería establecerlo la persona agraviada, para que cuando se encuentre con su pareja puedan mantener una charla consciente y declarar un conjunto de consecuencias equilibrado. Una vez que el tema se haya abordado plenamente y se haya llegado a un acuerdo, hay que darle su lugar en la relación. Hay que evitar sacar a relucir la traición en las discusiones sucesivas. Cada miembro de la pareja debe descubrir qué patrón quiere descansar en él o ella y qué patrón está listo para emerger a través de él o ella.

Necesidad de redención tras haber herido a alguien de una manera importante. Es habitual que quien ha hecho un daño importante a otra no sepa qué hacer al respecto. No pueden avanzar porque eso no ha sido resuelto y la persona herida no lo ha soltado; ambos están atrapados. A menudo, el resultado es una actitud que podría expresarse así: «Si no puedes superarlo y yo lo he provocado, ¿cómo podría atreverme a tener una buena vida?». Entonces la persona se convierte en una víctima y un agresor a la vez; se hiere a sí misma como venganza por lo que ha hecho. La alternativa es buscar el perdón, lo cual podría hacer sangrar de nuevo la herida de la víctima.

Veo este fenómeno en compañeros que se han herido mutuamente y a veces en mujeres que han abortado o han dado a algún hijo en adopción. En ocasiones, la persona que ha abortado se siente culpable y sufre para sus adentros. La solución consiste en mirar de frente lo ocurrido, reconocer los efectos, preguntarse qué se puede aprender de la situación y efectuar elecciones que aporten paz y crecimiento.

Si te encuentras en una situación así, intenta ver qué patrón quiere surgir. Por ejemplo, «aprenderé de lo ocurrido». Esto es positivo. Al ver el patrón, esta percepción se convierte en un regalo que puedes devolver; puedes traer vida a la vida. Así aprendes y obtienes un propósito en lugar de seguir con un patrón de recriminación, remordimientos y automaltrato.

Uso de un lenguaje denigrante. Todos hemos empleado este tipo de lenguaje. «¡Qué perezosos son los hombres!», «¡Estúpidas mujeres que no saben conducir!», «Los __________ mienten/engañan/roban/no son buenos para nada». Haz una pausa y echa un buen vistazo. ¿Utilizas un lenguaje despectivo hacia cualquier persona o grupo que está a tu alrededor? ¿Cuál es el origen de este hábito? ¿Cómo te está limitando? ¿Cómo puedes tener una relación de calidad, alegre y que fomente el crecimiento con metaoraciones como estas en tu cabeza?

Cuando nos sorprendemos encasillando a individuos y grupos, esos son momentos maravillosos para pulsar el botón de pausa. No solo estamos menospreciando a otra persona u otra gente, sino que también estamos excluyendo a estas personas

y nos estamos excluyendo a nosotros mismos, pues ¿quién querría pertenecer a un grupo que menosprecia a los demás? Al excluir a las personas, todo lo que estamos haciendo es limitar nuestras relaciones.
Recuerda que lo que decidas y digas sobre los demás determinará el tipo de relación que tendrás con ellos.

MANERAS DE DIVORCIARSE SISTÉMICAMENTE

A veces, separarse es lo mejor que puede hacer una pareja. Cuando la relación no ha salido según lo planeado y dos personas deciden separarse, existen formas de divorciarse sistémicamente que facilitan las cosas tanto a los padres como a los hijos y enseñan a todos ellos el arte de las relaciones posteriores al divorcio.

- Lo que hay entre vosotros dos debe permanecer entre vosotros dos. Dejad a los niños al margen. Son demasiado pequeños para esto. Si no lo hacéis así, los situaréis en un espacio que no es el suyo; se encontrarán en la tesitura de tener que ser demasiado mayores o sustituir a la pareja.
- Se establecen unos patrones de relación para los hijos. ¿Qué quieres que aprendan de ti?
- Ser capaz de decir lo bueno que te aportó el matrimonio le otorga a este un lugar de peso; enseña a los hijos y a los cónyuges que os estáis divorciando a encontrar los aspectos buenos de las relaciones y os capacita para examinar con qué aspectos positivos os queréis quedar y qué vais a hacer de manera diferente en adelante. Un buen análisis facilita el crecimiento de todos.
- Reconocer lo bueno que ha aportado cada uno al matrimonio facilita la amabilidad y una separación amistosa.

- Explicarles a los hijos que los dos estaréis presentes implicará que no tendrán que escindir su lealtad; podrán elegir a ambos padres.
- Date cuenta de que si menosprecias al otro progenitor uno de tus hijos podría forjar una lealtad inconsciente hacia él o ella y reproducir el patrón indeseable en un intento de incluir al progenitor excluido. Comprender que cada uno de los padres ocupa el primer lugar y que esto siempre será así hace que cada uno de los padres tenga su lugar y que las parejas que vengan a continuación lo tengan también. Cuando todos saben cuál es su lugar, no hay necesidad de que se produzcan fricciones.
- Mostrar reconocimiento hacia el excónyuge da seguridad tanto a los niños como a cualquier pareja posterior.
- Si cada uno de los padres puede contemplar lo que le encantaba de su cónyuge, reconocerán estas cualidades en sus hijos. Y lo mismo es aplicable a los defectos que vean en el cónyuge; también los verán manifestarse en los hijos.
- Si los niños presencian amabilidad durante la separación, podrán darle a cada progenitor un lugar equilibrado en su corazón y contarán con un buen ejemplo de lo que es una relación saludable.

LA CREACIÓN DE RELACIONES DE PAREJA SALUDABLES

Las parejas están bien juntas cuando cada uno de los miembros entiende que es diferente del otro pero ambos asumen que están en un plano de igualdad. Cada uno necesita lo que el otro tiene y cada uno tiene lo que el otro necesita. Por esta razón el compañero o compañera a menudo nos lleva a los lugares en los que albergamos nuestras mayores heridas. Puede mostrarnos nuestras partes más vulnerables y nos ofrece la oportunidad de explorar nuestros puntos débiles y convertirlos en puntos fuertes. Nos señala lo que está pendiente de resolución en nuestro sistema familiar. A menudo, lo que no resolvemos con nuestros padres intentamos resolverlo con nuestra pareja.

Se genera peso sistémico cuando los miembros de la pareja construyen algo juntos, como puede ser una familia o un proyecto que lleve el peso de una familia. Acumular bienes o crear riqueza conjuntamente también son maneras de conectar. Si participan juntos en actividades con las que cultivan el cuerpo y la mente, su ADN de las relaciones se desarrolla. A veces, si solo uno de los miembros crece, la relación se acaba, porque el que tiene alas necesita volar. Cuando uno participa en alguna actividad que impulsa su crecimiento, si el otro no puede participar en eso mismo será interesante que busque una actividad alternativa, para que ambos puedan aportar un crecimiento dinámico a la unidad. Compartir las alegrías y las penas fortalece a las parejas y ofrece un refugio seguro a los dos miembros. Jugar juntos y cocrear metas, esperanzas y sueños genera alegría, resiliencia, aguante y cohesión.

CÓMO HACER QUE TODAS LAS RELACIONES SEAN SÓLIDAS Y SATISFACTORIAS

Construimos conscientemente una relación cuando recibimos y damos plenamente, de todo corazón. Cada acto de dar y recibir se suma al anterior. De esta manera, es inevitable construir relaciones enriquecedoras y gratificantes. Dar y recibir a manos llenas trae asociados sentimientos de abundancia, alegría y valoración (somos valorados y valoramos al otro). Este tipo de gozo no se produce sin más; es la consecuencia de la voluntad de incrementar el amor al necesitar y cultivar relaciones. Tenemos en quien apoyarnos y el otro tiene en quien apoyarse; sostenemos al otro y somos sostenidos.

Cada persona que forma parte de nuestra vida está ahí con su sistema. Resulta útil tenerlo en cuenta y mirar más allá de la persona para ver con quién está conectada en el gran fluir de la vida. Reconocer y respetar el hecho de que cada individuo pertenece a múltiples sistemas nos permite aportar la totalidad de lo que somos a nuestras relaciones, sin estar a la defensiva, con el fin de explorar y crecer. Cuando nos miramos el uno al otro con ojos inclusivos y con un corazón y una mente acogedores, algo completamente nuevo es posible.

Tu ADN de las relaciones es una de las grandes claves de tu transformación personal. La manera en que te relacionas con los demás te dice cómo eres contigo mismo. Si escuchas lo que te dices a ti mismo y a los demás y observas tus patrones de relación, no tardarás en descubrir qué es lo que te mantiene varado y qué es lo que te ayuda a avanzar.

Escalón sistémico n.º 17: cómo crear las relaciones que quieres y arreglar las que parecen rotas

Paso uno. *Cree* que puedes tener las relaciones que quieres tanto en el ámbito personal como en el profesional. No importa si actualmente una determinada relación atraviesa dificultades o incluso está rota. Si no albergas al menos el deseo y la creencia de que es posible crear relaciones o mejorar las existentes, ni siquiera vas a intentar hacerlo.

Paso dos. Declara con concreción qué es lo que *quieres*, no lo que *necesitas*. Hay una diferencia entre ambas cosas. En el primer caso hay lugar para el crecimiento personal; en el segundo caso, vas a conectar con viejas heridas.

Paso tres. Busca relaciones que te ayudarán a crecer y a convertirte en una mejor persona. A veces, esto significa sanar conexiones rotas; otras veces, implica cultivar una nueva forma de crecer. Asegúrate de que tus relaciones promueven tu mayor bien y asegúrate de aportarles lo mejor de ti. Se trata de que estas relaciones te entusiasmen y, a la vez, de que las vitalices y enriquezcas. Te conducirán a un futuro más brillante.

Paso cuatro. Asegúrate de que las relaciones en las que inviertes están equilibradas. No des más o no lo intentes con más ahínco si la otra parte no corresponde o no puede corresponder a tu dedicación. Si no estáis trabajando en la relación *ambos*, examina el equilibrio de tu dar y recibir y cuestiónate el patrón que estás creando.

Paso cinco. Disfruta tus relaciones, construye sobre ellas e invierte en ellas. Las relaciones bien desarrolladas son una plataforma de lanzamiento para lo increíble en tu vida. Cuanto más pongas en ellas y esperes de ellas, más satisfechos estaréis tú y las personas que forman parte de tu vida.

CAPÍTULO 13

TRABAJAR EL ADN DE LAS RELACIONES

Las relaciones en el ámbito laboral y profesional

Nuestras relaciones del ámbito laboral o profesional tienen como base los patrones presentes en nuestras relaciones personales. Muchas veces, de forma inconsciente trasladamos patrones limitantes de nuestras relaciones personales a nuestra vida profesional, y después nos preguntamos por qué tenemos dificultades con nuestra carrera. Los compañeros de trabajo pueden ser análogos a los hermanos. Las figuras de autoridad pueden ser análogas a los padres, e interactuamos con ellas de manera similar. Comprender nuestras relaciones personales y sus efectos nos capacita para construir unas relaciones sólidas en el campo laboral o profesional.

A algunos de nosotros, nos puede parecer casi imposible desarrollar un buen ADN de las relaciones en el contexto de nuestra vida personal y social. Pero el universo es ingenioso y generoso. Hay otros sistemas disponibles que pueden ayudarnos a cultivar las habilidades que necesitamos para las relaciones, y en el lugar de trabajo se presentan muchas oportunidades de crecer. En el ámbito laboral *tenemos que* hacer bien nuestro trabajo y *se espera que triunfemos* si queremos ascender. El mandato es evolucionar. Se nos permite e incluso se nos anima a destacar y a ser la mejor versión de nosotros mismos, y gracias a este «permiso» podemos eludir los pensamientos, sentimientos y actos limitantes del sistema familiar. Podemos probar distintas formas de relacionarnos. A veces lo que aprendemos en el ámbito laboral nos ayuda a resolver un asunto en el ámbito personal y viceversa, lo cual impulsa en gran medida nuestro éxito, nuestro crecimiento y nuestra realización.

Tuve un cliente cuyo padre le había dicho, cuando era niño, que solo los extrovertidos llegan a lo más alto. Como Mateo se consideraba introvertido, determinó a corta edad que tenía muy pocas probabilidades de triunfar en el ámbito profesional y que debería conformarse con realizar funciones de apoyo, no directivas. Básicamente, estaba condenado. Mateo me dijo que los empleados confiaban en él y que a menudo deseaban que se pronunciara más. Pero en su cultura (se crio en América Latina), hablar claro se consideraba de mala educación, y lo habían educado para respetar a sus superiores en todo momento y a toda costa.

Cuando se dio cuenta de que su creencia de que los introvertidos están en segundo lugar, que provenía de su padre, limitaba su relación con sus compañeros de trabajo y los jefes, supo que tenía que dar su propio espacio tanto a la cultura como a lo laboral. Tras pensar en ello, se le ocurrió que podía aprovechar su carácter introspectivo para observar, evaluar y después hablar claro y de forma inspiradora cuando fuese necesario. Reformuló sus pensamientos para aceptar que los introvertidos pueden ser líderes reflexivos y perspicaces. También se dio cuenta de que su cortesía, inspirada por su cultura, le permitía cuestionar lo que decían los demás de una manera que invitaba a la interacción en lugar de hacer que los otros se pusieran a la defensiva. Mateo resolvió un aspecto más del asunto cuando habló con su padre y este le aclaró que se estaba refiriendo a sí mismo, no a su hijo, cuando dijo lo de los extrovertidos.

Un patrón limitante solo limita mientras permitimos que prevalezca su lado oscuro. Siempre hay un lado luminoso esperando a ser descubierto y aprovechado. Para Mateo, todo se redujo a reformular su lenguaje limitante heredado y convertir los tabúes en cualidades que lo beneficiaran y fuesen útiles a los demás.

CRECER UNO MISMO HACE QUE TAMBIÉN CREZCAN LAS RELACIONES DEL ÁMBITO LABORAL

Las relaciones del ámbito laboral tienden a operar, en líneas generales, en dos áreas: la de las transacciones y la de la transformación. La primera nos conduce a lo que necesitamos y adonde tenemos que ir a través de una dinámica simple de dar y recibir. Damos un servicio y recibimos una compensación. Sin embargo, cuando desbloqueamos algo llamado ADN de las relaciones *discrecional* (una parte superior de nosotros que irradia pasión, amabilidad, entusiasmo, amor, alegría y felicidad) en colaboración con nuestros compañeros de trabajo y clientes, se pueden producir unos cambios transformadores que den como resultado una carrera legendaria.

Si no ocupas un cargo de responsabilidad o directivo, es probable que estés operando en el espacio de las relaciones de transacción. En los niveles inferiores de la empresa, nos enteramos de quiénes son las personas importantes, quiénes pueden ayudarnos y qué debemos hacer para conectar y avanzar. A menudo es más relevante *a quién* conocemos que lo que sabemos. Damos nuestras habilidades y entusiasmo, y los que nos rodean nos dedican atención y nos orientan. A partir de aquí, si empezamos a usar nuestras emociones superiores para encontrar lo que nos gusta o valoramos de cada persona que nos rodea y su función, no solo incrementaremos nuestras capacidades, sino que, además, desarrollaremos nuestro ADN de las relaciones discrecional tanto en el ámbito laboral como en nuestra esfera privada. Este ADN se desarrolla cuando hacemos un esfuerzo adicional para generar valor y conectar más profundamente. Empezamos por dar, atendiendo las necesidades de los demás; a cambio recibimos conocimientos, orientación y unas relaciones duraderas. Los líderes visionarios son conocidos por su capacidad de conectar, una habilidad que cultivan conscientemente.

Cuando en el terreno profesional accedemos a las emociones superiores y las expresamos, acontece la magia. Trabajamos con ganas y nos convertimos en la persona que los demás buscan, con la que los demás quieren trabajar y en la que invierten los jefes; los ascensos son un resultado natural. Es una especie de truco vital que nos da ventaja. Cuando trabajo con líderes empresariales, les pregunto cada vez que nos reunimos: «¿Te has esforzado y has hecho magia esta semana?». Es uno de esos regalos de la vida que nos llevan más arriba en la escalera del éxito. Las buenas vibraciones no cuestan nada; todos se benefician de ellas y la recompensa adicional es que estar entusiasmados y alegres nos hace sentir bien.

Cuando en el ámbito empresarial se dice que nuestra comunidad es nuestro valor neto,* no es ninguna broma. Las personas quieren ayudarse entre sí y lo hacen si perciben que habrá un ROI (retorno de la interacción).** Pero las relaciones de transacción

* N. del T.: En inglés se hace un juego de palabras: *network* frente a *net worth*.

** N. del T.: De nuevo, un juego de palabras: ROI es, en inglés, las siglas de *retorno de la inversión* (un concepto financiero).

solo pueden llevarnos hasta cierto punto. Son las relaciones transformativas las que nos llevan hasta el final y nos aportan un sentimiento de realización. Para tener este tipo de relaciones y ser la persona a la que a la gente le encanta tener en su equipo, debes trabajar en tu historia y tus patrones multigeneracionales para ir más allá de las limitaciones que afirma tu sistema actual y pasar a ser alguien que vibra con gozo.

Escalón sistémico n.º 18: las relaciones de transacción frente a las transformativas en el ámbito laboral

En el terreno laboral, asegúrate de prepararte para ir más allá de las relaciones de transacción. Se trata de que abras continuamente la puerta a dinámicas más transformadoras. En este escalón, quiero que revises tus relaciones del ámbito laboral y adviertas si son de transacción o transformativas. Ten en cuenta que las personas hacen negocios con *personas*, no con sus capacidades solamente.

Piensa en tu empleo, tu carrera o tu vocación. ¿Cuándo elegiste la dirección en la que estás yendo ahora? ¿Puedes recordar el momento o el suceso decisivo? ¿Fue algo que te ocurrió a ti o te impactó de forma positiva o negativa una figura influyente? ¿Elegiste desde el plano inconsciente una profesión que incluye o excluye a ciertos grupos de personas? Por ejemplo, quienes hacen carrera en el campo de la salud suelen verse a sí mismos como individuos que ayudan a los demás.

Si eliges un empleo o una profesión por razones positivas, cuentas con una ventaja inicial a la hora de cultivar relaciones transformativas y desarrollar tu ADN de las relaciones discrecional. Si has elegido tu tipo de trabajo como una forma de permanecer pequeño o invisible en coherencia con un programa sistémico limitante o para sobrevivir sin más, hay muchas posibilidades de que tu elección haya establecido unos patrones que te estén manteniendo en situaciones transaccionales. ¿Pensaste en estos términos?: «No puedo llegar a mucho, y en este empleo no se me pedirá que lo haga». ¿O en estos otros?: «Tengo algo que ofrecer. Aquí puedo dejar mi huella y destacar». ¿Ves la diferencia?

¿Aceptaste el empleo que tienes porque no había otro disponible? ¿O tal vez con el único fin de llevar comida a la mesa? Esto no tiene nada de malo, pero hay que tener en cuenta que este tipo de elecciones pueden dar lugar a una relación vacía contigo mismo que afecte a tus relaciones en el ámbito laboral, pues lo mejor de ti no se está manifestando. No estás implicado y por lo tanto no quieres participar; no puedes generar una mentalidad de abundancia que os aporte unos buenos rendimientos a ti y a las personas con las que trabajas.

Recuerda lo que has aprendido sobre el desarrollo de las relaciones del ámbito laboral. Date cuenta de cómo te has encasillado en ciertas funciones, limitaciones y posibilidades: «Soy demasiado tímido; nadie me escuchará»; «Soy un friki; nadie quiere tenerme cerca». Lo que te dices a ti mismo con origen en tu pasado sistémico sería cómico si no fuese por el hecho de que los límites que crees tener como persona te llevan a tener una percepción igualmente limitada de tu potencial en el campo laboral.

Haz una lista de los diversos aspectos laborales y profesionales en los que crees que no das la talla y después haz una lista de las maneras en las que estos aspectos afectan a tus relaciones en el ámbito laboral. Ahora pregúntate: ¿estás aportando todo lo que tienes en tu interior? ¿Te interesas por los demás sea cual sea su cargo o función? ¿Inspiras e invitas a que te sigan y te apoyen? ¿Qué elemento único podrías aportar a todo lo que haces en el ámbito laboral?

¿Has advertido que los individuos que presentan un mejor desempeño aportan ese pequeño elemento que los diferencia del resto? Escriben notas de seguimiento, traen galletas recién horneadas en su nuevo hogar, muestran interés por la familia de sus clientes... Siempre están buscando algo, un solo elemento, que les haga tener una voz propia en lo profesional. Desarrollan su ADN laboral. ¿Cómo vas a desarrollar el tuyo?

EL TRABAJO COMO OBLIGACIÓN

Muchas personas están atrapadas en lo que llamo «carreras prometidas». Ocurre algo que las cambia y les induce un compromiso; prometen actuar, relacionarse o vivir de una determinada manera, y consideran que esta promesa está grabada en piedra. Pongamos por caso que estás nadando con tu hermana pequeña y que casi se ahoga. Un paramédico le practica la técnica de reanimación cardiopulmonar y da la impresión de que la resucita. Te sientes culpable porque estaba buceando a demasiada profundidad, y aunque siempre has soñado con ser biólogo marino, le prometes a Dios que si tu hermana no muere vas a dedicar tu vida a salvar a otras personas. Ella no muere, en efecto, y tú te haces paramédico y eres infeliz en el trabajo por siempre jamás.

Las carreras prometidas pueden crear dos tipos de patrones de ADN de las relaciones: poderosamente positivos o terriblemente limitadores. Si te hiciste una promesa a ti mismo, o la hiciste a Dios o al universo, que te inspira y te ha dado un propósito, satisfacción y éxito, ¡es maravilloso! Atiéndela con los ojos y el corazón abiertos. Construye de manera positiva tu biblioteca sistémica. En otras palabras: llena tu mente de pensamientos, sentimientos y actos que apoyen tu promesa de maneras que te hagan feliz. Sin embargo, si estás cumpliendo una promesa a costa de tu felicidad, tanto tu promesa como tu trabajo son una carga, y esto se nota en la forma en que interactúas con los demás: de manera transaccional y desanimada en lugar de transformadora.

Cualquier cosa que hagas desde un espacio de mera obligación no te permitirá realizar tu máximo potencial. Y realizar este potencial es el mejor servicio que puedes prestarle al universo. Echa un vistazo a lo que has prometido y a la manera en que esto te ha limitado o inspirado. Muchos ejecutivos de éxito, al observar lo duro que trabajaban sus padres o los fracasos de estos, se prometieron a sí mismos tener más, hacer más y ser más. Ya sea que a tu linaje familiar se le den muy bien los negocios o que temas o aborrezcas las circunstancias limitadas y estés decidido a tener una vida mejor, ¡tienes que dar las gracias a los impulsores de estas circunstancias de tu sistema familiar por encaminarte y hacer que te muevas!

¿QUÉ TIPO DE JEFE O COMPAÑERO ERES?

Hay algunos patrones que vale la pena que explores para ver qué tipo de jefe o empleado eres. Una vez que sepas en qué lugar del tablero de ajedrez te encuentras, podrás ver la dirección que quieres tomar y empezar a contemplar los movimientos que te permitirán mejorar. Lo maravilloso sobre el ADN emocional (en este caso, el ADN de las relaciones laborales) es que todo comienza con uno mismo. Tienes todo lo que necesitas para empezar a reconfigurar lo que hay actualmente con el fin de poder cambiar y crecer.

El jefe torbellino cambia de dirección cada vez que sus empleados ganan impulso o establecen una dirección; ahora los elogia, ahora los critica. Sus empleados están constantemente desequilibrados, agotados y desmoralizados. A menudo, un jefe así aparece como el salvador cuando, de hecho, solo está resolviendo los problemas que ha creado para que nadie descubra que es un impostor o que no tiene todas las habilidades que cree que debería tener. Esto puede tener su origen en la falta de fe en sí mismo, lo que se traduce en falta de fe en los demás. Esta dinámica también puede provenir de estar fuera de lugar o de no ser capaz de pertenecer. Cuando este tipo de jefe invierte en su desarrollo como líder o se va, toda la empresa emite un suspiro de alivio.

El jefe oculto o invisible. Cuando un jefe no es fácil de identificar, no toma decisiones con rapidez o facilidad y, a menudo, dice que necesita cuarenta y ocho horas para pensárselo bien, puede haber alguien detrás de él o ella que está tomando las decisiones: un jefe o supervisor oculto, un cónyuge u otro miembro de la familia al que escucha. Los empleados no pueden entablar relaciones con este jefe ni obtener instrucciones de él o ella, porque la persona a la que escucha está generando una dinámica desordenada y está alterando la fluidez funcional en la empresa.

El jefe parental se muestra como un padre o una madre en la organización; a menudo hace que los demás se sientan pequeños e incapaces de mostrarse plenamente por sí mismos. Puede ser que los empleados se relacionen más como niños que como empleados con un jefe así. El principal inconveniente es que los empleados nunca llegan a experimentar su propio potencial ni a contribuir con la organización tanto como podrían.

El jefe reacio suele crear una empresa para satisfacer un sueño. Su mentalidad es más de fundador que de jefe. Está interesado en los productos o la misión de la empresa, pero no piensa mucho en el crecimiento de esta y no está por la labor de motivar a los empleados o de hacer que mejoren. Cuando estas empresas crecen, no es raro que este jefe entregue las riendas a un director ejecutivo para poder concentrarse en la empresa en sí.

El jefe enérgico está orientado a los resultados y puede provenir de una familia que ha obtenido muchos logros o exactamente al contrario: puede ser el primero de la familia en ascender. Ambos escenarios suelen promover la pertenencia mediante el control. El problema es que estos jefes suelen esperar que los empleados hagan tanto como ellos, y esto no es factible. La escala salarial y las recompensas son diferentes, al igual que los deseos y expectativas personales. El equilibrio entre el dar y el recibir puede perderse si el jefe no se da cuenta de esto; si además no tiene carisma, los empleados se sienten poco apreciados y explotados y puede ser que se vayan.

El jefe visionario les muestra a los empleados que ese es su sitio, los invita a dar lo mejor de sí, reconoce su desempeño, les da un lugar, les pide lo mejor y recibe lo mejor. Suele compensarlos bien, presenta un ROI (retorno de la interacción) elevado e inspira lealtad y pasión al implicar a los demás en el viaje y fomentar su entusiasmo. Este tipo de jefe se entrega y se preocupa por los demás y les muestra que son importantes.

Como ocurre con los jefes, los empleados están bajo la influencia de unos patrones que pueden mantenerlos estancados o hacerlos prosperar. Voy a exponer unos cuantos.

Los empleados temerosos traen el miedo asociado a sus relaciones personales al lugar de trabajo y actúan como si ahí hubiese algo que temer. Cuando un equipo o grupo tiene miedo, las relaciones del ámbito laboral no pueden fluir o prosperar, porque estos empleados tienen demasiado miedo de dar lo mejor de sí. No les parece que el entorno sea seguro para manifestarse. Trabajan por una paga y nunca están del todo seguros de que ese sea su lugar; todo el rato temen que puedan despedirlos. Una manera rápida de saber si ese es el patrón de un miedo personal o que tenga que ver con la organización consiste en determinar si el patrón se repite específicamente en el empleado en cuestión, en cuyo caso es algo suyo. En cambio, si el patrón está presente en varias personas del equipo o la organización, habría que buscar qué patrón hay en la organización que pueda ser el origen de este.

Los empleados y jefes mandones son ejemplos sistémicos de comportamiento inapropiado. Muy a menudo tratan de situar a todos porque no pueden encontrar su propio lugar. Su sensación es que si todos ocupan su lugar, ellos y ellas también sabrán a dónde pertenecen. En el ámbito laboral, las relaciones pueden ser tensas cuando los trabajadores se sienten arreados como ganado o cuando se les dice a dónde y cómo pertenecer.

Los empleados rebeldes pueden ser activos valiosos para cualquier empresa. Pueden representar los elementos excluidos del sistema, incluidas las personas. Cuando trabajo para una empresa y resulta que hay un rebelde, miramos qué es lo que puede no estar representado, qué es lo que tal vez no esté valorado o reconocido y qué es lo que tendría que suceder para que ese empleado o ese equipo dejase de estar disconforme. Trabajé para una empresa en la que había un equipo de rebeldes enojados y combativos. Cuando examinamos los antecedentes, vimos que era el equipo fundador de la empresa, que había sido marginado en favor de un equipo más moderno y glamuroso. Estos rebeldes seguían siendo los principales generadores de ingresos para la empresa, pero cada vez tenían menos visibilidad. De hecho, ese equipo había sido trasladado a otra planta, lejos del público. No solo se trataba de un caso de relegación y exclusión; además, se había roto el equilibrio entre el dar y el recibir. Ese equipo no sentía que estuviera en absoluto en su lugar. Un simple reconocimiento en la siguiente reunión corporativa, junto con un nuevo espacio de oficinas en el corazón del edificio, puso fin al conflicto interno.

Los empleados implicados reflejan un sentimiento de pertenencia y un buen orden. Perciben que sus necesidades son satisfechas cuando sirven a la empresa. Consideran que la empresa es parte de sí mismos. Estas relaciones presentan un ROI elevado. Los empleados sienten que se los quiere y se los necesita, y albergan un sentimiento de propósito.

CÓMO CONSTRUIR UN MAGNÍFICO NEGOCIO A PARTIR DE LA VISIÓN SISTÉMICA

Cuando comencé a trabajar con organizaciones a partir de los factores sistémicos, no me sorprendió mucho descubrir que las empresas tienen su propia personalidad, su propio ADN organizacional, sus patrones ocultos y sus lealtades inconscientes. Después de todo, están compuestas por personas, sirven a personas e interactúan con personas.

Determinadas cuestiones que son simples en las familias, como la clasificación de mayor a menor (del más viejo al más joven), son más complejas en las organizaciones y tienen un peso tremendo. Descubrí que en las empresas el *ranking* depende del hilo o mentalidad sistémico dominante en ellas, que puede ser la edad, el tiempo que se lleva en el puesto, el conjunto de habilidades, las capacidades de las personas y muchos otros criterios. Si no se respeta el hilo de la frase o mentalidad sistémica dominante de la empresa, los nuevos empleados pueden estancarse inexplicablemente al intentar innovar o impulsar un cambio.

Una joven directora ejecutiva contratada por una empresa canadiense se topó con un muro. No podía llegar a ninguna parte, hasta que se dio cuenta de que la mentalidad y el enunciado sistémico dominante de la empresa eran: «Respetamos a nuestros mayores. Los ancianos son los que tienen la sabiduría y el conocimiento». En consecuencia, se acercó a cada uno de los miembros más antiguos y les dijo: «Hay algunas cuestiones que desconozco en relación con esto. ¿Podría mostrármelas?». De esta manera les dio su lugar a estas personas, el muro se derrumbó y todos pudieron participar.

Las empresas prosperan o sucumben a partir de las relaciones que hay en su seno. La transparencia en los buenos y malos momentos hace que los empleados especulen menos y estén más dispuestos a ayudar en los momentos difíciles. Cuando el potencial humano es reconocido y desarrollado, las ganancias aumentan. Cuando una empresa invierte en sus empleados, sus relaciones exteriores también mejoran. Todos usan el mismo lenguaje y sienten que pertenecen al lugar. Lo que más prevalece no son «las normas de la empresa», sino esta dinámica: «Son nuestras normas: juntos establecemos las reglas, los valores y la visión».

¿QUÉ FACTORES SISTÉMICOS LIMITAN O DESTRUYEN LAS RELACIONES EN EL ÁMBITO LABORAL?

Las habilidades no son lo único que hace que una empresa vaya adelante; las relaciones también son fundamentales a este respecto. Hacen posible la colaboración y la expansión. Pero cuando hay patrones ocultos y lealtades inconscientes, las relaciones pueden deteriorarse y romperse. Esto puede suceder de varias maneras. Algunas derivan de los patrones multigeneracionales que se dan en la empresa, mientras que otras derivan de los patrones de las personas que están en la empresa.

Las asociaciones tienen que ver con un liderazgo ordenado y equilibrado. Cuando de pronto un socio domina al otro, el orden se altera. Hay la sensación de que uno es el jefe y el otro ocupa un lugar secundario. En esta relación, uno está por encima del otro y la palabra *socio* se vuelve inexacta. El socio dominante trata al otro socio como si fuera un niño o tuviera menos valor. A menudo, este patrón tiene su origen en un exceso de responsabilidades que tuvo que asumir el socio dominante en su niñez. El socio dominante se siente más seguro si tiene el control, como lo tuvo cuando era niño. Esto puede destruir la relación, porque el socio dominante no sabe compartir el espacio y apoyarse en los demás como los demás se apoyan en él o ella. A menudo, el otro socio buscará en otro lugar una oportunidad de crecer experimentando las frustraciones y las alegrías derivadas de encontrarse en plano de igualdad con los demás socios.

Con el socio o compañero infantil ocurre lo contrario. Hay algo en estos individuos que les impide crecer y asumir totalmente su responsabilidad. A menudo hay unas personas que los protegen y disimulan el hecho de que no pueden estar completamente disponibles como líderes. Pueden tener la inteligencia necesaria para conformar relaciones de liderazgo con otros socios o compañeros, pero no la capacidad de hacerlo. Otras personas tienen que arreglar sus problemas o establecer una dirección cuando ellos no pueden o no quieren hacerlo. Tal vez tengan el síndrome del impostor. La solución consiste en explorar el miedo que les impide conectar con los demás, convertir su síndrome del impostor en el síndrome del pionero, madurar y asumir plenamente el lugar que les corresponde.

La parentalización se produce cuando un empleado de menor rango quiere hacer de «padre» o «madre» del jefe u otras personas de mayor rango. Entonces, ninguno de los dos está en su lugar y el fluir resulta perturbado. Ni el uno ni el otro pueden realizar su máximo potencial. El jefe no puede ocupar completamente su lugar para dirigir la empresa y el miembro de menor rango no puede recibir el acompañamiento que necesita para alcanzar el éxito.

La triangulación es un patrón bien conocido con raíces sistémicas que da lugar a relaciones incómodas y distancia a las personas. Los empleados pasan a estar en mitad de un fuego cruzado cuando los socios de la empresa los utilizan, consciente o inconscientemente, para crear bandos y fortalecer su causa. La solución para el empleado es alejarse y dejar el conflicto en manos de quienes lo han creado: los socios. De lo contrario, puede muy bien ser que lo acusen de fomentar malos comportamientos o tomar partido de manera inapropiada y lo despidan.

Cuando la empresa no está unificada en torno a los mismos valores, visión y misión, se pueden crear divisiones en su seno: equipos y empleados pueden alinearse con su gerente de línea y encontrarse enfrentados a otros equipos y gerentes de línea. La solución consiste en consensuar un conjunto de valores y codificarlos claramente para que todos los empleados sepan cómo relacionarse e interactuar entre sí.

La comunicación poco clara sobre las visiones y los objetivos genera tensiones entre los jefes y los empleados por igual. Nadie sabe qué hacer para sentir que está en su lugar ni cómo relacionarse, aumentan las tensiones, y esto va en detrimento del rumbo y los resultados de la empresa. Todo el mundo está ocupado tratando de descifrar las reglas y de saber cuáles son las líneas de dirección más fuertes para sentirse seguro. Cuanto más claras sean la visión y las metas, más se relajará el sistema nervioso de la organización. Las empresas que tienen un itinerario profesional, unas expectativas y una dirección claras cuentan con una mayor cohesión y sus empleados tienden a ser más felices. Desde el punto de vista sistémico, si los roles, el ámbito de trabajo y los parámetros de los proyectos están claramente definidos, entonces cada persona sabe cuál es su lugar, qué se espera de ella, de quién debe recibir y a quién debe dar.

En las empresas familiares a menudo se dan dinámicas tanto familiares como organizacionales, y si las dos no están claramente separadas, como ocurre a menudo, los patrones familiares se manifiestan a través de los conflictos entre equipos, es decir, las rivalidades entre hermanos. También existe la dinámica de los empleados que son familia frente a los que no son familia; estos últimos pueden sentirse como ciudadanos de segunda clase, y puede ser que se los trate como tales. Si se observa detenidamente la empresa, a veces es posible saber cómo le está yendo a la familia, quién está en sintonía y quién choca, y actuar en consecuencia.

En conclusión: las relaciones que mantienes en el ámbito laboral valen su peso en oro. Sea cual sea el cargo que ocupes, tus relaciones pueden impulsar tu crecimiento, tu sanación, tu creatividad, tu abundancia y tu satisfacción. Cuanto antes aprendas a relacionarte bien, antes ampliarás tu red. Si tienes que estar en un lugar de trabajo o ejerciendo una profesión ocho horas al día, puedes pasártelo bien, y te corresponde a ti hacer que esto sea así: por medio de los pensamientos que decidas tener acerca de las personas que tienes alrededor y de la actitud que tengas hacia tu profesión y hacia ti mismo como profesional.

Escalón sistémico n.º 19: cómo ver en qué punto te encuentras y cómo llegar adonde quieres estar

La clave más importante para cultivar tu ADN de las relaciones laborales y, de hecho, tu ADN emocional, es que dejes de lado tus suposiciones, declaraciones, decisiones y teorías sobre ti mismo, los demás y las relaciones, y empieces totalmente de cero; parte, preferiblemente, de lo que quieres lograr.

Paso 1. Examina la ética laboral o la mentalidad sistémica que actualmente te define en el terreno profesional. ¿Cómo hablas de tu profesión y tu empresa? Presta atención a las frases. ¿De dónde vienen? ¿De uno de tus padres, de un profesor, de alguien que te influyó? ¿Cómo podrías convertirlas en frases, patrones y formas de pensar que te sean útiles y rebasen los límites de tu sistema?

Por lo general, el ADN de las relaciones laborales tiene como base frases sistémicas antiguas que han pasado del sistema familiar al terreno profesional o laboral, ya sea en connivencia con el sistema familiar o como reacción contra este. Si este ADN tuyo ya es fuerte, construye sobre él y llévalo al siguiente nivel. Encuentra lo que te diferencia y descubre tus capacidades más allá de tus suposiciones y frases sistémicas. Busca siempre tu propia voz. Esta es tu poción mágica. Como dije antes, esta voz no tiene por qué ser fuerte o imponente; solo tiene que ser la tuya.

Mira en qué aspectos tienes dificultades. Quizá eres tímido, impaciente, brusco, sarcástico, retraído o callado. ¿Cuál es el origen de esta característica? Elige un solo aspecto que cambiar, encuentra su *alter ego* e invierte en eso. Trabaja en tu aspecto problemático hasta que encuentres tu forma, única, de darle la vuelta. Este es tu oro. Haz esto mismo con cada uno de los patrones con los que tienes dificultades, uno tras otro. Lo normal será que acabes por descubrir que esos patrones problemáticos eran cualidades tuyas disfrazadas. Contempla hasta qué punto eres ambicioso, o tu falta de ambición, y pregúntate cuál es el origen de ello. ¿Se trata de un patrón multigeneracional? ¿Hubo un suceso que lo desencadenó? ¿Te callas o te encoges cuando te desafían o cuestionan o utilizas los retos y dificultades como indicadores de oportunidades de crecer, explorar, implicarte y mejorar tus habilidades en el terreno de las relaciones?

Paso 2. Construye mejores relaciones en el ámbito profesional o laboral para seguir adelante. Busca las formas positivas en que te relacionas con los demás. Quizá se te da bien escuchar a las personas o colaborar con ellas, eres un buen compañero de equipo o afrontas bien las sesiones de trabajo maratonianas. Sea cual sea tu cualidad, cultívala con todas tus fuerzas y haz que sea otro factor diferencial que te caracterice. Estás construyendo tu valor; siéntete orgulloso de él y defiéndelo. Sé extraordinariamente bueno en eso. Este es tu don. Acaso te parezca pequeño, pero te aportará grandes resultados. Aprovechar al máximo lo que tienes y tu forma de ser es un regalo universal.

Aprende a relacionarte con las personas de mayor rango tan bien como lo haces con tus iguales o con las personas de rango inferior. Cultiva un amplio abanico de interlocutores internos y externos.

Si no sabes algo, pregunta. Si sabes algo, compártelo. Si evitas hacer tanto una cosa como la otra, pregúntate cuál es el origen de esta actitud. ¿Te resulta útil este comportamiento? Si no es así, ¿qué pequeño aspecto de esta tendencia puedes cambiar que te permita ir más allá de tu capacidad actual? Quien acepta el reto y se involucra sortea los patrones limitantes, aprende, fomenta el desarrollo de su ADN laboral y tiene más oportunidades.

Explora las frustraciones que tengas en torno a tu trabajo y tus relaciones del ámbito laboral o profesional. Si estás frustrado, es muy probable que estés pensando demasiado en pequeño en el terreno laboral o que lo que estás haciendo en este ámbito ya no te llene, debido a tu dinámica de crecimiento. Tu irritabilidad te está diciendo claramente que hay algo que quiere ser completado para poder descansar y que hay algo que está tratando de surgir para ti. Presta atención.

CAPÍTULO 14

¿CUÁL ES TU MÁXIMA ASPIRACIÓN?

Tu ADN del éxito

Si te quedas con un solo contenido de este libro, espero que sea la toma de conciencia de que tu destino es querer más, esperar más y ser más, y de que la transformación comienza con atreverse a pensar que es posible e ir a por ella. Tu destino es crecer y brillar desde dentro hacia fuera. Es sentirte bien contigo mismo y con la vida. Es relajarte, sentirte bendecido y completo, y estar siempre listo para más. Porque eres capaz de *más* y naciste para crear *más*.

Verdaderamente, el solo hecho de crecer, aprender, sobrevivir y cuidar de uno mismo y de otros entraña sus dificultades; todo esto no son hazañas sencillas. Si has acumulado diez mil dólares en activos netos (básicamente, un automóvil viejo, algunos muebles y un televisor), te encuentras entre el veinte por ciento de las personas más ricas del mundo. El solo hecho de que hayas llegado hasta este punto del libro significa que has crecido mucho más que la gran mayoría de los habitantes de este planeta. Has dado el paso definitivo: has aceptado la responsabilidad y te has dado cuenta de que depende totalmente de ti hasta dónde llevar el juego de la vida.

Las oportunidades de éxito abundan en esta era tecnológica marcada por la interconexión. Maddie Bradshaw ganó su primer millón de dólares a los trece años al convertir tapas de botellas en joyas y decoraciones para casilleros de gimnasio. Adam Hildreth, de Leeds (Reino Unido), fundó la plataforma de redes sociales Dubit a los catorce años. A los veintinueve, tenía un patrimonio neto de veinticuatro millones de libras esterlinas. ¿Qué es lo siguiente que harán?

El éxito de tipo material da mucha libertad, pero el dinero no lo es todo, ni mucho menos. Todo el tiempo acuden a mí clientes adinerados porque quieren más; quieren saber qué otros tipos de éxito pueden tener. Quieren aventuras significativas que les permitan sentir que han logrado algo como verdaderos seres humanos. Quieren sentirse conectados con la vida y con los demás, unidos con su linaje y el universo de una manera profunda y mística. Acuden a mí porque quieren ampliar su definición del éxito y disfrutar de la familia, tener un propósito más profundo, estar sanos y, sobre todo, sentirse bien con todo su ser.

Tengo un cliente multimillonario, Ralph, que acudió a mí y m me dijo que quería tener éxito. Cuando le pregunté qué era el éxito para él, me respondió que había estado tan ocupado ganando dinero para asegurar el bienestar de su familia que no había tenido tiempo de disfrutarlo o compartirlo. Para él el éxito consistía en ser capaz de apagar el ordenador, estar con su familia y no sentirse culpable por no trabajar dieciocho horas al día. Como muchas personas determinadas, temía que si dejaba de trabajar lo perdería todo.

A su padre le habían hecho pasar vergüenza por no ser capaz de acumular riqueza, y Ralph se prometió que a él no le pasaría nunca lo mismo. Aunque su padre había sido la chispa del cambio en cuanto al patrón sistémico de pobreza de la familia, la acumulación de riqueza de Ralph había abierto una brecha entre ellos y la conexión que Ralph anhelaba no era posible. Señalé que, desde el punto de vista sistémico, cuando un niño supera a alguno de sus padres, a veces ocurre que este progenitor se siente fuera de lugar e insuficiente. Lo invité a acercarse a su padre y decirle una frase sencilla que conformamos a partir de lo que me había dicho: «Gracias a ti, papá, existo yo».

El cambio que se produjo en la relación fue extraordinario. El padre pudo alegrarse por el hijo que había traído al mundo y saber que había hecho algo bien. Pudo ocupar plenamente su lugar y su hijo pudo ocupar el suyo y soltar por fin la carga familiar de la vergüenza. En la actualidad, la totalidad de la familia constituye un ejemplo inspirador de servicio al planeta. Van consiguiendo nuevos tipos de éxito a medida que descubren cómo hacer magia con lo que han creado.

PASO A PASO

El éxito tiene significados enormemente diferentes para distintas personas. También tiene significados diferentes en distintos momentos y etapas de la vida. Por lo tanto, el primer paso hacia el éxito consiste en que definas y redefinas qué significa *para ti* en este momento. Para algunas personas significa seguridad, para otras salud y para otras tiene que ver con su profesión, la espiritualidad o las relaciones. Como estamos tan intensamente programados por las normas sociales, es inevitable que lo primero en lo que piense la mayoría de la gente cuando oye la palabra *éxito* sea el dinero, los bienes materiales y el prestigio. Pero la manera en que define el éxito cada individuo es maravillosamente única. Tuve una clienta para quien el éxito consistía en tener flores frescas y hermosas en todas las estancias de su casa todo el año.

Otra cuestión que se debe tener en cuenta es que por más rápida o fácilmente que acuda el «éxito», no deja de albergar la carga del ADN emocional de las generaciones anteriores. Los patrones de fracaso no resueltos impresos en el sistema familiar pueden sabotear el éxito con gran rapidez. La prensa amarilla está llena de historias sobre estrellas en ascenso llenas de pasión que de repente se suicidan o se vuelven adictas a las drogas o pierden su dinero. Los lectores se rascan la cabeza y piensan: «¿Por qué hizo eso esta persona? ¡Lo tenía todo y lo estropeó!».

Estas personas lo tenían todo, sí, incluidos patrones y frases sistémicos no examinados que las atraparon en la historia antigua, lo cual abrumó su fabulosa vida y saboteó su increíble futuro. Su subconsciente albergaba el mensaje de que no merecían todo eso. Hasta que se vea y resuelva toda la carga antigua, muchos emprendimientos exitosos y carreras fenomenales están destinados a derrumbarse justo en el punto del logro.

Escalón sistémico n.º 20: el camino hacia tu mayor éxito

Escribe un documento de una página en el que reflejes tu idea del éxito. (Te aconsejo que no se lo enseñes a nadie; las personas negativas podrían despedazarlo). No te pongas límites. Sabrás que has dado con lo que significa para ti el verdadero éxito cuando te encuentres asintiendo y sonriendo como el gato de Cheshire,* sintiendo que el

* N. del T.: El gato de Cheshire es un gato perteneciente a la cultura popular inglesa desde el siglo XVIII por lo menos, cuya característica principal es que está sonriendo todo el tiempo. Adquirió popularidad universal cuando Lewis Carroll lo convirtió, a su manera, en un

mundo entero está brillando. Mientras no llegues a este punto, no habrás dado en el clavo. Cuando tengas este sentimiento, ¡cultívalo! No lo sueltes nunca. Esta sonrisa brillante interior es la brújula que te indica dónde se encuentra el éxito. *Tu* éxito.

Ahora lee lo que has escrito y percibe cualquier resistencia que aparezca, cualquier comentario pesimista. ¿A quién está ligada esta resistencia al éxito? ¿Quién te dijo que no podrías triunfar? ¿Quién te dijo que lo que querías no tenía nada que ver con el éxito?

El documento que acabas de redactar es tu contrato, muy personal, con tu futuro yo, y un mapa del tesoro para tu yo futuro. De momento, nadie tiene que saber de su existencia. Un día será una historia que podrás contar.

El éxito tiene que ver con ir más allá de una visión limitada de uno mismo paso a paso. Tiene que ver con la expansión. Recuerdo que cuando mi madre, mi hija y yo decidimos tomarnos nuestras primeras vacaciones en muchos años, nos sentamos e imaginamos dónde queríamos pasarlas. Sabíamos que queríamos ir a un lugar con playa, pero nuestro presupuesto era ajustado, y se manifestaron todos los pensamientos y sentimientos sistémicos relativos a por qué no debíamos ni podíamos irnos de vacaciones: «En nuestra familia somos austeros. Nos mantenemos dentro de nuestras posibilidades. Construimos con cuidado y ahorramos para cuando llegue un mal día». Con estos pensamientos en mente, limitamos nuestra búsqueda a las playas de Florida. Pero las playas que vimos no eran lo que estábamos buscando, así que (¡audazmente!) nos arriesgamos y miramos algunas playas del Caribe. Para nuestra sorpresa, encontramos muchos lugares hermosos que eran asequibles, incluso teniendo en cuenta el precio de los billetes de

personaje importante de la novela *Las aventuras de Alicia en el país de las maravillas*, ya en la segunda mitad del siglo XIX.

avión. ¡Con un solo pensamiento diferente habíamos ido más allá de lo que habíamos pensado que era posible y habíamos expandido nuestro mundo!

Por supuesto, luego vino el siguiente conjunto de pensamientos, sentimientos y acciones derivados del ADN negador del éxito. «¿Y si este es un mal lugar? –nos preguntamos–. ¿Y si es una estafa?». Y pensamos algo incluso peor: «¿Y si necesitamos el dinero antes de que llegue el momento de irnos de vacaciones? ¿Podríamos recuperarlo?». Hasta que no estuvimos allí, pagamos y todo fue bien, nuestro sistema nervioso no comenzó a relajarse. Después empezamos a pensar en las próximas vacaciones. Emocionadas, sabiendo que nuestro ciclo limitador de vacaciones se había roto, ampliamos más los límites a este respecto.

Lo mismo sucedió la primera vez que organicé un evento en un centro grande. Me pidieron todo tipo de depósitos por adelantado que me pusieron en una situación de riesgo financiero y me sentí aterrorizada. Aparecieron todos los viejos pensamientos del tipo «qué pasaría si...» y «no puedes...», lo cual me hizo experimentar estrés y miedo. Pero conocía estas viejas voces. Tenía claro cuáles eran las frases sistémicas limitantes que había en mi cabeza. También tenía una visión clara de lo que significaba el éxito para mí: ayudar a grandes comunidades de personas a desenredar su ADN emocional y a crear la mejor vida posible para sí mismas. Esta visión me ayudó a concentrarme en mi propósito, la motivación y el éxito, y neutralizó el impacto del viejo ADN emocional. Efectué la reserva y el evento fue un éxito rotundo. Después lo hice de nuevo, y luego otra vez. Me llevó mucho tiempo abandonar el miedo y la exasperación («¡En qué estás pensando!»). Pero gradualmente lo hice, y con cada paso amplié los límites un poco más.

Esta manera de dirigirse hacia el éxito con constancia y aspirando siempre a un poco más es efectiva. Si nos parece que un sueño supera nuestras capacidades, el peso del viejo equipaje sistémico puede hacer que nos rindamos incluso antes de ponernos en marcha. Pero si nuestro objetivo es algo que deseamos *profundamente* y nos tomamos tiempo para aprender sobre nuestro ADN del éxito y después dividimos nuestro avance en pasos factibles, ¡ninguna montaña es demasiado alta para que no podamos escalarla!

EL PROPÓSITO Y LOS SIETE NIVELES DEL ÉXITO

El éxito está directamente vinculado al propósito, y el propósito está vinculado a la motivación personal. El propósito es el combustible para cohetes que nos lanza más allá de nuestras frases y programación sistémica negativas. Cuanto más claro e incorporado esté y más inspirador sea el propósito, mayor será el éxito. Sin embargo, existen distintos tipos de propósito, según los tipos de motivación que hay detrás.

Las motivaciones del nivel más bajo tienen como base miedos asociados a la supervivencia: «Tengo que ganar mucho dinero para no pasar hambre como le ocurrió a mi abuela», «Tengo que triunfar y sacar a mis hijos de este barrio tan peligroso». No tiene nada de malo que el miedo sea una motivación ni que el propósito sea la supervivencia; a veces nos encontramos en este punto. Pero cuanto más probamos el sabor del éxito, más queremos expandirnos y ver adónde más puede llevarnos y qué más podemos crear. ¿Quiénes podemos llegar a ser? A medida que nuestra conciencia se expande, las motivaciones de tipo material van dando paso a motivaciones de tipo espiritual. El amor sustituye al miedo como motivación. Nuestra dinámica mental pasa de ser reactiva, propia de quienes se consideran víctimas, a ser creativa.

Los siete niveles del éxito desde el punto de vista sistémico

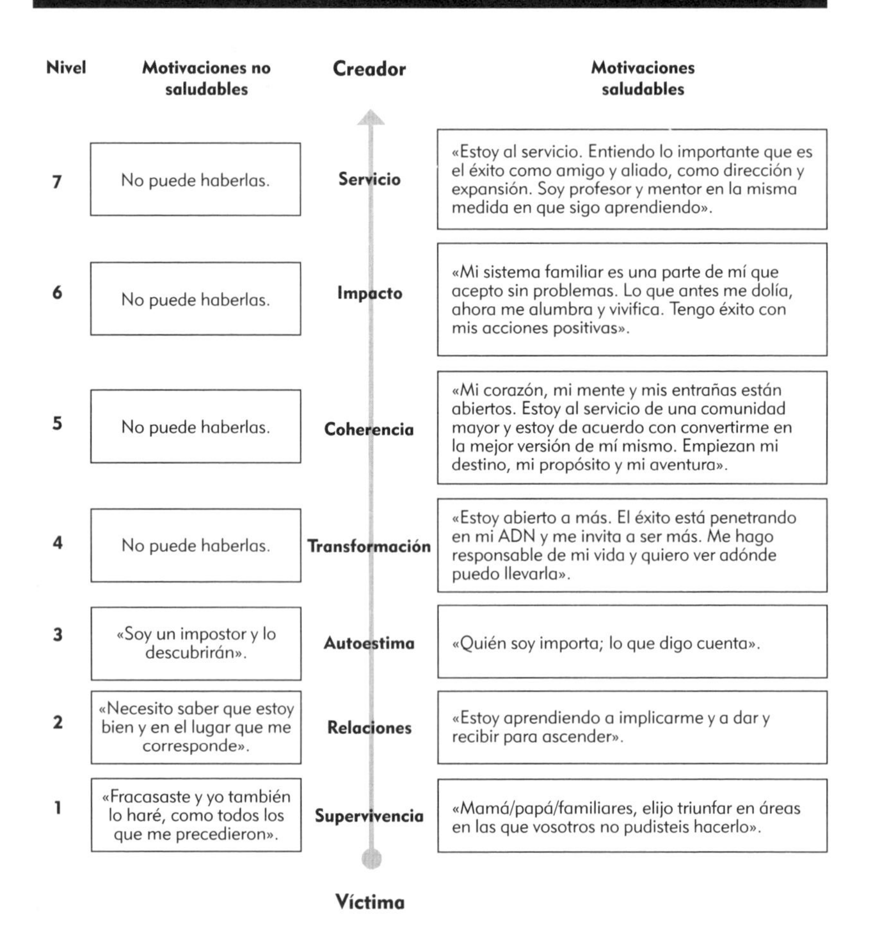

Nivel	Motivaciones no saludables	Creador	Motivaciones saludables
7	No puede haberlas.	Servicio	«Estoy al servicio. Entiendo lo importante que es el éxito como amigo y aliado, como dirección y expansión. Soy profesor y mentor en la misma medida en que sigo aprendiendo».
6	No puede haberlas.	Impacto	«Mi sistema familiar es una parte de mí que acepto sin problemas. Lo que antes me dolía, ahora me alumbra y vivifica. Tengo éxito con mis acciones positivas».
5	No puede haberlas.	Coherencia	«Mi corazón, mi mente y mis entrañas están abiertos. Estoy al servicio de una comunidad mayor y estoy de acuerdo con convertirme en la mejor versión de mí mismo. Empiezan mi destino, mi propósito y mi aventura».
4	No puede haberlas.	Transformación	«Estoy abierto a más. El éxito está penetrando en mi ADN y me invita a ser más. Me hago responsable de mi vida y quiero ver adónde puedo llevarla».
3	«Soy un impostor y lo descubrirán».	Autoestima	«Quién soy importa; lo que digo cuenta».
2	«Necesito saber que estoy bien y en el lugar que me corresponde».	Relaciones	«Estoy aprendiendo a implicarme y a dar y recibir para ascender».
1	«Fracasaste y yo también lo haré, como todos los que me precedieron».	Supervivencia	«Mamá/papá/familiares, elijo triunfar en áreas en las que vosotros no pudisteis hacerlo».
		Víctima	

Hay siete niveles asociados al ADN del éxito sistémico. Ninguno de ellos es «mejor» que otro. Por supuesto, el concepto de ADN del éxito es aplicable a cualquier área de la vida en la que queramos triunfar. Necesitamos todos los niveles; algunos como apoyo, algunos para que nos ayuden a construir, otros para atraer y ascender. A medida que examinemos los niveles, probablemente advertirás que te identificas con más de uno. Esto es bastante habitual. Es probable que te encuentres en los niveles inferiores cuando estés en modo de supervivencia y también cuando estés sentando las bases para tu siguiente paso en sentido ascendente. Los niveles más altos tienden a manifestarse cuando entramos en nuestro espacio creativo, en el que las limitaciones son menores, hasta que acaban por desaparecer. Según nuestras creencias y el significado que les damos, nuestra orientación espiritual también puede llevarnos a distintos espacios.

A medida que avances en la lectura de los niveles, percibe aquello con lo que te identificas o lo que te suscita pensamientos limitantes. ¿Qué o quién te impide imaginar tu mayor bien y tu felicidad? ¿Qué o quién te impide soñar tu sueño? ¿Qué te dices a ti mismo sobre el éxito y el propósito? ¿Te intimidan las palabras que lees?

Niveles 1 a 3: éxito del síndrome del impostor, ciego, reactivo, cerrado, basado en la supervivencia

En los primeros tres niveles del éxito, el ADN está anclado en los objetivos de evitar el fracaso y escapar de la monotonía, así como en la necesidad de pertenecer y ser relevante. El síndrome del impostor es otra motivación que encontramos aquí. En estos niveles puede haber un fuerte deseo de hacer las cosas de una manera distinta, avanzar, construir relaciones y crear un factor diferencial convincente. La impaciencia y el apetito son pronunciados. Puede haber una visión sólida, pero también frustración por las aparentes limitaciones y un miedo persistente a crecer demasiado.

Es probable que tu ADN del éxito esté orientado a la valía en estos niveles, sin que te des cuenta de ello. Tus pensamientos, sentimientos y actos tienden a centrarse en sobrevivir, luchar, construir, ir adelante y probarte a ti mismo. En estos niveles, la supervivencia es sinónimo de éxito. La escasez y la abundancia son habituales.

Puedes sentirte abrumado por las limitaciones que percibes en ti. Si te encuentras en estos niveles, es probable que tu motivación sea el miedo y que solo te interesen las relaciones de las que puedas sacar partido. Este es el comienzo de tu aventura. Estás buscando tus primeras muestras de éxito; cultivas relaciones interesadas y de amistad y aprendes a manejarte con otros sistemas aunque estés haciendo crecer el tuyo. Es importante que tengas ciertas informaciones y que conozcas a ciertas personas, pues eso impulsa tu ascenso.

La vida puede parecernos un arduo camino, un desafío o una invitación; es nuestra actitud lo que determina nuestra experiencia. Tal vez tengas la sensación de que estás trabajando constantemente para hacer lo suficiente para construir una base sólida, organizar tu vida y avanzar. En este nivel, el éxito da un poco de miedo. Es posible que albergues muchas inseguridades. Temes no ser capaz de alcanzar el éxito y cuando lo obtienes, tal vez temas perderlo. El lado positivo es que acaso descubras que eres un trabajador incansable. Quizá te conviertas en un experto, crees una red sólida y te posiciones para reconocer y aprovechar las oportunidades. El lado negativo es que tal vez experimentes el síndrome del trabajador quemado y que te sientas abrumado por todas las historias negativas que te cuentas. En el nivel 3, acaso te debatas entre dos sensaciones, la de que eres un experto y la de que eres un impostor. A medida que te consolidas en el nivel 3 y vas sintiendo que sabes un poco más y gozas de un poco de credibilidad, va apareciendo una inquietud en ti. Ahora que sabes lo que es trabajar duro, piensas: «En la vida tiene que haber algo más que esto».

Nivel 4: el ADN del éxito se vuelve profundamente transformador y pasa a estar vinculado a un propósito existencial

En este nivel comprendes que el éxito no es solo una opción, sino que constituye una parte natural de tu evolución. Tienes la sensación de que no puedes seguir siendo una víctima y de que debes vivir una aventura. Empiezas a responsabilizarte plenamente de tu vida y tu éxito.

En el nivel 4 te das cuenta de que el éxito no tiene que ver con la lucha y la supervivencia sino con los logros, los desafíos personales y la libertad. Empiezas a ver que el éxito es la clave para tener una vida más plena. Encuentras interesante e incluso emocionante cuestionar algunas de las creencias, formas de pensar y sentimientos limitadores que albergabas con respecto al éxito. En lugar de juzgar a los otros y compararte con quienes parecen tener más, sientes curiosidad y te preguntas cómo estarías teniendo «eso». Comienzas a preguntarte cómo serían las cosas si hicieras algo diferente. Empiezas a cuestionar tu definición del éxito; te preguntas si es posible tener más y empiezas a escuchar tu voz interior en busca de dirección e inspiración.

Ahora tienes más curiosidad y estás menos a la defensiva. No te importa estar equivocado o no saber algo; ya no encuentras que estas posibilidades sean amenazadoras. Solo quieres aprender. Tu corazón comienza a abrirse, y a partir de ahí se activa la parte creativa de tu cerebro. Reconoces los patrones que son parte de ti y comienzas a explorarlos en busca de pistas para acceder a los próximos niveles que sientes que quieren emerger. Empiezas a ver el mundo que te rodea lleno de oportunidades y posibilidades en lugar de verlo lleno de obstáculos. En este nivel, también te das cuenta de que nadie tiene la culpa de cómo te va la vida; adviertes que culpar, avergonzar y nombrar a otros solo te mantiene sometido a los viejos patrones, que te mantienen atrapado. Comienzas a darte cuenta de que eres el capitán de tu propio barco y a identificar y romper conscientemente viejos patrones y a crear otros nuevos. Todo va pasando de estar basado en el miedo a estar centrado en el corazón, y te das cuenta de que siempre has estado viviendo en un mundo espiritual. Reconoces tus sistemas y sus regalos; incluso comprendes lo que tienen de bueno tus limitaciones.

Niveles 5 a 7: el éxito abiertamente triunfador, centrado en el corazón, orientado al servicio y que construye comunidad

En estos niveles tienes claro que tu voz y tus contribuciones importan. El corazón, la cabeza y las entrañas están en sintonía y aparece el propósito. Ahora tienes la posibilidad de empezar a materializar la visión más elevada que tengas para tu vida. Tu propia voz se vuelve importante al darte cuenta de que hay un capítulo que solo tú puedes escribir. Creas comunidad. Estás al servicio.

En el nivel 5 aceptas conscientemente convertirte en la mejor versión de ti mismo, lo cual implica coherencia, humildad y la responsabilidad de crearte una vida maravillosa. Junto con ello descubres tu propia voz y sabes cuál es tu tribu (aquellos a quienes puedes ser útil). Tus deseos aumentan; piden más de ti. Tu propio crecimiento se convierte en una prioridad. Entiendes que el éxito es en realidad místico, divino y parte de lo que eres. Sabes que el éxito es energía: una fuerza viva y fluida, como el amor, la salud y el dinero. Pasas a hablar el lenguaje de la posibilidad, del cual te sirves para dar forma a un mundo mejor y más amable. Le das gracias al éxito todos los días con un apetito cada vez mayor por experimentar más, reconociendo que la experiencia en primera persona es la puerta de entrada a una sabiduría más profunda. La vida es hermosa e inspiradora, y modelas lo que es posible para otras personas.

Cuando llegas al nivel 6 eres una expresión de la abundancia del universo en acción y tienes un impacto de forma natural. Tu voz es única, y la utilizas para llevarte a ti y llevar a otros a unos niveles más altos de expresión y elección. Integras y respetas la sabiduría que aportan todos los sistemas; sabes cómo darles su lugar a todos mientras actúas de forma significativa en el mundo.

En el nivel 7 eres la personificación del éxito activo que está prestando un servicio. Ahora, el éxito forma parte de ti, de tu propia naturaleza. Ves que los ciclos y los patrones son invitaciones constantes a evolucionar. Eres un mentor de posibilidades incluso mayores para los demás y para ti mismo.

Muchas personas que han tenido un éxito fenomenal no empezaron necesariamente con la idea de hacerse muy famosas y amasar una gran fortuna. Su deseo inicial fue alcanzar la seguridad y la libertad. Estas fueron sus primeras motivaciones y posteriormente, a medida que fueron evolucionando a lo largo del camino, cada vez se interesaron más por las posibilidades que ofrecía la vida y por su propio potencial. Este impulso se fue expandiendo hasta incluir la vocación de extender la mano y ayudar a los demás.

Cuando empecé mi carrera profesional, el objetivo de mi vida era garantizar la supervivencia de mi familia. Cuando murió mi padre, poco después de que nos hubiésemos trasladado a Estados Unidos, casi todo pasó a depender de mí, y la vida no era divertida. Estaba en un país desconocido, aterrada y sin otro apoyo que el amor de mi familia. Sabía que quería sentirme segura y ser libre; esta fue mi primera motivación. Pero me di cuenta de que no era suficiente; no consideraba que esto tuviese mucho que ver con el éxito. En última instancia, quería amar lo que hiciese con todo mi corazón. Entonces, a lo largo del camino, me enamoré de mis valientes clientes y de las increíbles posibilidades que nos ofrecían, a ellos y a mí, el despertar y la transformación sistémicos. Pero no sentí que había triunfado hasta que pude enseñar en un lugar que adoro (Disney World) y hasta que empecé a crear productos que sabía que ayudarían a otras personas a encontrar su magia.

Fue entonces cuando empecé a comprender qué era el verdadero éxito para mí. Era alegría, amor, risas, comunidad, transformación y, sobre todo, un propósito elevado. Cuando me di cuenta de que existía la posibilidad de que grandes conjuntos de personas creasen la mejor vida posible para ellas mismas, lo cual significaba que yo tenía más personas con las que interactuar con gozo, se encendieron las luces del escenario. *Esa* era la magia que había estado buscando. Ese era mi propósito. Y con la llegada de mi propósito, todas las aflicciones, excusas y miedos se desvanecieron.

CUANDO EL ÉXITO ES UN FRACASO

El éxito es un hábito; no es algo que ocurre una vez. Las personas que tienen un solo éxito suelen sentirse inquietas y perdidas. Llegaron ahí sin saber cómo y tienen miedo de perder ese éxito o de que no se vuelva a repetir nunca. Esto demuestra que lo que las llevó ahí fue la suerte, no sus habilidades. A estas personas, su éxito no les sabe a éxito.

Escalón sistémico n.º 21: romper los ciclos limitantes

Cuando contemples el éxito que quieres en tu vida, debes saber que el punto en el que te encuentras ahora *no* es indicativo de tu éxito futuro. Es posible que, sencillamente, aún no le hayas dado al interruptor. En el escalón sistémico número 20 escribiste qué es el éxito para ti. Ahora vamos a abordar los miedos y las frases limitantes que albergas que frenan los éxitos que deseas.

Escribe las frases atemorizantes, tristes o abrumadoras que te dices a ti mismo en torno al éxito y el fracaso. ¿Qué historias de terror te cuentas a ti mismo y te crees?. «No puedo hacer esto. No soy lo bastante bueno/no soy lo bastante inteligente/no tengo los suficientes contactos/no soy lo bastante valiente/no soy lo bastante ______________ (rellena el espacio en blanco)».

Escribe todas estas frases e historias. ¿Qué dicen de ti mismo y de tu éxito? ¿En qué área de tu vida fuiste consciente del fracaso por primera vez? ¿Se trató de un suceso específico? ¿Presenciaste el fracaso de algún familiar? ¿Qué impresión dio? ¿A quién le ocurrió y qué te dijiste al respecto? ¿En qué se parece tu fracaso a ese fracaso original y qué significado le has dado? ¿Cómo se percibe el fracaso en tu familia, cultura, religión y país? ¿Hay alguien de quien estés tomando prestados cambios de postura inapropiados, pesadillas y limitaciones? ¿Te es útil en algún sentido algo de esto? ¿De qué maneras te está frenando? ¿Cuánto de tu ADN del éxito negativo es tuyo realmente?

¿En qué parte o partes del cuerpo sientes esto? ¿En la garganta, el pecho, el vientre, los brazos, las piernas, los dientes, los ojos? Quizá estés justo en medio de tu mayor «fracaso» en este momento. Si es así, todo lo que puedo decirte es: «Bien hecho». El fracaso te dice mucho sobre el tipo de éxito que *no* quieres, y esta es una gran pista sobre lo que *sí* quieres. Agradécele su presencia y orientación.

Ahora que cuentas con estas frases y comprensiones, pregúntate: «¿Qué me permitirá superar estas sensaciones? ¿Qué sería más emocionante que esto? ¿Estoy preparado para permitir que un nuevo pensamiento, sentimiento y acto empiece a cambiar la forma en que me veo a mí mismo y para invertir en ello?».

CÓMO PONER EN MARCHA EL TREN DEL ÉXITO

La cuestión del ADN del éxito puede resumirse en unas pocas pautas sencillas:

- No te creas nunca el mito de que desear no es saludable. Todo invento maravilloso que conoce la humanidad nació de un deseo profundo y un compromiso absoluto. Cuanto mayor es el deseo, mayores son también el anhelo y el potencial. Si no se te permitió desear nada en tu infancia, recuerda que esos eran otros tiempos; ahora es otro momento. El propósito y el anhelo te harán superar todas tus excusas y te llevarán a vivir la vida de tus sueños.
- No juzgues lo que quieres; *elige* lo que quieres. En otras palabras: cuando tu cabeza, tu corazón y tus entrañas deseen lo mismo, invierte en ello. Ya se trate de crear un imperio empresarial, enseñar tejido de punto o explorar el mundo, si un objetivo llena tu corazón y tu alma, eso es lo que debes perseguir. ¡Nunca te conformes con menos!
- Elige el éxito sin disculparte por ello ni sentirte culpable.
- Cultiva tu dirección interna. Busca tus patrones y frases sistémicos que estén conformando tus actitudes sobre el éxito y el deseo. Elige los saludables, resuelve los no saludables y sigue adelante.
- Cultiva el hábito de tener emociones elevadas. Estas programan el cerebro para el éxito.
- Reconoce tus sistemas familiares y lo bueno que te han aportado. Te ofrecen claves para tus dificultades y tu destino.
- Si consigues menos de lo que deseas, sigue perseverando. No te rindas nunca. Has recorrido parte del camino; ahora, comienza desde el punto al que has llegado. El compromiso lo es todo.

- El mayor éxito hace sentir bien, aporta gozo y está asociado a la ética, la bondad y el agradecimiento, tanto cuando se obtiene como a lo largo del camino. Si tu camino hacia el éxito no te aporta todo esto, se generarán patrones en ti que te harán sentir vacío y tu sistema se sentirá cargado.
- Reconoce incluso los logros más minúsculos. El reconocimiento te capacita para detectar más oportunidades de crecimiento. Por último, cuando pienses en el éxito, ¡NO TE LIMITES! Permite que tu idea del éxito evolucione. Deja que acudan las ideas. Cuanto más te relajes y dejes de luchar para tener éxito y más disfrutes el proceso creativo, cuanto más permitas que lo nuevo florezca en tu interior y más lo aprecies, con mayor facilidad y alegría fluirán las cosas. E insisto en ello una vez más: tienes que amar lo que estés haciendo. Debe emocionarte, aunque te asuste. Seas quien seas ahora mismo y sea cual sea el punto en el que te encuentres en tu vida en estos momentos, *puedes* lograr el éxito. Solo tienes que elegirlo con todo tu corazón y después ir a por él.

CAPÍTULO 15

¡ENSÉÑAME LA PASTA!

El ADN del dinero

Voy a empezar este capítulo con una afirmación que podría sorprenderte: el dinero no es un bien (un componente del patrimonio). Es una *relación*: refleja nuestra conexión con la abundancia y la fluidez, la creatividad y las posibilidades, el poder y el potencial. También refleja directamente nuestro lenguaje y nuestro pensamiento sistémicos en cuanto a tenerlo o no.

El dinero es el objeto más deseado y despreciado de todas las creaciones humanas porque la mayoría de nosotros solo lo entendemos en términos materialistas. Desde tiempos antiguos lo hemos adorado y menospreciado, codiciado y rechazado, juzgado, malinterpretado y utilizado mal. El dinero es una metafuerza global que financia la guerra y la paz, la salud y la enfermedad, los banquetes y el hambre, la limitación y la libertad. El dinero separa a los que «tienen» de los que «no tienen»; conforma la base del poder de individuos, corporaciones y naciones.

El dinero es el más riguroso de los capataces: nos aporta oportunidades de todo tipo; nos enseña muchas formas de crecer y de estancarnos. El dinero estimula y revela nuestros miedos más profundos y nos proporciona los medios para realizar algunas de nuestras mayores alegrías. Contando con nuestra conformidad y nuestra sintonía tácitas, tanto a escala individual como social, el dinero determina en gran medida dónde y cómo vivimos e interactuamos en nuestro mundo. Cuando nuestra relación con él es sana, nos apoya. Cuando no lo es, parece socavar nuestra vida de manera vengativa.

Nadie puede dudar de la importancia vital que tiene el dinero. Es un símbolo de la fluidez y la abundancia, el poder y el control, la comodidad y la vida elegante, la generosidad, la pobreza y el sufrimiento. Incluso cuando le damos la espalda, sigue ejerciendo una poderosa influencia en nuestra vida. El dinero forma parte de la vida del ser humano desde hace miles de años. ¿Es de extrañar que el ADN del dinero esté vivo y activo en todos nosotros? El dinero y la relación de nuestros antepasados con él nos afectan necesariamente; conforman nuestro futuro a diario.

UN TESORO QUE NOS ENCANTA ODIAR

¿Despreciarías e injuriarías a un amigo o socio empresarial que apoyase totalmente tu crecimiento, tu abundancia, tu fluir, tus posibilidades y tus oportunidades? Por supuesto que no. Sin embargo, para muchos parece ser una insignia de honor repudiar el dinero, aunque lo necesiten y quieran disfrutarlo. Rara vez se lo trata como un amigo. Cuando me di cuenta de que no había nada en mi vida que tuviera el mismo tipo de carga negativa a su alrededor, por fin reconocí que el dinero es más que unos pedazos de papel o unos números en una cuenta bancaria.

A los tres años, me encantaba recoger semillas de una canna (un tipo de planta) que había en nuestro jardín. Me di cuenta de que si yo las reunía, mi madre podría plantar más; de esas nuevas plantas saldrían más flores y luego se obtendrían más semillas, y así llegaríamos a tener campos de esas flores. Tenía una idea de lo que podía hacer la abundancia y cómo podía expandir la belleza. Fue mi primera interacción con una especie de moneda.

A los cinco años, comencé a recoger botellas vacías y tapas de botellas a lo largo de las carreteras para obtener un poco de dinero. Recuerdo que imaginé todas las cosas que podría hacer si tuviera muchas de esas monedas que el tendero me daba por entregarle las botellas. ¡Quería encontrar todo tipo de formas de que circulara ese fluir, para poder tener aventuras que pudiera compartir con otras personas!

Sin embargo, también estaba acostumbrada a oír que la bondad, la honestidad y el dinero no iban juntos. Como la bondad y la honestidad eran valores especialmente importantes para mí, mi subconsciente me impulsó a evitar el dinero. No tardé en manifestar la realidad de esta oración sistémica: «No hay que ser codicioso». En lugar de crear la realidad de tener una gran cantidad de monedas, creé la de tener «solo lo suficiente».

Cuando ya era una adulta joven, una tarde fui a un casino con algunos amigos. En un momento dado, estaba sosteniendo un bote con monedas para otra persona además del mío. Ocurrió que, accidentalmente, introduje tres monedas del bote que no era mío en una máquina de juegos de azar y gané una pequeña cantidad, la cual le habría ido realmente bien a mi familia en esa época. La mayoría de las personas habrían repuesto las tres monedas utilizadas de manera accidental, pero no fue mi caso. Imaginé que como había tomado el dinero de ese bote el premio le pertenecía a esa persona, por lo que le di toda la cantidad.

Cuando unos años más tarde recordé el episodio, ese recuerdo me impactó; de pronto me di cuenta de que fuese cual fuese la cantidad de dinero que intentase fluir hacia mí, no dejaba de alejarlo. No podía recibir dinero ni hacerlo crecer, porque la lealtad al programa de mi sistema familiar de que o bien elegías el honor y la integridad o bien elegías el dinero no me lo permitía. Como solo podía ver el dinero como algo malo e incorrecto, o alternativamente como algo que había que ganar con mucho esfuerzo, no podía ocupar un lugar en mi vida con naturalidad y desde luego no podía ser un amigo.

Cuando me di cuenta de esto, tuve la inspiración de salir a pasear con el dinero para tener una charla con él.

Estaba cansada y desanimada por la relación negativa que tenía con el dinero y por la pequeña cantidad que poseía. Eché un vistazo al mundo que había a mi alrededor y parecía que realmente había buenas personas que tenían mucho dinero y hacían cosas buenas con él. Me di cuenta de que yo también quería seguir esta filosofía. Por lo tanto, decidí salir a pasear y mantener una conversación con el dinero. Una conversación, sí, en sentido literal.

«Buenos días, dinero –dije, con un grado de formalidad–. He sido consciente de tu existencia durante la mayor parte de mi vida, pero no creo que te conozca lo bastante bien como para establecer una relación contigo. Realmente me gustaría que estuvieses más presente en mi mundo. Por eso me parece importante conocerte».

Las siguientes palabras que salieron de mi boca y las emociones que las acompañaron me sorprendieron muchísimo: «¡Creo que te conozco y amo por lo que realmente eres desde que era pequeña!». Mientras pronunciaba estas sorprendentes palabras, experimenté un cambio y apareció una avalancha de lágrimas, percepciones y recuerdos, el primero de los cuales fue mi actividad de recoger semillas de canna para crear un hermoso jardín. Y no sé si lo creerás, pero caminando de regreso a casa, ¡recogí un billete de diez dólares, otro de veinte y otro de cien! ¡Los tres estaban en lugares diferentes, esperando que los viese! Mientras seguí caminando hacia casa, con ciento treinta dólares que no tenía al salir, mi mente no paraba de reproducir este enunciado: «Mira el trabajo que haces. Está todo ahí».

¡Por supuesto que lo estaba! Mi lenguaje sistémico y el ADN del dinero que había heredado me mantenían separada del dinero, la abundancia y la fluidez. Tendría que establecer una relación completamente diferente con el dinero y crear el cambio que estaba enseñando.

Esa fue la primera de muchas conversaciones que mantuvimos el dinero y yo a lo largo de los años. Habiendo tenido tan poco dinero durante tanto tiempo, y habiendo construido algunos miedos y limitaciones bien definidos alrededor de él, estaba ansiosa por retomar la aventura que había emprendido de niña, antes de que se colaran todas las ideas acerca de lo que era y no era legítimo. Me prometí a mí misma que miraría el dinero con ojos amables y felices, que exploraría las formas en que pudiese fluir con generosidad y alegría, y que le haría un lugar en mi corazón y enseñaría a otras personas que era un buen amigo.

Mi viaje para cambiar mi ADN del dinero comenzó cuando fui dejando de lado, poco a poco, mis resistencias y lealtades inconscientes, y estuve dispuesta a buscar en lugares que al principio me daban un poco de miedo. Tuve que ir más allá de lo que era posible según mi sistema. Ese proceso comenzó con tres elementos: (1) un nuevo pensamiento –«¿Tiene el dinero una vertiente diferente, que no conozco?»–, (2) un nuevo sentimiento –el cosquilleo de una posibilidad y una sutil sensación en el estómago de permitir e imaginar– y (3) una nueva acción –conversaciones constantes con el universo y el dinero que me empujaron más allá de mi zona de confort–.

Finalmente aprendí a no regalar mis servicios y mi tiempo. Aprendí a decir «sí» cuando me ofrecían una buena compensación por mi trabajo. Presté atención al equilibrio entre el dar y el recibir en mi vida. Esto también implicaba asegurarme de que lo que yo ofreciese tuviese la utilidad y la calidad pertinentes y de no ofrecer demasiado todo el tiempo.

De niña y en los primeros años de la adultez, encontré una forma de tener una relación con el dinero, desde el plano inconsciente, que me había anclado en una determinada energía, y tuve que aprender a salir de ahí.

No podía permanecer inconsciente si quería cambiar.

Escalón sistémico n.º 22: preguntas sobre el dinero

Voy a exponer algunas de las preguntas que me hice cuando comencé a aprender y enseñar sobre el ADN del dinero. Empieza por hacerte preguntas como estas. ¡Algunas de las respuestas te sorprenderán! A mí me proporcionaron comprensiones, impulso, ideas y dirección.

1. ¿En qué momento fui consciente del dinero por primera vez?
2. ¿Qué concepto tenían del dinero mi familia, mi cultura y mi país?
3. ¿Cuál fue la persona o cuáles fueron las personas cuyo punto de vista sobre el dinero me impactó más? ¿Qué decían estas personas? ¿Fue amedrentador o inspirador el impacto?
4. ¿Cómo juzgo a las personas que tienen mucho dinero? ¿Qué pienso de ellas? ¿Con qué palabras las describo?
5. ¿Cómo juzgo a las personas que no tienen dinero? ¿Qué pienso de ellas? ¿Con qué palabras las describo?

6. ¿Cómo me juzgo a mí misma en relación con el dinero?
7. ¿Cuál es mi mayor miedo en torno al dinero?
8. ¿Soy la única persona que tiene este tipo de miedo? ¿O lo heredé de alguien perteneciente a mi sistema familiar?
9. ¿En qué sentido me gustaría que cambiasen estos juicios y miedos?
10. ¿Cómo podría cambiar mi vida si esos juicios y miedos se hubiesen transformado de la manera que quiero?
11. ¿Cuáles podrían ser un pensamiento, un sentimiento y un acto nuevos relativos al dinero que yo podría realmente asumir?

EL DINERO Y LOS PRINCIPIOS SISTÉMICOS

Si observas el ADN del dinero a través de las gafas de los principios sistémicos que son la pertenencia, el orden y el equilibrio entre el dar y el recibir, podrás identificar con rapidez cuál de estos principios te mantiene atrapado y enfocarte en todos los aspectos de tu estancamiento. Entonces podrás empezar a cambiar. Porque la verdad es lo que hacemos que sea verdad; recuérdalo.

El ADN del dinero y la pertenencia

Los sistemas familiares, organizacionales, religiosos, culturales y nacionales tienen reglas escritas y no escritas sobre el dinero en relación con la pertenencia. Suelen adoptar la forma de frases, códigos de moral, historias, advertencias y expectativas bien conocidos por quienes forman parte del sistema en cuestión. El propósito de estas reglas es mostrarnos cómo *ser* con el fin de *pertenecer* al sistema. Algunas de estas reglas nos empoderan, otras nos limitan, y todas son poderosas. Las maneras en que comulgamos con ellas determinan cuánto dinero ganamos, tenemos, conservamos o perdemos, o cuánto dinero podemos ganar, tener, conservar o perder.

Estas reglas y la lealtad que les profesamos sin saberlo dan lugar a un marco energético y mental dentro del cual nos movemos, y nos damos perfecta cuenta cuando nos salimos de este marco en sentido ascendente o descendente. A menudo tengo clientes que no pueden conseguir un determinado nivel de ingresos porque, dicen, «esa sería una cantidad de dinero *obscena*». Aquí tenemos una palabra sistémica, asociada a un juicio, que hace que estos clientes se muevan en un marco estrecho en cuestiones de dinero.

Las frases y acciones sistémicas de tipo económico que son el resultado de determinados sucesos hacen que, a lo largo de generaciones, primen una serie de instrucciones sobre comportamientos y una serie de pautas sobre lo que es posible que generan una sensación de pertenencia cuando nos adherimos a ellas y una sensación de separación respecto del sistema cuando no lo hacemos.

Estas son algunas frases del ámbito del dinero en relación con la pertenencia:

- Hablar de dinero no es agradable.
- El dinero no es la cuestión.
- Solo la gente codiciosa tiene dinero.
- No necesitamos mucho.
- El amor es más importante que el dinero.
- El tonto no tarda en quedarse sin dinero.
- Un centavo ahorrado es un centavo ganado.
- Es mejor gozar de buena reputación que ser rico.

Con frases como estas campando a sus anchas por nuestra mente cada vez que entramos en contacto con el dinero, ¿cómo podríamos alentar la prosperidad económica? También puede ser que asumamos acciones limitadoras en el terreno económico características nuestras y de nuestro sistema, es decir, que reproduzcamos patrones en cuanto al dinero que pueden haberse transmitido de generación en generación, como los siguientes:

- No mirar cómo están nuestras finanzas.
- Acumular deuda en la tarjeta de crédito.
- Gastar todo el dinero tan pronto como lo recibimos.
- Acumular el dinero.
- Ganar dinero y darlo, y no ser capaces de disfrutarlo.

Examina hasta qué punto comulgas con el ADN del dinero de tu sistema familiar de maneras limitantes. Mira las respuestas que has dado a las preguntas del escalón sistémico número 22 con el fin de detectar patrones. Pregunta qué fue lo que desencadenó estos patrones y qué persona o personas tuvieron inicialmente los pensamientos y sentimientos, o llevaron a cabo los actos, que estás reproduciendo. Pregúntate siempre qué podrías hacer con más. Esta pregunta estimula los deseos, le da al dinero un lugar al que fluir e impulsa la evolución. No trates de averiguar cómo obtener dinero; averigua cómo quitar el pie del pedal del freno, abrir la ventana y permitir que el dinero entre.

El ADN del dinero y el orden

El orden genera su propio conjunto de patrones de ADN del dinero y puede influir en cómo fluye este en nuestra vida. La posición que se ocupa en la familia puede implicar que el hermano mayor herede en mayor medida. En algunas familias y culturas, el género tiene un papel en la determinación de quién tiene más peso o influencia, y el ADN del dinero se genera alrededor de ello. ¿Está sometido a alguna de las influencias siguientes tu ADN del dinero?:

- La herencia es para el hermano mayor.
- Los hombres ganan el dinero y las mujeres se casan bien para contar con seguridad económica.
- Los hombres son quienes proveen y quienes llevan el apellido de la familia.

En las organizaciones, las recompensas suelen estar relacionadas con el conjunto de habilidades de la persona, el tiempo que lleva en la empresa y también su género. Esto también genera ADN del dinero a través de frases y actos sistémicos, patrones y la lealtad a estos patrones. ¿Determina alguna de las categorías siguientes tu ADN del dinero?:

Conjunto de habilidades

- Trabajos de oficina o de tipo manual.
- Los cerebros más destacados son los que ganan más dinero.
- Los expertos son los mejor pagados.
- Los más inteligentes reciben primas.
- Altos ejecutivos, mandos intermedios, nivel de principiante.

Tiempo que se lleva en la empresa

- Esposas de oro (incentivos económicos que se dan a los empleados para disuadirlos de dejar la empresa).
- Apretón de manos dorado (generosa indemnización por despido o incentivo generoso para que la persona deje la empresa).
- Bonificaciones por antigüedad.

Género

- Las mujeres eligen tener hijos y se ausentan una temporada.
- Jefes masculinos fuertes; a las mujeres les cuesta ocupar puestos directivos.

Sé que puedes tener la impresión de que *todas* las categorías expuestas son una realidad en tu empresa, pero normalmente prevalece una de ellas, y verás claro cuál es cuando empieces a examinar todos los dichos, creencias y actos característicos de tu sistema. Cuando sepas cuáles de los tres principios te benefician económicamente y cuáles te resultan problemáticos, deberás examinar con mayor detenimiento los matices y particularidades de aquello que puede estar imponiéndote limitaciones.

El ADN del dinero y el equilibrio entre el dar y el recibir

Según el concepto que tenemos de nosotros mismos y la confianza que nos merecen nuestros sistemas social y familiar respecto del dinero, tendemos a percibir con bastante rapidez cuándo somos recompensados en exceso o cuándo no se nos recompensa lo suficiente. De todos modos, si en la infancia nos enseñaron a ser excesivamente educados o a no ser «codiciosos», puede ser que nos hayamos vuelto insensibles a esta brújula interna y que nos conformemos con menos para estar en armonía con el sistema. *Las reglas del sistema triunfan sobre la realidad personal.*

Los individuos cuyo ADN del dinero presenta un desequilibrio entre el dar y el recibir hacen declaraciones como estas:

- No necesito que me paguen. Lo hago porque me gusta.
- Todo lo que necesito es reconocimiento.
- No necesito mucho para ir tirando.
- Me faltan títulos, así que no puedo ganar más.
- Es mucho más fácil para mí dar que recibir.
- Este es un trabajo sagrado, y no puedo cobrar por él.

La persona que tiene equilibrados el dar y el recibir sabe cuánto dar y cuál es su valor, y trabaja para incrementar este valor. Trata su carrera profesional como a un hijo; la cuida y fortalece para poder aspirar a ganar más dinero.

No hay que ser un gran abogado o un director ejecutivo para tener una presencia financiera sólida. Viajo por todo el mundo para ofrecer eventos y formar a otros facilitadores, y presto atención a las actitudes elevadas. Por nombrar solo dos profesiones, la de camarero y la de taxista, diré que he visto a algunas personas ganar mucho dinero en estos ámbitos, mientras que otras que tenían alguna de estas profesiones no ganaban tanto. Quienes ganan más en ámbitos como estos aprovechan y desarrollan actitudes saludables sobre sí mismos, los demás y el dinero. Saben que *quiénes* son, la manera en que se sienten y lo que irradian les trae el dinero que quieren; saben que la clave no es *lo que* hacen, sino esto otro. Van más allá. La gente quiere estar cerca de ellos porque valoran a sus clientes, y a los clientes les gusta recompensar un buen servicio.

En las organizaciones, se puede saber con bastante rapidez si la organización recompensa de manera justa o si hay un desequilibrio entre el dar y el recibir. Se pueden oír enunciados negativos como los siguientes:

- Tenemos que estar disponibles para el trabajo las veinticuatro horas de los siete días de la semana.
- Esperan que hagamos cada vez más por cada vez menos.
- Nos dicen que deberíamos estar agradecidos por tener un empleo.
- Nos han vuelto a poner unos objetivos imposibles de cumplir.

- Se espera que dediquemos la misma cantidad de tiempo que los fundadores, pero recibimos poco a cambio.

Y estos son algunos enunciados positivos que se pueden oír:

- Trabajo duro, pero el sueldo está muy bien.
- Siempre me siento valorado y legitimado.
- Los incentivos me mantienen implicado y motivado.
- Las oportunidades de crecimiento personal y profesional son maravillosas en este lugar.

Las personas pagan más por un buen servicio. También equiparan lo que se les cobra con el grado de experiencia del profesional. Si les cobras de más, lo sabrán, *pero* lo mismo es aplicable si les cobras de menos: entonces pueden suponer que no eres tan bueno como deberías. Como especie, a menudo equiparamos nuestra seguridad con la experiencia y el precio. ¡Todos queremos «estar en buenas manos»!

LOS SIETE NIVELES DEL ADN DEL DINERO

Nuestras circunstancias económicas actuales *no* son un reflejo de nuestro futuro una vez que empezamos a cambiar nuestro ADN del dinero. Cambiar tus pensamientos y sentimientos puede cambiar tu vida. Hazlo conscientemente e imprimirás una gran velocidad a este cambio. El dinero no es diferente de cualquier otra fuerza; la clave de la relación que tienes con él es la *manera* en que te enfocas en él.

Echa un vistazo al diagrama. La explicación sistémica que ofrezco de los niveles del ADN del dinero te permitirá identificar rápidamente en cuál de ellos te encuentras.

Los siete niveles del ADN del dinero desde el punto de vista sistémico

Fluidez
Se asume la responsabilidad; se está al servicio de sistemas mayores y de los demás

Nivel	Motivaciones no saludables		Motivaciones saludables
7	No puede haberlas.	Servicio	«Soy la mismísima abundancia y el fluir infinitos».
6	No puede haberlas.	Impacto	«Gozo de abundancia. disfruto y respeto el dinero y lo administro sabiamente. Financio un mundo mejor».
5	No puede haberlas.	Coherencia	«Lo he logrado. ¿Cómo puedo hacer crecer el dinero con otras personas? Mis sueños se están convirtiendo en realidad».
4	No puede haberlas.	Transformación	«La limitación no me es útil a mí ni lo es al sistema. Puedo tener tanto como quiera».
3	«No merezco la riqueza. No he hecho lo suficiente para ganármela. La entrego».	Autoestima	«Trabajo duro por lo que tengo. Tengo dinero y valía».
2	«Mis padres o mi sistema no tenían dinero. Yo tampoco lo tendré. No se me permite».	Relaciones	«Tengo suficiente dinero. Se me permite pertenecer».
1	«Nunca tendré suficiente dinero. No es posible hacerse rico por medios éticos».	Supervivencia	«Haré lo que sea necesario para ocuparme de mis necesidades económicas sin faltar a la ética».

Bloqueo
Lealtad ciega al sistema familiar

Niveles 1 a 3: ADN del dinero ciego, reactivo, cerrado, basado en la supervivencia

En estos niveles, el ADN del dinero está arraigado en la supervivencia y la lucha. Pero como puede verse en el diagrama, nuestro lenguaje y nuestras acciones pueden ser saludables y estimulantes o no saludables y limitadores. Estas son algunas dinámicas sobre el dinero típicas en estos niveles:

- Trabajamos constantemente para estar «bien» y tener «suficiente» y tratar de dar la impresión de que controlamos nuestra vida.
- Experimentamos diversos estados de preocupación e incomodidad.
- El dinero nos parece algo materialista, amenazador e incierto.
- Nos juzgamos a nosotros mismos y juzgamos a los demás por tener o no dinero.
- Los ciclos de pensamiento tienden a estar centrados en las dificultades, el agobio, la supervivencia, la búsqueda de alivio temporal y la motivación basada en el miedo.
- Los sentimientos y sensaciones pueden ir desde una gratificación y una relajación de corta duración hasta la tristeza, el miedo y la falta de autoestima, motivación y determinación.
- Las acciones pueden ir desde ganar autoestima y mejorar como profesional hasta gastar a ciegas, acumular y autoexcluirse.

Nivel 4: ADN del dinero transformador

En este nivel comenzamos a darnos cuenta de que nuestros programas limitados en torno al dinero no nos son útiles a nosotros ni suponen ningún bien para el sistema en el que estamos. Se nos ocurre que nuestros pensamientos, sentimientos y actos pueden ser el origen de algunos de nuestros resultados. Nos damos cuenta de que existen otras posibilidades y empezamos a asumir la responsabilidad.

- Comenzamos a cuestionarnos algunos de los pensamientos y sentimientos que albergamos en torno al dinero.

- Nos fijamos en las personas que tienen dinero y comprendemos que están haciendo algo de manera diferente. En lugar de juzgarlas, sentimos curiosidad por lo que hacen.
- Nos emocionamos al darnos cuenta de que una relación mejor con el dinero es posible, nos está permitida y podría conllevar unos cambios increíbles para nosotros.

Niveles 5 a 7: ADN del dinero exitoso, cálido, creativo

En este punto, el ADN del dinero hace que pasemos de luchar a fluir, de ser materialistas a ser espirituales y estar centrados en el corazón. Reescribimos los patrones del dinero limitantes de nuestro sistema, cambiamos nuestro destino económico y comenzamos a emplear frases positivas de *re-solución*:

- Mi relación con el dinero es alegre, divertida y llena de gratitud.
- El dinero es una fuerza y una fluidez espirituales en mi vida.
- Ya no tengo pensamientos ni realizo acciones de tipo limitante en relación con el dinero. El dinero me encanta y lo disfruto.
- Reconozco que tengo dinero y éxito. Demuestro lo que es posible conseguir y muestro el camino a otras personas.
- Estoy agradecido. Doy las gracias cada día por el dinero y este fluye.
- Administro sabiamente este fluir. Lo respeto y aprendo su lenguaje.
- Sé que el dinero es energía, como el amor.
- Ayudo a financiar un mundo mejor, más bondadoso.
- Irradio abundancia.
- Soy abundancia.

CÓMO HACER QUE EL ADN DEL DINERO SEA SALUDABLE

Ya has contemplado los sucesos que acontecieron en tu sistema familiar que afectaron al estatus financiero de sus miembros. También has examinado lo que dicen sobre el dinero tu país, tu grupo étnico y tu cultura, y has respondido las preguntas sobre el dinero del escalón sistémico número 22. Y has determinado qué principio sistémico (la pertenencia, el orden o el equilibrio entre el dar y el recibir) dirige en mayor medida tu relación actual con el dinero. Ahora tienes que profundizar más. Formúlate estas preguntas:

- ¿Qué palabras y frases negativas utilizo en relación con el dinero?
- ¿Qué acciones negativas realizo?
- ¿Cuáles son mis miedos y excusas en relación con el deseo de dinero y el compromiso de tenerlo?
- ¿Me siento culpable cuando me va bien en el ámbito económico?
- ¿De qué maneras saboteo mi salud financiera? ¿Malgasto el dinero? ¿Lo pierdo? ¿Lo ignoro?

Ahora ya tienes a tus saboteadores internos formando una fila. Dales las gracias y aprovéchalos como una fuente de sabiduría y de advertencias. Estas son las partes que debes soltar o de las que debes alejarte. Veamos ahora la manera de tener un ADN del dinero saludable:

- Cultiva el respeto por el dinero y por la manera en que apoya tu vida de una forma saludable.

- Crea un lenguaje, unos pensamientos y unos sentimientos positivos respecto al dinero. Reformula conscientemente cualesquiera pensamientos, sentimientos y actos limitantes relativos a él.
- Permanece abierto a *todas* las maneras en que el dinero puede acudir a ti.
- Presta atención a cómo utilizas el dinero y a aquello de valor que obtienes gracias a él.
- Pregúntate qué podrías hacer para ser un buen amigo del dinero.

Y después... ¡redoble de tambores, por favor! ¡Mantén dos conversaciones con el dinero por lo menos!

Escalón sistémico n.º 23: hablar con el dinero

La mayoría de mis clientes piensan que he perdido el juicio cuando les pido que tengan una serie de charlas con el dinero. Pero hacer algo que no es habitual es lo que empieza a cambiar las cosas, y pronto descubren que esta actividad es efectiva y acaba por gustarles. En parte, la razón por la que es efectiva es que es una manera de sacar a la palestra los problemas y patrones alojados en el subconsciente relativos al dinero. Esto nos permite centrarnos en cambiar los patrones que no nos son útiles, dejar de transitar por esas rutas neuronales tan bien instaladas y pasar a enfocarnos en lo que queremos.

CONVERSACIÓN N.º 1: DE DÓNDE PARTES

Tu primera conversación debería estar centrada en aquello con lo que estás familiarizado: tus problemas y dificultades con el dinero, el diálogo de tu sistema multigeneracional en torno al dinero, etc. Te será útil utilizar un representante para el dinero (un billete de dólar o de dos dólares, etc.). Colócalo en el suelo o en una mesa frente a ti, donde puedas verlo y hablarle. Tómate tu tiempo y muéstrate tan honesto y abierto como puedas.
Cuéntale lo siguiente al dinero:

- Lo que piensas, sientes y haces en relación con él.
- Lo que dices de él.
- Lo que te contaron de él tus padres y otras personas.
- Lo que te hace sentir más miedo o lo que te pone más triste en relación con él.
- Por qué y de qué manera o maneras lo alejas de ti.
- Por qué crees que no mereces tenerlo o tener una buena relación con él.
- Algo que realmente te gustaría decirle pero no te atreves.
- Un pensamiento, sentimiento o acto relativo a él que te gustaría cambiar.

Esta conversación te mostrará qué significado le has dado al dinero en tu vida y cómo has hecho de este significado tu verdad.

CONVERSACIÓN N.º 2: HACIA DÓNDE VAS

Con esta conversación se trata de que cambies tu relación con el dinero y crees un nuevo futuro con él. No mantengas esta conversación hasta que estés realmente dispuesto a hablar, escuchar y cambiar. (*Cambiar* significa, en este caso, deponer las excusas y resistencias y estar abierto a hacer algo completamente diferente). Recuerda que el dinero es una corriente y una metafuerza (una de las fuerzas vitales globales que afectan a la humanidad a gran escala). Puede responder, y lo hace, a las maneras en que interactúas con él. Cuéntale esto al dinero:

- Qué es lo que más te gusta de él.
- Cómo te sientes cuando está presente en tu vida.
- Qué es lo que más te gusta hacer con él.
- De qué maneras es un amigo para ti.
- Qué debes agradecerle.

Cuando tengas claro lo anterior, plantéate lo siguiente:

- ¿Cómo es tu relación ideal con el dinero?
- ¿Qué haces para avanzar hacia esta relación?
- ¿Qué patrón relativo al dinero está tratando de surgir a través de ti?
- ¿Cuál es tu frase sistémica ideal relativa al dinero?
- ¿Qué cambio en tus pensamientos, sentimientos, manera de hablar o actos sería favorable al nuevo patrón?
- ¿Qué podrías hacer para administrar sabiamente el dinero?
- ¿Quién se beneficiará de esta labor de administración?

En el transcurso de estas conversaciones, acuérdate de abrir tus ojos, tu corazón, tu mente y tus entrañas, y de crear conscientemente tu nuevo ADN del dinero con amabilidad, inclusión, gozo y gratitud. Esta actitud te mantendrá a salvo y en coherencia con tu yo superior, lo cual te permitirá crear sin miedo.

Utiliza otro lenguaje en relación con el dinero. En lugar de hablar de *sufrir*, habla de *contribuir, prosperar* y *jugar*. Busca tus lealtades ocultas y reformúlalas como puntos fuertes destacados. Aléjate del desánimo o utilízalo para forjar determinación. Enfócate en lo que quieres, no en lo que no tienes. Avanzar hacia algo enciende la esperanza. Alejarse de algo puede ocasionar lucha y esfuerzo. Celebra tus victorias *siempre*. Contempla con ojos amables los sucesos multigeneracionales y los comentarios familiares que podrían causar contratiempos o limitaciones; recuerda que, gracias a ellos, ahora tú deseas algo diferente. Explora los patrones que asoman a la superficie y elige cuáles deponer, a cuáles quieres dar continuidad y qué quieres crear que sea nuevo. Atrévete a dar pasos más allá de las reglas limitantes actuales de tu sistema.

La creación de un ADN del dinero exitoso depende tanto de vivir de una forma saludable y feliz como de ejercitar el cuerpo y la mente. Como ocurre con la salud física y mental, requiere compromiso y forjar unos hábitos fuertes y positivos que sostengan el propio camino.

Cada individuo tiene un destino bastante diferente en lo que al dinero se refiere. Cuando tenemos muchos deseos y queremos disponer de mucho dinero, y nos atrevemos a lograr lo que deseamos, estamos cambiando nuestro mundo y la comunidad que nos rodea. Cambiar el ADN del dinero no es difícil ni tedioso a menos que nos digamos a nosotros mismos que lo es. Es fácil recaer en el viejo patrón, por supuesto; todos lo hacemos de vez en cuando. Si te ocurre, no te desanimes; ¡vuelve a levantarte! A ti te corresponde elegir si quieres gozar de libertad financiera o ser un esclavo financiero. El camino que forjes con mayor consistencia determinará tu forma de ver el dinero y las maneras en que puedas o no usarlo con el fin de crear un mundo mejor para ti y para quienes te rodean. Si ves el dinero como un amigo y concibes una aventura con él, así es como se mostrará para ti.

CAPÍTULO 16

MENSAJES DEL CUERPO

El ADN de la salud

En el trabajo sistémico y las constelaciones, vemos constantemente cómo el cuerpo hace todo lo posible por llamar la atención sobre los patrones inconscientes personales y sistémicos con el fin de que podamos lidiar con ellos con prontitud. Todo lo que hay en nuestra vida está orientado a que nos hagamos conscientes de los desequilibrios para poderlos corregir. Nuestro lenguaje, nuestras elecciones, nuestro sufrimiento emocional y nuestros problemas físicos están ahí para conducirnos hacia dentro en un camino de descubrimiento personal que nos lleve a poder aplicar nuestra capacidad, singularmente humana, de elegir algo diferente e iniciar el proceso de creación de nuevos patrones de ADN emocional. Esto nos ayudará a cambiar nuestra vida para mejor.

Los altibajos del cuerpo son como un traductor directo y serio. A menudo nos proporcionan una buena guía para saber si estamos en el camino correcto o no; nos orientan magníficamente en cuanto al punto en el que estamos y el punto en el que queremos estar. El cuerpo también reacciona a los patrones generacionales. El sistema nervioso de una persona no es de esa persona solamente; muchos de sus patrones, bloqueos y desencadenantes son multigeneracionales. Algunas de las respuestas que manifiesta con respecto a la salud pueden provenir de años de condicionamiento, maltrato, abusos, falta de autoestima, adoctrinamiento social, etc. Pero a veces aparecen enfermedades surgidas generaciones atrás, que se expresan a través de la persona cada vez que se activa el detonante generacional. Con perspicacia, voluntad, intención y trabajo, estos problemas físicos se pueden cambiar, y el desencadenante se puede transformar en una plataforma de lanzamiento.

Voy a contarte una historia personal.

Hace algunos años, estaba viajando e impartiendo charlas y formación sin parar. Mi lista de clientes crecía con rapidez, y el hecho de asegurarme de que las necesidades de todos estuvieran bien satisfechas y de que todo estuviera «bien» a cada momento de cada día consumía mi vida. El trabajo sistémico y las constelaciones eran algo importante, vanguardista y muy nuevo, y era muy consciente de que si no se presentaban correctamente, su enorme potencial para ayudar a las personas no se materializaría.

Trabajaba muchísimo, sin prestar atención a la necesidad de descanso y nutrición que tenía mi cuerpo. Empecé a tomar analgésicos de venta libre para los dolores de cabeza inducidos por las largas horas que pasaba encorvada sobre documentos y presentaciones, y no presté atención al hecho de que no hay que tomarlos con el estómago vacío. Estaba demasiado ocupada para comer. También me sentía abrumada por el creciente número de enunciados sistémicos que poblaban mis pensamientos:

- No sabes lo que estás haciendo.
- Tienes que hacerlo bien o ya no querrán saber más de ti.

- Esto es tan nuevo que nadie lo escuchará a menos que lo expongas a la perfección.
- Si vale la pena hacerlo, vale la pena hacerlo bien.
- Da a la gente lo más valioso que puedas ofrecerle.
- No te distraigas ni un segundo o lo perderás todo.
- Esto no se ha hecho antes. ¿Qué te hace pensar que puedes hacerlo?
- Asegúrate de no sufrir bloqueos ni despistarte.
- ¡No te rindas nunca!

Era como tener *Monstruos, S. A.* en el cerebro, y no tardé en pagar el precio. En un vuelo de Texas (mi lugar de residencia) a Sudáfrica con escala en Londres (iba a Sudáfrica a impartir un seminario), me puse terriblemente mala. Me dolía el estómago y perdía la conciencia a ratos. No podía comer ni beber nada, porque si lo hacía mi estómago sufría arrebatos de dolor y náuseas. Sabía que estaba en apuros, ¡pero tenía trabajo que hacer! Me habían costeado el vuelo, y yo iba a impartir el seminario a toda costa. Todas las noches después de la clase, me acostaba temblando y casi me desmayaba en lugar de dormirme. Me puse tan mal que el último día impartí la formación desde la cama.

Nunca me había sentido tan mal ni tan asustada. Cuando regresé a Estados Unidos, mi médico sospechó que tenía una úlcera estomacal importante. Quiso que me hicieran unas pruebas, pero me negué. Estaba sobrecargada de trabajo y no tenía tiempo para eso. Además, no quería lidiar con todo tipo de visitas y pruebas médicas. En lugar de eso, pedí un mes para ver si podía darle la vuelta a la situación y me puse seria.

Busqué las frases sistémicas y los miedos que albergaba en relación con mi trabajo. Escribí todo ello y a continuación exploré su origen, el cual resultó ser bastante evidente. En mi familia, nunca abandonas, siempre cumples y entregas una calidad superior al precio que ha pagado el cliente. Cuidas de la familia y te aseguras de que no le faltará nada a cualquier coste.

Mi abuelo por parte de madre había sufrido úlceras estomacales debido al estrés cuando el trabajo escaseaba y la familia tenía dificultades. Y cuando mi padre era un hombre joven, su familia casi cayó en la miseria cuando su padre abandonó el hogar. Había mucho estrés en torno a la supervivencia. Mi padre tuvo problemas estomacales; en parte de resultas de haber padecido fiebre tifoidea en la niñez y en parte a causa del estrés que implicó para él cuidar de todos. Más tarde, cuando él mismo fue padre, se hizo cargo de la familia y tuvo un ataque al corazón a una edad increíblemente temprana. Trabajaba muchas horas y su muerte prematura se debió entre otros motivos al estrés que supuso el traslado a Estados Unidos y al hecho de que le arrebataran una oportunidad de negocio. Le aterrorizaba el hecho de haber tomado una decisión equivocada que había puesto en peligro a la familia. Después de la muerte de mi padre, estaba claro que era yo quien debía asegurarme de que la familia no pasara penurias.

Así que era eso. El veneno que había en mi cerebro y en el resto de mi cuerpo era estrés derivado del miedo a no ser capaz de cuidar de la familia. Cuando estaba estresada, mi lealtad inconsciente a mi padre y mi abuelo repercutía en mi estómago, de la misma manera que su estrés había repercutido en el suyo. También había tenido un profesor que me había dicho que nunca sería capaz de escribir bien, y, como sabemos, ¡los profesores siempre tienen razón! Por lo tanto, no era de extrañar que una de las actividades que más me estresaran fuera crear materiales y manuales para los cursos; siempre que tenía que crear material nuevo, quería tirar los gatos por una ventana y el ordenador por la otra. Y tampoco era de extrañar que no diera crédito cuando me decían que el contenido de los cursos era muy bueno.

Al darme cuenta de todo esto, empecé a reír. Se me da bien ayudar a los demás a superar su síndrome del impostor, y ahí estaba yo con el mío. Necesitaba que estos patrones sistémicos mortales se convirtiesen en algo más a través de mí.

¿Cuál era el antídoto entonces?

- Me *obligué* a aceptar los comentarios positivos que recibía por parte de empresas e individuos. Acudían a por más porque se estaban transformando, lo cual significaba o bien que eran todos estúpidos, o bien que lo que yo estaba ofreciendo era útil. Aceptar la realidad me indujo cierta relajación.
- Al relajarme empecé a darme cuenta de que me gustaba mucho lo que hacía, lo cual me alivió y me permitió relajarme más todavía.
- Tomé todos mis enunciados sistémicos y los convertí en enunciados de *re-solución*:

    * «Tienes que hacerlo bien o ya no querrán saber más de ti» se convirtió en: «Estás entregando algo útil. Sigue mejorando y disfrútalo».
    * «Esto es tan nuevo que nadie lo escuchará» se convirtió en: «La neurociencia y la epigenética son buenos aliados, y la gente escucha y experimenta cambios».
    * «Asegúrate de no sufrir bloqueos ni despistarte» pasó a ser: «Me encanta esto de lo que estoy hablando. Cuando estoy conectada, puedo hablar de ello durante horas».
    * «Esto no se ha hecho antes. ¿Qué te hace pensar que puedes hacerlo?», pasó a ser: «Alguien tiene que hacerlo, ¡y supongo que seré yo!». (Este cambio me encantó; enlazaba directamente con lo que había prometido en

cuanto a hacer magia cuando tenía nueve años. Caló en mí hasta los huesos).
* «¡No te rindas nunca!» pasó a ser: «Tómate un pequeño descanso y huele las rosas». (Este me permite espirar y hacer lo que más me gusta: ¡jugar!).
* «No sabes lo que estás haciendo» era un enunciado tan ridículo que sencillamente dejé de aferrarme a él.

Cuando me fijé en mi cuerpo, tuve que preguntarme qué era aquello que no podía digerir, y la respuesta fue: «No poder cuidar de mi familia». ¿A quién pertenecía esta idea? A mi padre. Al padre de mi madre. Al padre de mi padre, que dejó a la familia. Tenía que darles las gracias a estos tres ascendientes por mi inquebrantable impulso de ofrecer seguridad. Pero ya era hora de que me relajase, disfrutase y trabajase desde un espacio de equilibrio y amor en lugar de hacerlo desde un espacio de miedo, de maneras distintas a las que ellos habían podido manifestar. Hoy en día, muchas personas que asisten a mis eventos y clases me dicen que lo hacen porque se sienten seguras en estos entornos, lo cual les posibilita explorar su vida y transformarla. Cuando desvinculé la seguridad del miedo y la transformé en el impulso de generar estabilidad y alegría para mi familia, experimenté un gran alivio. Pasé a sentir entusiasmo por ver qué podía conseguir. Mis entrañas se relajaron y pasaron de ser un depósito de viejos miedos a ser una brújula interna.

Cuando hube identificado los pensamientos y sentimientos limitantes, comencé a reformular cada uno de ellos. Eso fue clave. No solo me enfoqué en cambiar en el momento, sino también en el futuro. Me imaginé impartiendo formación en eventos, sintiéndome amorosa, relajada y jocosa mientras presenciaba los cambios que experimentaban los participantes. Lo imaginé tan claramente que me sentí en ese futuro. Cuando acudí a que me hiciesen las pruebas médicas, se vio que mi estómago no presentaba ningún problema. «Has tenido mucha suerte», me dijo el médico.

No fue cuestión de suerte. Me tomé tiempo para realizar un reconocimiento y una recreación conscientes muy necesarios. Experimenté de primera mano el poder del trabajo sistémico y las constelaciones.

EL CUERPO SABE

Las prácticas de meditación y atención plena son maravillosas para conseguir que el cuerpo en general se relaje. Pero frente a las disfunciones y enfermedades, no es tan fácil conseguir que el cuerpo responda como queremos. ¿Alguna vez has probado a decirle que supere un dolor de cabeza o un espasmo muscular?

Si le dices a tu cuerpo que sane sin abordar la causa fundamental, rechazará tu instrucción. Sabe que hay algo fuera de lugar y no está dispuesto a permitir que lo olvides. Un dolor estomacal te está indicando claramente que te preguntes qué (o quién) hay en tu vida que ya no puedes soportar. Una infección de riñón o vejiga te señala de forma muy directa que dirijas tu atención a lo que te tiene tan enojado. La rigidez y los problemas en las articulaciones apuntan a la inflexibilidad y la terquedad. El libro *Sana tu cuerpo: las causas mentales de la enfermedad física y la forma metafísica de superarlas*, de Louise L. Hay, es una gran fuente de información sobre los muchos mensajes del cuerpo. Cuanto antes escuches y descubras la causa fundamental, con mayor rapidez podrá responder y sanar tu organismo. Estar dispuesto y ser consciente y proactivo es la clave para la curación y el cambio.

En la familia de Nick, todos tenían mucho miedo de las enfermedades cardíacas. Su tatarabuelo tenía un problema cardíaco y se negó a consultar con un médico al respecto. Cuando perdió su negocio, perdió también su propósito en la vida, casi dejó de comer y murió de un ataque al corazón con cuarenta y cinco años. Su bisabuelo nunca lo superó; también contrajo una enfermedad cardíaca y se desplomó a la edad de cuarenta y seis años. El abuelo de Nick tenía una enfermedad del corazón y murió de insuficiencia cardíaca a los cuarenta y siete años. Su padre se cuidó un poco mejor, comió de forma un poco más saludable y trató de gestionar su estrés. Murió a los cincuenta y tres años.

Date cuenta de cómo las lealtades inconscientes dieron lugar a un destino inevitable para todos los hombres de la familia. Date cuenta también de que cada generación de hombres vivió un poco más que la precedente. Iban avanzando hacia el final del patrón poco a poco; ahora bien, como a los miembros de la familia se les había enseñado a ver las enfermedades cardíacas como una herencia inevitable más que como un patrón que estaba en sus manos cambiar («En nuestra familia hay enfermedades del corazón y matan a los hombres»), no había manera de que pudiesen acabar con el patrón en realidad. Hasta que llegó Nick.

Consciente del patrón y de la oportunidad que tenía de vivir su vida de una manera diferente, Nick determinó lo siguiente: «*No voy a correr la misma suerte que mis antepasados. Quiero ver cómo mis hijos se hacen mayores y tienen sus propios hijos. Algo tiene que cambiar aquí, y empieza conmigo*».

Nick, que era un hombre joven, se aseguró de llevar una alimentación saludable para el corazón y de hacer ejercicio a diario. Visitaba a su médico con regularidad y tomaba suplementos. Aprendió sobre las enfermedades cardiopulmonares y todo lo que podía hacer para obtener un resultado diferente, lo cual incluía meditar con regularidad y visualizar que su corazón estaba sano. Actualmente, Nick se encuentra en la sesentena, por lo que ha roto el patrón epigenético. Sus hijos son conscientes de la propensión familiar a las enfermedades cardíacas, pero en lugar de vivir con miedo a causa de ello, esta información es un buen motivo, para ellos, por el que llevar un estilo de vida saludable. El sistema nervioso multigeneracional está pasando de la supervivencia basada en el miedo a la prosperidad saludable basada en el propósito.

Escalón sistémico n.º 24: haz el seguimiento de tu salud desde la perspectiva sistémica

Si bien la intervención médica es importante y los problemas de salud físicos y mentales requieren atención profesional, lo cual está más allá del tipo de trabajo que te indico en este volumen, para conseguir una diferencia en tu salud deberías fijarte en tu estado de salud actual y sus raíces. ¿Refleja salud o enfermedad tu sistema familiar? ¿Cuál de los dos patrones prevalece más en tu sistema? ¿Cuál atrae con mayor fuerza al sistema familiar y cómo afecta esto al propio sistema? ¿Hay un patrón de sufrimiento o un profundo deseo de prosperar?

¿Hay problemas de salud o enfermedades crónicos en tu familia? ¿Cuándo empezaron? ¿Qué estaba ocurriendo en esos momentos? ¿Cómo os afectó esto a ti y a otras personas pertenecientes al sistema? Pregúntate: «¿Cuándo empezó esto en mi caso? ¿Qué estaba sucediendo en mi vida entonces? ¿Cómo me afectó o me afecta? ¿Qué digo al respecto? ¿Qué palabras utilizo para describir esta enfermedad? ¿Qué elecciones llevo a cabo? ¿Qué me permite e impide hacer la enfermedad?».

Si estás lidiando con un problema de salud, anótalo en un papel y colócalo en el suelo frente a ti.

- Camina hacia él y advierte tus pensamientos, sentimientos y actos en torno a él.
- ¿Qué te impide hacer?
- ¿Qué te permite hacer?
- ¿Empezó contigo este patrón o con algún otro familiar?
- ¿Cómo fomenta tu pertenencia al sistema familiar, o tu exclusión, este problema de salud?
- ¿Qué te gustaría decirle?

Para sanar tu cuerpo, es importante que entiendas los indicios, las pistas, los orígenes y la composición de lo que está expresando. Los ejemplos de los próximos apartados te darán una idea de cómo se pueden explorar y resolver problemas de salud con un enfoque sistémico. Ten en cuenta que lo que aquí se ofrece no son consejos médicos, sino información educativa y sistémica que te puede resultar útil en tu viaje consciente hacia el bienestar.

LA ADICCIÓN A LAS DROGAS

En el ámbito sistémico, la adicción se suele concebir vinculada a la pertenencia o, más exactamente, a la exclusión. Las personas que encarnan el patrón de la adicción en un sistema familiar también pueden encarnar un patrón de víctima-agresor en el que ninguna de las dos partes ha sido identificada o ha recibido un lugar al que pertenecer. En este segundo caso, las dos partes expresan esto en el cuerpo: «Yo, el agresor, me daño a mí mismo, la víctima».

Sería interesante que buscases si este patrón está presente en tu propia vida o en alguna otra persona de tu sistema familiar. La solución es que concedas un lugar en tu corazón a cada una de las dos partes y dejes de cargarlas en tu cuerpo. Se trata de que restablezcas su lugar y su pertenencia. No te corresponde a ti llevar esta carga. Has visto lo que nadie más mirará. Ha llegado la hora de seguir adelante.

EL ALCOHOLISMO

Desde el punto de vista sistémico, este problema suele indicar una manera de morir a lo que se tiene delante; es decir, es una manera de no mirar un suceso horrible no procesado o de desvincularse de dicho suceso. Es un suicidio lento, y hay que hacer esta pregunta: «¿Qué es tan malo que no puedes mirarlo?». También se puede preguntar: «¿A quién quieres seguir hasta el ausentismo y la muerte?».

Se sabe que el alcoholismo recorre múltiples generaciones, y a menudo su origen está asociado a un suceso importante que no se pudo o no se quiso ver. Eso dio lugar a una lealtad inconsciente que tuvo eco a través de las generaciones. La solución es que te des cuenta de que no puedes llevar la carga de otros, y si la carga es tuya, tienes que reconocer que no es útil para nadie ni para nada.

Haz que otras personas, y la carga misma, sepan que utilizarás esta para crear algo más sólido y feliz, y muestra tu reconocimiento a la persona que generó el patrón. Por ejemplo, si tu cultura fue destruida, en lugar de andar por el camino del dolor y la represión, comprométete a encarnar la alegría y el éxito que tu cultura define de nuevo a través de ti. Si el suceso desencadenante lo viviste tú en primera persona, da gracias por el nuevo día que se te ha dado en esta Tierra y comprométete a desarrollar unos pensamientos y sentimientos más fuertes que los que te tienen preso en este momento. Eres lo suficientemente fuerte como para haber desarrollado el primer conjunto de pensamientos y sentimientos; esto significa que también eres lo bastante fuerte como para desplegar un conjunto de pensamientos y sentimientos saludable.

Si utilizas el alcohol para insensibilizar o aquietar un sistema nervioso demasiado reactivo, durante un tiempo te parecerá que es un amigo que te proporciona alivio. Pero al final tendrás que procesar lo que te llevó al alcoholismo, por partes y con delicadeza. Se trata de un viaje sistémico que es mejor emprender con el apoyo de un guía sistémico muy bueno que pueda ayudarte a ver tus límites y a enfrentarte a ellos muy despacio, para que puedas desengancharte y fomentar la salud de tu mente y tu cuerpo una palabra tras otra, una frase tras otra, un sentimiento tras otro.

LA ARTRITIS

La artritis suele estar asociada a la ira o la culpa. No siempre es exclusiva del cliente, sino que hay clientes que la han heredado. En el momento en que me dicen que la artritis está presente en su familia, me intereso por saber quién o qué creó el patrón y de qué manera está resonando a través del sistema. Tanto si el sentimiento alojado es la culpa como si es la ira, tiende a haber un endurecimiento de las articulaciones, rigidez y una emoción fuertemente retenida que no se está expresando ni procesando. A veces ocurre que no se habló ni se habla del suceso desencadenante por temor a inflamar la situación, y esto hizo que la inflamación se presentase internamente. A veces el problema tiene que ver con la pertenencia, y tanto el suceso como el problema excluido deben procesarse y hay que darles un lugar al que pertenecer de una manera que reduzca la inflamación.

EL DOLOR DE ESPALDA

El dolor de espalda y de cuello puede deberse a que en el nivel inconsciente rechazamos a quienes vinieron a este mundo antes que nosotros o no queremos ofrecerles nuestro reconocimiento. Nos endurecemos; nos negamos a ser pequeños y a inclinarnos suavemente ante el fluir de la vida, el amor y la plenitud. Esto puede ocurrir como resultado de una experiencia que sacude el sistema y hace que se deje de confiar en los padres. Tal vez los padres dijeron a sus hijos que los niños heredarán la propiedad y las niñas no, o gastaron el dinero que había en el fondo para la universidad de su hijo, o tienen aventuras y los hijos quedan atrapados en medio de ellas.

Encontrarse fuera del orden natural y estar por encima de los padres, tener que convertirse en el padre o la madre o menospreciar a los progenitores, también puede dar lugar a una rigidez que se traduzca en dolor de cuello y espalda. Este tipo de dolor también puede deberse a que la persona tuvo que asumir una carga demasiado grande para ella en la infancia, lo cual ocasionó tensión en su espalda y su cuello. La solución en este caso consiste en examinar cuidadosamente la carga y ver qué utilidad ha tenido, y también ver qué parte de esa carga se puede soltar.

Jill llevaba años con dolor de espalda. Había intentado todo lo relacionado con la medicina y estaba lista para hacer algo diferente, por lo que vino a un evento. Preparamos una constelación en la que dispusimos un representante para su madre, otro para su padre y otro para el dolor de espalda. Le pedí que ocupara su propio lugar en la constelación en vez de usar un representante. Lo hizo con las manos apretadas con fuerza y se alejó de sus padres. Cuando le pregunté qué había pasado, respondió:

–Me faltaron totalmente al respeto por la forma en que estaba criando a mis hijos. Ya no dejo que los vean.

En el trabajo sistémico a veces les pedimos a los participantes que se inclinen ante quienes vinieron a este mundo antes que ellos como señal de reconocimiento de su lugar y para mostrar dónde pertenece cada cual en el orden de las cosas. Le pregunté a Jill si podría inclinarse ante sus padres, que vinieron antes que ella, y su espalda se puso rígida. Apretó los dientes y sacudió la cabeza. Le pregunté qué le gustaba de sus padres y de las maneras en que la habían criado. Al hablar de las dinámicas de su familia, se relajaba y se ponía rígida en respuesta a lo que le había y no le había gustado. Al final, reconoció a regañadientes que el resultado de la crianza había sido bueno, y que las visitas familiares habían sido placenteras, y no le había dolido la espalda... hasta que sus padres dieron dulces a sus nietos, lo que Jill no permitía.

—¿Qué hicieron como abuelos que estuviese bien y fuese divertido? —pregunté.

—Realmente sabían cómo celebrar las fiestas —dijo, sonriendo al recordarlo.

—¿Puedes inclinarte ante eso? —pregunté. Lo hizo esbozando media sonrisa—. ¿Ante qué más puedes inclinarte que puedas agradecerles?

Antes de que pudiera responder, una mirada de asombro cruzó su rostro:

—¡Dios mío! ¡Se me ha ido el dolor de espalda! —lloró.

Esa pequeña reverencia (es decir, ese acto sincero de reconocimiento y respeto) lo cambió todo para Jill. Cuando exploramos la cuestión más a fondo, no le pasó por alto el hecho de que fue algo dulce lo que la hizo pelearse con sus padres. Comentó que siempre había pensado que su abuela era demasiado dura. Al cabo de unos minutos, reconoció que su propia reacción al incidente de los dulces y la rigidez que resultó de ello reproducían la inflexibilidad y la falta de dulzura de la abuela. Cuando pudo ver el patrón, fue capaz de soltarlo y darse cuenta de que a veces hay que permitir un poco de dulzura en la vida. Su dolor de espalda nunca regresó y sus padres y sus hijos se ven a menudo.

LA DEPRESIÓN

La depresión revela falta de energía, un bloqueo en el fluir de la energía o la incapacidad de recibir la energía procedente de la generación precedente. Se manifiesta como falta de satisfacción e incapacidad de aceptar ciertos hechos: unas conexiones que no se han realizado, un amor que no se ha dado, una sensación de falta de merecimiento, una relevancia que no se ha conseguido. Ello va acompañado de una sensación desagradable, derrotista y punitiva de inevitabilidad y futilidad. Algo salió mal y todo terminó. Alguien tomó una decisión, o se produjo una decisión en algún lugar del sistema, que parece imposible de deshacer e ineludible.

El trabajo sistémico es útil en estos casos, especialmente el uso de las constelaciones con el fin de que la persona pueda ver y experimentar por fin lo ocurrido, para que pueda escuchar el lenguaje que la mantiene inmovilizada y para que pueda comenzar a ver la forma de salir de lo que parece un caos y volver a conectar con el fluir de la vida, lo cual implicará cambiar el lenguaje utilizado y empezar a sentir de otra manera.

La depresión también puede verse como el final de un viejo patrón y la profunda necesidad de contar con uno nuevo. Si la depresión habita en ti, tal vez seas tanto quien debe poner fin a algo como quien debe iniciar algo nuevo. Esto podrías explorarlo con un trabajador o terapeuta sistémico, o con alguien que tenga experiencia en acompañar en estos procesos. El principio implicado podría ser cualquiera de los tres, según el suceso desencadenante, pero el proceso debe ir encaminado a dar su lugar al viejo patrón una vez que se haya resuelto lo que quiere cesar, para que a continuación le des su lugar al nuevo patrón en tu corazón y sigas adelante.

LA DIABETES

Algunos tipos de diabetes derivan de la incapacidad de generar, procesar o asumir los aspectos dulces de la vida. Esta enfermedad suele darse en familias y requiere que nos hagamos estas preguntas de tipo sistémico: «¿Cuándo empezó a existir esta enfermedad en la familia? ¿Cómo afectó al primer miembro del sistema que la padeció? ¿Cómo está afectando a los miembros que han venido después de él o ella? ¿Qué patrón deber cesar y cuál debe iniciarse para que se produzca un cambio en esta situación?». Como ocurre también con la mayoría de las otras enfermedades, no hay un solo tipo de suceso, con las elecciones y decisiones resultantes, que desencadene la diabetes. Hay que identificar el suceso y las elecciones o decisiones a que dio lugar para encontrar una solución «a medida».

LA HIPOCONDRÍA

Las personas a las que les han dicho que son hipocondríacas a menudo no han recibido las respuestas que necesitaban para saber que ellas y su cuerpo estaban o están bien. Hubo algo que se dijo, o no se dijo, o no se abordó en cuanto a la salud del cuerpo, y esto hizo mella en la mente de la persona sin que se diese cuenta, lo cual la situó en una especie de limbo del que no puede escapar. Esta persona está embarcada en una búsqueda incesante de la información o las palabras que le permitan saber a su cuerpo que no le pasa nada.

La hipocondría también puede manifestarse cuando hubo una enfermedad o un problema de salud que se excluyó o no se abordó en una generación anterior. Una vez que se ha visto y reconocido esta enfermedad o problema, el cliente puede prescindir por fin del fantasma sistémico con el que habían cargado su mente y su cuerpo y seguir adelante. El cuerpo es inteligente; se aferra a lo que la persona no puede o no quiere procesar, hasta que lo hace.

LA INFERTILIDAD

La infertilidad es uno de los ámbitos más interesantes de explorar desde una óptica sistémica. Para exponerlo brevemente, a menudo vemos que una mujer o su linaje, o un hombre o su linaje, no se sienten seguros para crear y transmitir vida. Esto puede ocurrir como resultado de una violación, a partir de la cual el acto de producir vida se asocia en el nivel inconsciente con la invasión, la conmoción, el daño y el peligro de muerte. Asimismo, he visto infertilidad en caso de existir un violador en el linaje del hombre: afectó a los miembros subsiguientes de ese linaje. La infertilidad también se manifiesta cuando tener hijos no fue un acontecimiento feliz o cuando crecer en una familia infeliz ha hecho que la persona no tenga el deseo de crear una familia en la que el patrón podría repetirse. La culpa, la ira y la ocultación también son patrones que he visto sobre la infertilidad.

En todos los casos nos remontamos al suceso con el que empezó todo y después creamos un lenguaje, unos sentimientos y unos actos nuevos que hiciesen posible generar vida, prescindiendo de la vergüenza, la sensación de peligro o las cargas. Incluso en los casos en los que no es posible descubrir el suceso desencadenante, el hecho de crear un lenguaje, unos sentimientos y unos actos nuevos referentes a la concepción o a formar una familia suele tener el efecto de cambiar la situación.

LA OBESIDAD

En el trabajo sistémico, resulta útil preguntarles a los clientes obesos y que no pueden perder peso cuándo empezaron a advertir que estaban engordando y qué estaba ocurriendo en su vida en esos momentos. A veces nos encontramos con que un suceso traumático genera la necesidad de proteger el propio cuerpo del abuso, el maltrato o la invasión, y el cliente puede hacer esto, en el nivel inconsciente, adquiriendo peso como mecanismo de protección. Es importante tener en cuenta que a menudo el peligro ya no existe, pero el cliente se sigue agarrando al peso como si el suceso estuviese aconteciendo en ese mismo momento. En cierto sentido, sí está ocurriendo, pues el cliente sigue vinculado a él con sus palabras, pensamientos y sentimientos. Tiene que producirse una finalización. Hay que dar un lugar al suceso en el sistema, y después hay que crear y vivir unos nuevos pensamientos, palabras, frases de *resolución* y sentimientos.

A veces vemos que los clientes, en el nivel inconsciente, expanden su masa para incluir a miembros del sistema familiar que faltan o han sido excluidos. Perciben una carencia o ausencia importante en su sistema que tratan de llenar incluyendo el peso de la persona que no está ahí.

La falta de amor y atención también es un factor que se da a menudo. Los seres humanos deben recibir y consumir grandes cantidades de alimento emocional y cuidado y cantidades moderadas de alimentos físicos. Cuando no recibimos el alimento emocional que necesitamos, nuestro cerebro puede experimentar confusión. Lo que no podemos tomar a través del corazón intentamos tomarlo a través de la boca. No recibimos alimento emocional y físico según lo que indica el orden natural, y comenzamos a ingerir más comida física de la que deberíamos para compensar la falta de nutrición emocional. Cuando vemos lo que nos falta y encontramos el alimento emocional necesario, el alimento físico puede volver a cumplir su función.

El cuerpo puede ser bastante literal. He tenido clientes que me han dicho que cuando necesitan alimento emocional, buscan algo pegajoso y dulce. En otras palabras, ¡buscan la leche materna!

Escalón sistémico n.º 25: el camino felizmente inevitable hacia una vida más saludable

El camino autodidacta hacia la buena salud pasa por aprender a amarnos y cuidarnos a nosotros mismos, y lo primero que debemos hacer para querernos a nosotros mismos es estar abiertos a ver lo que queremos de la vida en lugar de sentir que la vida es algo que nos está pasando. Tenemos que estar dispuestos a asumir la responsabilidad de mejorar nuestra vida conscientemente. Cuando te responsabilices y empieces a dar pasos para cambiar viejos patrones de pensamiento y acción, tu cerebro podrá pasar de una actitud reactiva a una actitud creativa en todas las áreas de tu vida, incluida la salud.

- Recuerda los tres principios: la pertenencia, el orden y el equilibrio entre el dar y el recibir. Determina en cuál de estas tres categorías se inscribe tu problema. Examina si es necesario finalizar algo, darle la vuelta o reformularlo utilizando el problema de salud y el principio como guías.
- Escucha tu cuerpo y aprende a descifrar los síntomas. Por ejemplo, si padeces dolores estomacales, ¿qué es lo que no puedes digerir? Si estás ansioso todo el tiempo, ¿qué es lo que no has resuelto que te mantiene asustado? Si tienes sobrepeso, ¿a quién o qué te estás

aferrando? ¿De qué te estás protegiendo? Si tienes problemas de oído, ¿qué te cuesta oír?

- Aprende a escuchar y permanece abierto a recibir. ¿En qué puntos estás en contradicción contigo mismo? ¿A quién o qué necesitas decir «sí»? ¿A quién o qué necesitas decir «no»? ¿Está tratando de emerger la paz en ti? Siente dónde reside la paz en tu cuerpo y deja que se expanda.

A veces, la enfermedad es la cura. Una vez tuve un cliente que estaba orgulloso de no tomar ni un centavo de sus padres. No necesitaba a sus progenitores para nada... hasta que enfermó y necesitó su amor y su apoyo. Al salvar la brecha que llevaba años ahí, finalmente pudo recibir de ellos. Ese solo acto cambió su vida. Una vez que las cosas volvieron a estar en orden, el amor pudo fluir de nuevo y a él empezó a irle muy bien.

Recuerda que el cuerpo no miente. Los síntomas, por más dolorosos que sean, están ahí como indicadores para ayudarte en tu camino.

CAPÍTULO 17

EL TRABAJO SISTÉMICO Y LAS CONSTELACIONES AL SERVICIO DE LA TRANSFORMACIÓN GLOBAL

Me preguntan muchas veces en qué áreas creo que podría ser más efectivo el binomio integrado por el trabajo sistémico y las constelaciones, y qué futuro le veo a este trabajo a largo plazo. La respuesta corta es que es eficaz en todas partes y todos los ámbitos de la vida como camino hacia la transformación y la expansión más allá de las limitaciones y sucesos del pasado. Mi visión de este trabajo es que un gran número de personas explorarán su historia y sus patrones multigeneracionales para descubrir completamente su propio destino y dar un paso hacia la mejor versión de sí mismas. ¡El mundo no puede sino convertirse en un lugar mejor si se manifiesta lo mejor de nosotros mismos!

Si aprovechamos con inteligencia todo lo que puede dar de sí este trabajo, tenemos una gran posibilidad de evolucionar hasta un lugar al que la humanidad no ha llegado antes, un lugar en el que participar en un juego más grande y gratificante.

También me preguntan si es un trabajo de tipo espiritual. Solo puedo decir que si nos expandimos más allá de quienes pensamos que somos, entramos en el campo de las posibilidades, nos convertimos en la mejor versión de nosotros mismos y descubrimos el carácter sagrado de la vida y que estamos todos conectados como si fuésemos uno, ¿cómo podría no ser espiritual este trabajo?

La primera vez que participé en una constelación, no tenía ni idea de lo que debía esperar. Me habían invitado a asistir y me eligieron para representar a un miembro de la familia de un cliente. Durante los primeros minutos, me pregunté si se suponía que tenía que hacer o decir algo, hasta que recordé que habíamos recibido la instrucción de dejar que el sistema fluyese a través de nosotros y responder solamente si «el campo» nos impulsaba a hacerlo. Sonaba un poco raro, pero yo estaba allí para aprender algo nuevo y permanecer abierta.

De repente, mi cuerpo se dio la vuelta y comencé a alejarme de otro «miembro de la familia» presa de una gran emoción de ira. Sabía que esa ira no era mía, ¡lo cual no era óbice para que estuviese ardiendo en mi interior como un cohete de los que se lanzan el 4 de julio!*

Lo que ocurrió a continuación solo puedo describirlo como un baile profundo entre el sistema del cliente y cada uno de los que hacíamos de representantes. Perdí la noción del tiempo y también dejé de ser consciente del resto de la sala mientras respondía a los otros miembros del sistema. Cuando me preguntaron qué estaba

* N. del T.: El 4 de julio es el Día de la Independencia de Estados Unidos.

sintiendo y si necesitaba decir algo, lo que salió de mi boca no tenía nada que ver con la Judy de todos los días. Estaba al servicio del sistema del cliente, respondiendo a su lenguaje con su lenguaje. El cliente obtuvo comprensiones y fue manifiesto que experimentó un cambio.

Yo estaba anonadada. Mi cuerpo, mi mente y mi espíritu nunca antes se habían movido de esta manera, y no sabía cómo reaccionar. Ese era un nivel de ser y experiencia para el que no tenía palabras. Un mundo interior que había permanecido silencioso se hacía visible y pasaba a estar disponible a través de mí y de los otros representantes, y el contenido era abundante y expansivo. Me sentí como la visitante de una tierra extranjera que trataba de encontrar las palabras oportunas para expresar lo que estaba experimentando.

Esa fue mi primera interacción con el campo de conocimiento. Fue una experiencia personal pero inclusiva que entró en contacto con unas verdades profundas, universales y místicas. Desde el punto de vista de la neurociencia y la epigenética, los efectos de esa constelación fueron claramente lógicos y contaban con fundamento científico. Sin embargo, en el terreno de la experiencia los efectos fueron misteriosos y transformadores tanto a escala individual como colectiva, un ejemplo de cómo la ciencia y el misticismo encuentran una manera de coexistir felizmente al servicio del crecimiento del individuo y del sistema, así como de todos los participantes del evento.

¿Se trata de un trabajo espiritual? Sí, por supuesto.

Este trabajo te pide que mires en tu interior en busca de lo que quieres y necesitas. También te pide que lidies con los asuntos inconclusos. Como jefe, *coach*, padre/madre o empleado y como ser humano que eres, aquellos que están a tu alrededor solo pueden ir tan lejos como *tú* lo hagas. Nos elevamos unos a otros. Por lo tanto, nuestro trabajo nunca termina. Si estás buscando una manera de mejorar tus prácticas espirituales y tu autoexploración, de ir más profundo y a la vez expandirte, y de comprender verdaderamente quién eres y cuál es tu destino, esta herramienta es excepcional.

GRANDES AGENTES DE CAMBIO

¿Te imaginas qué lugar diferente sería este mundo si todas las personas aprendieran a acceder al campo de conocimiento y a permanecer conscientemente en él? ¿Si todas las personas pudieran experimentar cómo el mundo invisible se despliega de forma precisa y maravillosa ante ellas y a través de ellas? ¿Si todas las personas pudieran experimentar sus vínculos con origen en el pasado y los patrones y lealtades que las han moldeado y pudieran acceder a espacios, lugares y dones sagrados, de los que cambian la vida? ¿Te imaginas que grandes poblaciones se hiciesen una idea de cómo es su mejor versión? Todo es cuestión de aprender a mirar.

Sé consciente de que cuando participes en una constelación probablemente tendrás una experiencia directa de este campo, y una vez que la hayas tenido no vas a ver ni podrás volver a ver el mundo de la misma manera. Cuando hayas estado en el campo de conocimiento, podrás acceder a él siempre que quieras. Las representaciones tridimensionales no son solo una idea divertida; a través de ellas accedemos a la claridad, la comprensión y el cambio, y están siempre disponibles.

Las posibles utilidades de este trabajo son ilimitadas: es relevante para nuestra vida personal y profesional; tanto para nuestra familia y nuestra vida en el hogar como para nuestro empleo y nuestro campo de estudio. Estos son algunos de los ámbitos en los que he visto que es eficaz este trabajo:

- Las escuelas son un lugar que, lógicamente, es maravilloso para que los niños aprendan dónde y cómo pertenecen, cómo transformar la inseguridad y el autodesprecio en autoconfianza y respeto por sí mismos, y cómo descubrir sus dones e invertir en sus sueños. Mirando hacia el futuro, el binomio trabajo sistémico-constelaciones podría convertirse en una asignatura en los campos de los estudios sociales y la psicología, e incluso en el campo de la ciencia, pues enseñaría a los estudiantes la manera de experimentar los campos de información. Este trabajo podría enseñar a los alumnos a ponerse en el lugar del otro, para fomentar la empatía, a sostener con firmeza sus propias esperanzas y deseos y luego sentir lo que es caminar desde donde se encuentran hacia el futuro, hasta llegar a cumplir sus metas. Los niños son mucho más capaces de sentir e imaginar que los adultos. Démosles las herramientas necesarias para explorar el mundo que los rodea y su propio mundo con curiosidad, para sentir el mundo de los demás y para que descubran que todas las personas pertenecen a un lugar, ¡y quién sabe qué tipo de seres humanos maravillosos llegarán a ser!
- Tengo la suerte de trabajar con muchos *coaches* competentes que quieren ser más útiles a sus clientes, y la herramienta que es el trabajo sistémico y las constelaciones los ayuda a ello. Si eres *coach* o entrenador, sea cual sea tu especialidad (entrenar para el éxito o para el desarrollo de habilidades, el entrenamiento deportivo, *coaching* para ejecutivos, *coaching* de vida), este trabajo te permitiría abordar más que una pequeña parcela de la vida de tus clientes, lo cual abriría múltiples dimensiones para ellos y tendría un efecto transformador.

- Muchos abogados han hecho estos cursos y varios de ellos utilizan los principios y enfoques a su manera en su práctica. En los casos de divorcio, enseñar a las dos partes a examinar lo que funcionó y lo que no funcionó les permite saber qué deben hacer de manera diferente, en qué aspectos deben mejorar y cómo salir indemnes. El divorcio puede facilitar tanto el crecimiento personal como puede hacerlo el matrimonio. Hacer que el binomio trabajo sistémico-constelaciones estuviese disponible como herramienta durante los divorcios invitaría a la reflexión, la introspección, la comprensión, el crecimiento personal y una sanación que tendría un impacto positivo en muchas generaciones por venir.
- Finalmente, imagina que el trabajo sistémico y las constelaciones se utilizasen en agencias gubernamentales de ámbito local y nacional. ¡Imagina que se empleasen en las Naciones Unidas! ¿Qué pasaría si la intención declarada de la ONU (o cualquier otra organización) fuese buscar la comprensión y hacer que todas las naciones prosperasen juntas en lugar de luchar entre sí para obtener pequeñas ganancias individuales? Si se realizasen constelaciones, los delegados ya no podrían meter la pata ni tomar el pelo en los problemas globales. Una constelación estructural permitiría a los delegados internacionales incluir de forma visible a otros países en el camino *desde* el estado actual *hasta* el estado deseado; ofrecerían insumos, recursos y consejos hasta que el sistema se relajara y llegara a consensos. Como mínimo, los miedos, las preocupaciones y los recursos podrían explorarse por medio de constelaciones para ver y sentir qué es lo que tendría el efecto más positivo para todas las partes implicadas.

Nosotros somos los agentes del cambio. No podemos triunfar siendo víctimas. Solo manteniéndonos en contacto con el poder de nuestra propia alma y enseñando a otros a hacer lo mismo podemos alzarnos y mejorar el mundo que nos rodea.

La forma en que produzcamos el cambio transformará la historia.

Desde esa primera constelación he sido testigo de cómo mis clientes, gracias a este trabajo, superaban sus dificultades, se olvidaban de su pequeñez, soltaban las muletas en las que se apoyaban y dejaban de lado la ansiedad, la enfermedad, el miedo, la pobreza, la adicción y la ira. He visto cómo identificaban su propósito, desataban su verdadero poder y empezaban a vivir una vida extraordinaria y libre de dolor, marcada por la abundancia y la felicidad. He visto cómo la ira daba paso a la compasión, el odio se convertía en comprensión y la resistencia se transformaba en colaboración e innovación. Cuando se ve y se incluye todo y a todos, ocurre lo extraordinario: las verdades profundas y la sabiduría afloran. Por primera vez nos hacemos una idea de cómo es nuestro verdadero yo y quedamos asombrados, conmocionados por el buen canal que somos para que el campo llamado *vida* fluya a través de nosotros. Nos damos cuenta de que hemos estado interactuando con este campo toda nuestra vida; solo ocurría que no éramos conscientes de ello o no sabíamos cómo conectar con él.

Hasta este momento no advertíamos lo cercana y disponible que está la transformación. No se encuentra a una galaxia de distancia; está justo aquí mismo si la queremos. Y no depende de que nos esforcemos al máximo; lo que requiere es que elevemos nuestras emociones, estemos presentes y abramos el corazón, la mente y las entrañas a una nueva posibilidad. Requiere que soltemos suposiciones, viejos patrones y viejas heridas. Cuando experimentamos alegría, bondad y gratitud –al habernos relajado y sentir entusiasmo y emoción–, obtenemos un resultado completamente diferente que cuando estamos decididos a aferrarnos a aquello que provocó nuestro estancamiento. Todo lo que tenemos que hacer es soltar nuestras ideas preconcebidas y estar preparados para entrar en un campo que está muy vivo y esperando a que despertemos.

¿Deseas transformarte? ¿Estás dispuesto a ello? Con este trabajo, tus esperanzas no se verán frustradas. Solo tienes que saber que el resultado que obtendrás estará totalmente en función de lo dispuesto que estés a transformarte. Cuanto más comprendas y eleves tu programa emocional, más avanzarás dentro de este campo místico a la vez que práctico y expandirás tu vida.

Los ancestros protegen y custodian el pasado y nos ofrecen conocimientos profundos y sabiduría. Pero depende de cada uno de nosotros dar forma a nuestro destino individual y, por lo tanto, al destino de nuestro sistema. Tal vez estés confundido, tengas dificultades o te encuentres perdido. Pero los sistemas hablan. Si tomas conciencia de tu sistema e interactúas con él, encontrarás las respuestas que estás buscando. Te darás cuenta de que lo místico está a tu alrededor y fluye a través de ti, esperando a que lo veas. Cuando esto ocurra, manifestarás realidades que nunca creíste posibles.

Más allá de los patrones ocultos, las lealtades inconscientes y las limitaciones percibidas hay un campo lleno de posibilidades que solo está esperando a que lo manifiestes. La «plantilla» de tu ADN emocional ya está ahí; solo tienes que crearlo. No estás limitado; solo pensaste que lo estabas. Ahora que has despertado, el mundo no volverá a ser el mismo, y tú tampoco.

Tal vez te conoceré en algún evento próximo. Me gustaría que esto fuese así. Me gustaría ser testigo de cómo manifiestas el glorioso ser que siempre ha estado en ti. Hasta ese momento, no olvides que eres alguien grande e increíble. Tu sistema te ama y el universo también. Siempre te ha amado y siempre te amará.

AGRADECIMIENTOS

A pesar de que me habían pedido repetidamente que compartiese más mis conocimientos y lo que había experimentado, nunca se me había pasado por la cabeza escribir un libro. Mi familia, y esto incluye a mis mascotas, vio muchas veces mi «mirada asesina» en respuesta a la sugerencia de que era el momento de hacer un manual. Por lo tanto, lo de escribir un libro no estaba de ninguna manera en mi lista de tareas pendientes... hasta que lo estuvo.

Estoy muy ocupada trabajando con algunas de las mentes más brillantes de grandes empresas, lo cual es maravilloso, y también tengo la agenda apretada como instructora y facilitadora de constelaciones, y como terapeuta en este campo. A medida que la petición de eventos y los asistentes a ellos fueron aumentando, fui viendo cada vez más claro que un libro ayudaría a muchas personas a ver ámbitos que nunca habían visto antes y a cambiar su vida. Pero me daba miedo la idea de escribir uno; estoy tan ocupada que me parecía que sería como subir una montaña.

No me era factible seguir el consejo de que me tomara un tiempo para escribir el libro, por lo que aprendí dos disciplinas: la concentración y sacar el máximo partido al tiempo disponible. Ambas fueron unos profesores magníficos, pero muy exigentes.

Los ángeles conspiraron y apareció Betsy Chasse. Agradezco mucho este hecho y también le estoy muy agradecida a ella. Es una maga poderosa que hace que se produzcan sucesos maravillosos. Ella me presentó a Cate Montana, que ha sido clave para que pudiese conservar la cordura y proceder con lógica. Cate ha sido mi guía; ha dado forma a mi voz y me mantuvo enfocada y en la tarea incluso cuando un suceso catastrófico amenazó con dar al traste con el libro. Cate, te estoy muy agradecida no solo por organizar los contenidos y corregirlos, sino también por tu pensamiento creativo y tus ideas y, sobre todo, por mostrarme el viaje sagrado que es hacer un libro. He aprendido a amar este viaje.

Te estoy profundamente agradecida, Lisa Hagan, por ver mi potencial, y también lo estoy a Tami Simon y Sounds True por invitarme amablemente a vuestro maravilloso hogar; espero ser una huésped digna. Gracias, Anastasia Pellouchoud, por tu increíble paciencia, y gracias Gretel Hakanson, por tu concentración y sabiduría. Me siento honrada.

En cuanto a los inicios de todo, tengo que dar las gracias a Bert Hellinger, Jan Jacob Stam, Bibi Schreuder y Mark Wolynn, quienes no solo me dieron conocimientos y enseñanzas, sino que también fueron el origen de la llamada y el propósito profundos que reencaminaron mi vida.

Gracias, Claire Dagenais, Rosalba Stocco, Diana Claire Douglas, Lisa Doig y Judy Malan, por invitarme a vuestros espacios a compartir lo que enseño.

Cecilia Rose, sea cual sea el lugar del universo en el que te encuentres en este momento, sé que estás marcando la diferencia; ¡hicimos mucho juntas! Tina Baker, genio y amiga, gracias por tu sanación, tu amabilidad y tu compromiso con una forma de vida superior. Gloria Howard, eres la personificación de lo que es tomar la determinación de crecer. Brian Stovall, muestras las distintas formas en que se puede incorporar este trabajo. Sabine, tu concentración y tu humor me mantienen tanto conectada a tierra como ligera. Betsey, tu genio tecnológico fue muy importante para iniciar la expansión. A HJ Nelson, quien me dio una oportunidad, y a Cheryl DeSantis, una destacada líder que actúa desde el corazón: gracias.

Un agradecimiento especial a Barry Goldstein y Woody, quienes llevaron mi profesionalidad a un nivel completamente nuevo, me mantuvieron enfocada y alentaron mis esfuerzos. Estoy impaciente por mostrarle al mundo lo que hemos creado y por seguir generando magia juntos.

Gracias a mi madre, mi hermano y mi hija por creer en mí. Lo valoro mucho y me proporciona la energía que necesito al final de las jornadas largas.

Hay grandes empresas en las que el pensamiento transformador está bien vivo, y se nota. Estoy agradecida a todos y cada uno de quienes me habéis invitado y os habéis atrevido a dar forma a vuestra organización, y por lo tanto al mundo, de maneras más elevadas.

Tengo que dar las gracias a todos los maestros de la transformación que allanan el camino y muestran lo que es posible cuando nos atrevemos a pensar más allá de lo que vemos frente a nosotros; cuando nos atrevemos a conectar con el poder del corazón, la cabeza y las entrañas. Estáis moldeando el mundo que queremos ver, y os muestro mis respetos. Sin todos vosotros, no me habría atrevido a escribir un libro como este.

A mis innumerables clientes y a todos quienes habéis asistido a mis eventos: sin todos vosotros, nada de esto habría sido posible. Vuestra valentía y sabiduría, así como vuestros descubrimientos, han dado lugar a este libro. Ahora sabéis que la transformación está en vuestras manos y cómo usarla bien.

Finalmente, doy las gracias al campo de conocimiento y todo lo que contiene, y al campo cuántico y todo lo que es posible. Sin vosotros, tanto los viajes hacia dentro como los viajes hacia fuera no habrían sido posibles y tampoco lo habría sido este libro.

Gracias.

NOTAS

Capítulo 1

1. Bert Hellinger (2006). *No Waves Without the Ocean*. Heidelberg (Alemania): Carl Auer International.

Capítulo 3

1. Arthur C. Clarke (1973). *Profiles of the Future: An Inquiry Into the Limits of the Possible*. Nueva York (Estados Unidos): Harper & Row.
2. Milton Erickson (2014). *In the Room with Milton H. Erickson, MD*, vol. 1, (3-5 de octubre de 1979), producido por Jane Parsons-Fein. Nueva York (Estados Unidos): Parsons-Fein Press. Conjunto de doce CD.
3. Frank W. Stahnisch y Robert Nitsch (2002). «Santiago Ramón y Cajal's Concept of Neuronal Plasticity: The Ambiguity Lives On». *Trends in Neurosciences*, 25 (11), 589-591.
4. Donald Hebb (1949). *The Organization of Behavior: A Neuropsychological Theory*. Nueva York (Estados Unidos): John Wiley and Sons.
5. Norman Doidge (2007). *The Brain That Changes Itself: Stories of Personal Triumph from the Frontiers of Brain Science*. Nueva York (Estados Unidos): Penguin Books.
6. Maxwell Maltz (1960). *Psycho-Cybernetics*. Nueva York (Estados Unidos): Simon and Schuster. / P. Lally, C. H. M. van Jaarsveld, H. W. W. Potts y J. Wardle (2010). «How Are Habits Formed: Modeling Habit Formation in the Real World». *European Journal of Social Psychology*, 40 (6), 998-1009.
7. Yildez Sethi (2016). *Rapid Core Healing: Pathways to Growth and Emotional Healing*. Seattle (Estados Unidos): CreateSpace.

8. Kathryn Gudsnuk y Frances A. Champagne (diciembre de 2012). «Epigenetic Influence of Stress and the Social Environment». *ILAR Journal*, 53 (3-4), 279-288.
9. Sarah Gangi, Alessandra Talamo y Stefano Ferracuti (2009). «The Long-Term Effects of Extreme War-Related Trauma on the Second Generation of Holocaust Survivors». *Violence and Victims*, 24 (5), 687-700.
10. Laura C. Schulz (28 de septiembre de 2010). «The Dutch Hunger Winter and the Developmental Origins of Health and Disease». *Proceedings of the National Academy of Sciences of the United States of America (PNAS)*, 107 (39), 16757-16758.
11. Connie X. Wang, Isaac A. Hilburn, Daw-An Wu *et. al.* (18 de marzo de 2019). «Transduction of the Geomagnetic Field as Evidenced from alpha-Band Activity in the Human Brain». *eNeuro*, 6 (2), doi.org/10.1523/ENEURO.0483-18.2019.
12. Rupert Sheldrake (1995). *A New Science of Life: The Hypothesis of Morphic Resonance*. Rochester (Vermont), Estados Unidos: Park Street Press.
13. B. R. Grad (1964). «A Telekinetic Effect on Plant Growth II. Experiments Involving Treatment of Saline in Stopped Bottles». *International Journal of Parapsychology*, 6, 473-498.
14. Lynne McTaggart (2014). *El experimento de la intención: cómo cambiar tu vida y cambiar el mundo con el poder del pensamiento*. Málaga (España): Sirio.
15. University of South Hampton (31 de enero de 2017). «Study Reveals Substantial Evidence of Holographic Universe». southampton.ac.uk/news/2017/01/holographic-universe.page.

SOBRE LA AUTORA

Judy Wilkins-Smith es experta internacional en patrones organizacionales, individuales y familiares; *coach*, formadora y facilitadora en el ámbito sistémico, y oradora motivacional y fundadora de System Dynamics for Individuals & Organizations. A lo largo de dieciocho años ha ayudado a personas de alto perfil y alto rendimiento, a ejecutivos y ejecutivas y a equipos directivos de empresas de la lista Fortune 500, a miembros de familias acaudaladas y a jefes de Estado. Como capacitadora y facilitadora, está impulsando el trabajo sistémico y con las constelaciones más allá de su papel sanador, hacia los ámbitos de la transformación. Imparte cursos y clases magistrales en Estados Unidos, Canadá, Sudáfrica, el Reino Unido, Australia y México. Nacida y criada en Sudáfrica, actualmente reside en Texas (Estados Unidos).